막스 셸러의 가치철학

- 가치의 현상학 -

막스 셸러의 가치철학

- 가치의 현상학 -

금 교 영 著

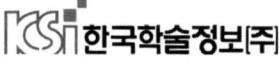 한국학술정보(주)

지은이의 말

이미 알고 있는 바와 같이 윤리학에도 여러 학설들과 여러 사조들이 있다. 가치윤리학도 그런 학설들 중 하나이다. 가치윤리학은 현대 윤리학에 미치는 그의 영향력을 감안해 볼 때, 다른 유형의 윤리학에 결코 못지않을 것이다. 그럼에도 불구하고 그것이 다른 윤리학에 비해서 최근의 윤리학이라서 그런지 모르겠지만, 아직 우리의 철학계에 많이 알려져 있지 않다. 하기락, 조욱연 박사님들을 위시한 몇 분들에 의해서 니콜라이 하르트만의 〈가치철학〉은 그런 대로 소개되어 있다. 그런데 하르트만의 〈가치철학〉은 막스 셸러의 〈가치철학〉보다 뒤늦게 성립되었고, 셸러의 〈가치철학〉의 도움을 많이 받았던 것이다. 일본 철학계에서도 하르트만의 〈가치철학〉보다 셸러의 〈가치철학〉이 훨씬 더 많이 연구되어 있다. 일본에서 셸러가 하르트만보다 더 많이 연구되어 있다는 것이 꼭 셸러의 〈가치철학〉이 더 심오하고 그의 내용이 더 알차다는 것은 아니겠지만, 적어도 하르트만의 〈가치철학〉보다 시기적으로 앞선 것으로서 그것에 못지않게 연구해 볼 만하다는 것을 보증한다. 따라서 지은이는 셸러의 〈가치철학〉에 관한 이 변변찮은 원고들로 한 권의 책을 묶는 만용을 부리게 되었다.

막스 셸러의 〈가치철학〉은 어쩌면 칸트의 〈윤리학〉을 비판하는 가운데 거의 기술되고 있다. 이것은 칸트를 비판하는 가운데 그의 사상을 잘 들추어 낼 수 있었을 뿐만 아니라, 그래도 그가 칸트의 〈윤리학〉을 그때까지 가장 훌륭한 윤리학이라고 여겼기 때문이었다. 셸러는 칸트 〈윤리학〉의 부당성을 대략 다음과 같이 비판한다: '실질적 윤리학은 결코 보편타당한 윤리학이 될 수 없다'는 칸트의 그릇된 주장은 '실질이 되는 가치의 있음'을 간파하지 못했기 때문에 행한 것이다. 칸트가 '그런 가치의 있음'을 간파했더라면, 결코 그런 주장을 하지 않았을 것이다. 그리고 윤리학의 보편타당성을 〈실질〉에서가 아니라 〈형식〉에서 찾는 쓸데없는 일을 하지 않았을 것이고, 더 나아가 인간의 실천이성에서 도덕 원리를 찾는 데 전적으로 얽매이지 않았을 것이다. 이처럼 칸트의 〈윤리학〉을 비판하면서, 〈가치〉라는 선천적이고 자립적인 실질을 토대로 한 〈가치윤리학〉이야말로 정당하고 보편타당한 윤리학이 될 수 있다고 셸러는 그의 〈가치철학〉에서 기술하고 있다. 이런 내용으로 기술·구상한 그의 〈가치철학〉이 지은이에게 어느 윤리학보다 더 그럴듯하고 참신했다는 것은 솔직히 고백하는 바이다. 이것이 지은이가 이 변변찮은 원고들로 책을 묶는 만용을 부리게 된 또 하나의 이유이다.

아무쪼록 이 일이 쓰잘데없는 것이겠지만 앞으로 계속해서 열심히 연구하는 생활의 한 과정으로 생각하고자 한다. 그리고 이 기회에 모쪼록 많은 분들의 예리하고 철저한 비판과 조언을 삼가 받고자 할 따름이다. 이 책은 1995년 6월 대구 이문출판사에서 출판하였지만 최근 출판사의 사정상 2쇄 의향이 없음을 알고, 필자는 한국학술정보(주)에 출판 허락했음을 밝히는 바이다.

2002년 9월
지은이 씀

차 례

지은이의 말 5

제1장 서 문 ·· 11

제2장 가치의 본질 ······························· 23

　제1절　先天性 ···································· 23

　제2절　實質性 ···································· 28

　제3절　價値質 ···································· 34

제3장 가치들의 선천적 본질연관 ········· 39

　제1절　형식적 본질연관 ··················· 39

　제2절　가치의 종류들과 그것들의 擔持者 ······ 43

　제3절　가치들의 선천적 위계질서 ········· 50

　제4절　가치양태들의 선천적 위계관계 ······ 63

제4장 '사랑'에 관한 이론 ·················· 71

　제1절　'사랑'에 관한 고찰의 동기 ········· 71

　제2절　제일차적 정신 작용으로서의 '사랑' ······ 74

제3절 가치에 대한 '사랑'의 역할 ··············· 80
제4절 '사랑'의 발동과 인간의 도덕성 ··············· 86

제5장 감정의 의미와 작용 ··············· 97

제1절 감정의 의미 ··············· 97
제2절 감정의 종류 ··············· 101
제3절 감정의 작용 ··············· 109
제4절 감정과 가치 ··············· 119

제6장 가치실현과 의미부여의 주체로서 인간 ···· 127

제1절 이념적 존재로서 가치와 인간 정신 ··············· 127
제2절 '가치실현'의 주체로서의 인간 ··············· 138
제3절 '의미'존재에 관한 견해들 ··············· 146
제4절 '의미부여'의 주체로서 인간 ··············· 156

제7장 가치와 윤리 ··············· 167

제1절 가치와 당위 ··············· 167
제2절 가치와 인격 ··············· 175
제3절 가치와 의지 ··············· 180
제4절 가치와 행위 ··············· 185

제8장 윤리의 변천 ··············· 191

제1절 윤리의 변천이란? ··············· 191
제2절 윤리적 상대주의의 대두 ··············· 193
제3절 에토스의 성립과 그 실제 ··············· 200
제4절 윤리 변천의 당연성 ··············· 210

제9장 타 가치론에 대한 비판 ································ 217
제1절 실증주의적 윤리학에 대한 비판 ························ 217
제2절 가치 평가론(Beurteilungstheorie)에 대한 비판 ····· 226
제3절 가치 상대주의에 대한 비판 ···························· 233

제10장 타 윤리학에 대한 비판 ·························· 241
제1절 행복주의 윤리학 ······································· 241
제2절 행복주의 윤리학에 대한 비판 ························· 251
제3절 형식주의 윤리학 ······································· 263
제4절 형식주의 윤리학에 대한 비판 ························· 268

참고문헌 및 관련문헌 ··· 275

제1장 서 문

막스 셸러의 저술 활동 시기를 일반적으로 3시기로 구분하는데, 그의 가치철학은 주로 그의 두 번째 학술 활동 시기에, 즉 1912년부터 1921년까지의 시기에 저술되었다. 이 시기의 저술들은 『Der Formalismus in der Ethik und die materiale Wertethik』, 『Wesen und Formen der Sympathie』, 『Vom Ewigen im Menschen』, 그리고 전집 10권 속에 수록되어 있는 몇 편의 논문들이다. 이 시기는 셸러가 후설의 선험현상학의 울타리를 벗어나서 현상학적 사고와 그 방법을 가치, 세계, 인격, 인간의 삶 등의 영역에 적용시키는 시기이다. 그래서 이 시기를 응용현상학의 시기라고 일컫는다. 따라서 이때의 저술들을 읽을 것 같으면 '현상학적 경험을 통해서 우리는 무엇무엇을 본질직관할 수 있다느니, 일상적인 경험 또는 귀납적 경험에 앞서 무엇이 주어져 있음을 알 수 있다느니, 우리는 무엇의 존재를 선험적으로 간취할 수 있다느니' 하는 등의 귀절들을 흔히 접할 수 있다.

이 책에서 정리·서술하고 있는 막스 셸러의 가치철학은 이 시기에 그가 저술한 상기의 저술들을 토대로 하고 있다. 특히 그의 윤리학의 主著인 『Der Formalismus in der Ethik und die materiale Wertethik』를 많이 참고한다. 이 저서의 진가를 Manfred S. Frings는 "이 저술이야말로 금세기의 윤리학에 지대한 공헌을 했음을 의심할 나위 없고, 아리스토텔레스의 『Ethics』 그리고 칸트의 『Kritik der praktischen Vernunft』와 나란히 철학사에서 발견할 수 있는 가장 심오하고, 박식하고, 탁월한 윤리학 저술이라고"[1] 평가한다. 그리고 필자가 묶은 이 책의 이름을 『막스 셸러의 가치철학』이라 했다. 그 이유는 가치철학이 가치론만을 의미하는 것이 아니라, 가치에 대한 감정 작용의 문제 그리고 가치와 당위의 연관 문제 등 가치와 상관하는 모든 것을 취급하는 철학을 의미하기 때문이다. 셸러에게 있어서는 '가치철학'이 곧 윤리학, 더 정확히 말해서 가치를 토대로 한 윤리학이라 할 수 있다. '가치철학'이란 말이 그의 윤리학을 특징짓는 말이라고 할 수 있다.

이 책 내용의 서술이 주로 의지하고 있는 『Der Formalismus in der Ethik und die materiale Wertethik』는 두 번에 나누어 『Jahrbuch für Philosophie und phänomenologische Forschung』에 실렸다. 첫번에는 그 저서의 제1부가 1913년 『철학 및 현상학적 탐구 연보』 1권에 실렸고, 다음에는 개인적 사정과 1차 세계대전으로 말미암아 3년 후인 1916년에 제2부가 『철학 및 현상학적 탐구 연보』 2권에 실렸다. 그러나 이 책의 원고는 1차 세계대전 전에 완성되었다고 한다.[2] 1차 세계대전이 1914년 중반에 발발했으므로 그 원고는 적어도 1914년 상반기에는 완성되었으리라 믿어지는데, 이때 막스 셸러의 나이는 40세였다. 그의 나이가 40세 이전 즈음에 그는 가톨릭 신자였고 인격과 가치 등에 관한 사고에 골몰해 있었다. 그 당시 그는 예나 대학의 교수인 R. Eucken으로부터 감성적 생명 통일체의 정신적 세계에로의 부단한 침투가능성에 대한 사고를 의미심장하게 받아들이고, E. Husserl을 만나 현상학적 사고에 익숙하게 된다.[3] 그리하여 그는

---

1) Manfred S. Frings, *Max Scheler* —A Concise Introduction into the World of a Great Thinker(Pittsburgh, 1965), p. 103.
2) M. Scheler, Der *Formalismus in der Ethik und die materiale Wertethik* —M. Schelers Ges. Werke Bd. 2, 6. Auf., Bern Verlag: A. Francke AG., 1980(이하 materiale Wertethik로 약기함), 초판 머리말 내에서 참조.
3) Vgl. Wilhelm Mader, *Max Scheler*-Rowohlts monographien 290B, hrsg. v. Kurt und Beate Kusenberg(Hamburg, 1980), S. 22, u. 24.

오래지 않아 전자의 사고를 좀더 깊게 발전시켜 그것을 사고의 가장 깊은 토대로 깔고, 그 위에 현상학의 직관적 경험과 기술 방법을 적용하여 가치, 인격 등의 문제에 골몰한다. 그러던 중 그는 가치를 토대로 하는 윤리학의 가능성을 보게 되고, 이를 세상에 알리기 위해 위의 저서를 쓰게 된다. 이런 까닭으로 이 저서는 그의 윤리학의 구체적이고 완결적인 정립을 보여주지 못하고 있다. 그가 일찍 죽지 않았더라면, 그가 하고자 한 바처럼 나중에 완결된 형태의 윤리학을 정립했을지도 모를 것이다.

비록 그렇지는 못했지만 가치론을 바탕으로 해서 윤리학의 새로운 방향을 제시해 보고자 한 그의 의도는 윤리학상 값진 것으로 평가된다. 가치 자체를 윤리학의 토대로 삼은 경향이 이미 후설에게도 있었다. 그러나 그가 윤리학의 문제를 구체적으로 취급한 것은 출판된 저술의 그 어디에서도 찾아볼 수 없고, 다만 윤리학 강의를 위한 그의 강의록들에서 찾아볼 수 있을 따름이다. 그의 윤리학에 관한 강의록을 근거로 "Edmund Husserls ethische Untersuchungen"[4]란 논문을 만들었던 Alois Roth를 통해서 우리는 후설의 가치윤리학적 사고를 엿볼 수 있다. A. Roth에 따르면, 진정한 학문적 윤리학의 정초가 후설에게 언제나 진지한 철학적 관심사였고, 그는 윤리학이 보편타당한 학으로서 성립하기 위해서는 적어도 선천적인 어떤 것에 토대를 두지 않으면 안 된다고 생각했다는 것이다. 그래서 윤리적 영역에서 적어도 선천적인 것은 가치라 생각한 그는 가치가 윤리학의 토대가 되어야 한다고 주장하고[5] 가치를 대상적 상관자로 삼아 감정이 작용하게 된다고 했다.[6] 그런데 그는 아직 가치가 윤리학의 토대가 될 수

---

4) 이 논문은 현재로 후설의 윤리학에 관한 거의 유일한 저술이다. 이것은 1960년 Martinus Nijoff 출판사가 출판한 『Pheanomenologica』 제7권에 수록되어 있다.

5) A. Roth 저, 『후설의 윤리 연구』, 이길우 역(서울: 세화출판사, 1991), 45~46쪽 참조.

6) 위의 책, 121쪽과 224쪽 참조.

있음을 가치 자체의 본질과 가치들의 선천적 본질연관을 통해서 논의하지 않고, Fr. Brentano[7]의 가치 이해에 머물면서 그것을 확신하고자 했고, 또 그는 실천적 영역에서는 감정이 선천적인 논리로 작용한다는 David Hume의 후기 도덕감 이론을 받아들여서 감정의 역할을 언급했을 뿐, 감정의 적극성을 들추어 내보이지 않았다. 따라서 후설의 윤리학적 사고는 셸러의 혁신적인 윤리학적 사고에 어떤 示唆를 부여했을지 몰라도, 가치윤리학의 토대 구축을 위한 어떤 적극적인 轉機를 마련하지는 못했다.

그런데 막스 셸러가 보다 확실하게 현대 가치윤리학을 시도했다. 바로 이것을 정리·기술한 것이 이 책의 내용이다. 이 책은 10장으로 구성되어 있는데, 제2장과 제3장에서는 막스 셸러의 가치론을 정리·기술하고, 제4장과 5장에서는 사랑이란 정신 작용과 가치에 대한 감정 작용을 정리·기술하고, 제6장과 제7장에서는 앞장들의 내용을 바탕으로 하여 가치에 대한 인간의 역할과 가치에 근거한 윤리적 의미를 정리·기술한다. 그리고 제8장에서는 가치와 윤리·사회규범 등의 관계를 윤리의 변천에 착안하여 논의해 본다. 그리고 제9장과 제10장에서는 막스 셸러가 여러 가치론들과 여러 윤리학들을 비판한 것을

---

7) Fr. Brentano가 현대의 가치론을 초안한 자라는 것은 인정할 수 있겠으나, M. Scheler나 N. Hartmann의 가치론과 가치윤리학에는 별반 도움을 주지 못했다. Brentano에 정통한 Oskar Kraus는 브렌타노의 저술 『Vom Ursprung sittlicher Erkenntnis』 2판의 머리말에서 'M. Scheler의 윤리학의 주저인 『Der Formalismus in der Ethik und materiale Wertethik』는 많은 왜곡과 경솔성에도 불구하고 Brentano가 창시한 현대 가치윤리학으로 분류될 수 있다. N. Hartmann의 윤리학은 "비실재적인 가치 영역으로 들어감으로써 그의 윤리학의 길을 잃어버리게 된다"고 말했다. Oskar Kraus가 셸러와 하르트만을 그렇게 혹평하는 데는 다른 이유도 있겠으나, 이 두 학자가 브렌타노의 관점과는 다른 관점에서 그들의 가치론과 윤리학을 전개시킨 까닭도 있을 것이다. 바로 이 두 학자가 브렌타노, 후설 등의 현상학적 선행자로부터 윤리학적 영향을 크게 받았다거나, 브렌타노와 후설이 가치윤리학의 源流를 형성시켰다는 견해들이 있으나 필자가 조사해 본즉 결코 그렇지 않은 것 같다.

정리·기술한다. 필자는 제2장부터 제10장까지 연관적 체계를 이루면서 정리·기술한다. 막스 셸러는 58세 때 심장마비로 죽음으로써 기대함 직했던 그의 완결된 윤리학 체계를 정립하지 못했다. 그래서 필자가 지금까지 연구한 그의 가치철학을 정리하는 가운데 그의 가치윤리학의 대략적인 체계를 감히 묘색해 보고자 한다.

그러면 본문에서 서술되고 있는 내용을 간략히 소개해 보자. 후설과 빈번한 현상학적 논쟁으로 현상학적 사고에 익숙해진 막스 셸러는 현상학적 경험으로 가치 자체와 그 가치들의 본질연관이 선천적으로 존재하고 있음을 통찰하게 된다. 즉 현상학적 본질직관을 통해서 밝혀지는 바인데, 가치는 인간의 의욕 방향에서 산출되어지는 것도 아니고, 어떤 의념, 척도에 근거한 평가에 의해 생겨나는 것도 아니고, 또 선천적인 도덕률이 존재하여 그것에 의거해 결정되어지는 것도 아니다. 가치는 그 무엇에 의해서 존재하게 되는 것이 아니고, 오직 그 스스로 독립적으로 존재해 있는 자립적이고 객관적인 존재인 것이다. 더 나아가 우리는 가치가 우리 인간의 의식과는 상관없이 고유하게 존재한다는 의미에서 그것을 先天的인 것이라 한다. 따라서 현상학적 통찰을 행하지 못한 자들은 이러한 가치를 파악할 수 없다는 것이다. 또 가치가 분명히 존재하고 현실계 내에서 실질로서 우리에게 의식되어지기 때문에 그것의

실질성이 인정된다는 것이다. 예컨대 어떤 공간에 들어갔을 때 그 공간에서 무의식적으로 쾌적의 가치를 감지한다든가, 어떤 사람을 만났을 때 그 사람에게서 무의식적으로 우의의 가치를 감지한다는 것이다. 그리고 가치는 현상계에 나타날 때 항상 가치질로서 나타난다는 것이다. 가치는 현상계 내에서는 항상 그 자신을 그 성질로써 표현한다는 것이다.

가치 자체뿐만 아니라 가치들간의 본질적 연관도 선천적이고 자립적인 것이다. 그 본질연관은 형식적 본질연관, 가치 종류들과 그 담지자들 간의 본질연관 그리고 가치들의 선천적 위계질서 등으로 나

열할 수 있다. 형식적 본질연관은 적극적 가치의 있음 또는 소극적 가치의 없음이 하나의 가치이고, 적극적 가치의 없음 또는 소극적 가치의 있음이 하나의 반가치라는 말로 표현된다. 가치와 가치담지자 사이의 본질연관은 어떤 하나의 가치가 아무런 담지자에게도 담지될 수 있는 것이 아니라, 가치는 그 가치에 고유한 담지자에게만 담지된다는 것을 뜻한다. 예컨대 愉快란 생명 가치는 생명 통일체에만 담지되어 있지 신체의 한 기관에 담지되어 있지 않다. 행복의 심적 가치는 心에만 담지되어 있지 생명 통일체에 담지되어 있지 않다. 그리고 가치들 사이에도 본질연관으로서 선천적인 위계질서가 성립해 있음을 알 수 있다. 예컨대 A란 가치는 B란 가치보다 더 높은 가치이고, B란 가치는 A란 가치보다 더 낮은 가치이다. 그리고 어떤 특정 가치는 어떤 다른 가치보다 더 높은 가치이지만, 그 가치는 또 어떤 다른 가치보다 더 낮은 가치라는 식으로 가치들간에 선천적인 위계질서를 갖추고 있다는 것이다. 마찬가지로 가치들은 그것들이 나타내는 양태, 즉 모습에서도 선천적인 위계질서를 그것들의 본질연관으로서 갖추고 있다는 것이다.

다음으로 '사랑'이란 정신 작용에 관해서 말할 수 있겠는데, 막스 셸러에 의하면 '사랑'이 가장 근원적이고 일차적인 정신 작용이라는 것이다. 이 정신 작용이 이루어지는 가운데 비로소 다른 모든 정신 작용들이 원활하게 이루어질 수 있고, 이 정신 작용이 어느 만큼 이루어지느냐에 따라 다른 모든 정신 작용들의 작용 범위가 결정된다. 함축적으로 말해서 사랑이 다른 모든 정신 작용들의 가능적 범위를 결정하게 된다는 것이다. 따라서 우리가 사랑을 훌륭히 하면 할수록 더 넓은 정신적 영역이 우리 인간에게 열려진다는 것이다.

막스 셸러는 가치에 대해서는 항상 감정 작용을 많이 언급하고 있다. 가치는 그 자체 선천적이고 이념적인 것이면서 현상계에 항상 성질로만 나타나기 때문에, 그것은 귀납적 경험을 통해서도 오성적 사고에 의해서도 파악될 수 있는 것이 아니다. 다만 현상학적 본질 경험에 의해서 파악될 수 있는 것이다. 그 경험도 진정한 의미에서 理智的 경험이 아니라 감정적 경험이다. 가치는 그 자체로 존재하고 있으나 그 자체가 우리 인간에게 바로 의식되는 것은 아니다. 가치는 그 성질을 자발적으로 발하고 그 성질로써 자신을 표현하기 때문에, 우리는 그 성질만 만나게 되고 그 성질을 통해서 그 성질을 표현하는 가치를 의식할 수 있을 따름이다. 그런데 가치의 성질, 즉 가치질은 그 본성상 이지적으로 파악할 수 있는 것도 아니요 인식할 수 있는 것도 아니다. 따라서 가치는 감정의 현상학적 경험을 통해서 파악할 수 있는 것이라 할 수 있다.[8] 왜냐하면 가치는 보여지는 것도 만져 볼 수 있는 것도 아니고, 오히려 감정적으로 체험하거나 감지할 수 있는 것이기 때문이다. 여기서 감정이 문제된다. 바로 이것이 막스 셸러가 그의 감정 이론을 전개하게 된 이유이다.

일상적으로 우리는 감정이라 하면, 그것은 감각적 경험의 결과 또는 무질서하고 저급한 마음 상태로만 보아 왔고 상태감정을 감정의 전부인양 여겨 왔다. 비록 St. Augustinus와 Pascal에 의해서 감정의 적극적인 면이 밝혀지기도 했으나 널리 알려지지 못했다. 다행히도 막스 셸러는 감정의 적극적인 면을 강하게 들추어 낼 수 있었다. 그가 앞의 철학자들로부터 감정에 관한 이해에 얼마만큼의 도움을 받았는지 알 수 없으나, 그는 인간의 심정에 관한 깊은 통찰을 하고 있었다. 그에 의하면 감정은 상태감정으로 남아 있는 경우도 있지만, 적극적으로 작용하는 면이 있고 그 작용에 있어서도 결코 지성적 법칙으로 환원할 수 없는 선천적인 법칙을 갖추고 있다. 그 작용이란 가치질을 감지하는 감지작용, 가치를 선호하거나 경시하는 선호·경시작용 그리고 사랑과 증오이다. 그 법칙이란 이런 작용에 있어서의 고유한 논리이다. 감정에도 여러 가지 감정이 있고 각기의 감정은 그에 대응하는 가치를 대상으로 삼는 것이지, 한 가지 종류의 감정만이

---

8) Vgl. Paul Good 편집, *Max Scheler im Gegenwartsgeschehen der Philosophie*, A. Franche Ag.(München: Bern Verlag, 1975), S. 81.

존재하여 그것이 모든 종류의 가치들을 대상으로 삼아 작용하는 것도 아니요, 여러 종류의 감정들이 존재하되 그 감정들이 무차별적으로 그 어떤 가치들도 대상으로 삼아 작용하는 것도 아니다.

제6장에서 서술하고 있듯이 가치에 대한 이런 정신 작용으로 말미암아 우리 인간은 이념적 존재로 있는 가치를 밝혀 내고 더 나아가 현상계에 구현시킨다. 이념적 존재로만 남고 우리 인간에게 알려지지 않는다면, 그런 가치는 우리 인간에게 하등의 존재 의의도 없을 것이다. 어떻게 보면 우리 인간의 창의적 활동이라는 것은 그 가치를 직관하고 직관한 가치를 현상계에 구현시키는 활동이라 할 수 있을 것이다. '의미'도 가치와 동일한 것으로 여겨지므로, 그것을 현상계에 부여하는 자는 역시 인간의 정신 작용일 것이다. 그리고 인간만이 그의 존재구조상 정신층을 가지고 있다. 따라서 인간만이 가치를 실현하고, 의미를 부여하는 유일한 존재임을 알 수 있다.

이념적 존재인 가치에 대한 인간 정신 작용으로 말미암아, 우리 인간은 가치들을 만나게 된다. 만난 그 가치들을 우리는 실현하게 된다. 바로 여기서 우리 인간의 윤리적 이행이 이뤄지게 된다. 첫째로, 예컨대 어떤 상황에서 어떤 적극적 가치가 없음을 알고 그 가치의 존재를 요구하기도 하고, 어떤 상황에서 어떤 소극적인 가치의 있음을 알고 그 가치의 비존재를 요구하기도 한다. 이 요구가 바로 '이념적 존재 당위 내지 비존재 당위'이다. 이념적 당위가 행위 주체와는 상관없이 가치에 근거해서 생겨나는 것임에 반해, 이념적 당위와 노력의 가치방향에 의해 그때그때 규정되어 생겨나는 규범적 당위가 또한 있다. 이처럼 당위는 가치에 근거해서 생겨나는 것이지, 칸트의 생각처럼 당위에 근거해서 가치가 생겨나는 것이 아니다. 둘째로, 우리 인간은 감정 작용들 중 선호·경시작용에 의해서 같은 상황에 주어진 두 가치 이상의 가치들 중 더 높은 가치를 취하거나 더 낮은 가치를 취하게 된다. 이때 더 높은 가치를 취하게 될 때 윤리적 선의 가치를 실행하게 되고, 더 낮은 가치를 취하게 될 때 윤리적 악의 가치를 실행하게 된다. 따라서 그런 상황에서 항상 더 높은 가치를 취할 수 있도록 우리 인간은 항상 더 높은 가치를 의식하고 있게끔 높은 감정을 발하여 있도록 해야 한다.

그런데 가치를 대상으로 하여 감정이 작용함으로써 우리 인간이 가치에 관계하게 되는데, 그 관계된 가치를 실현하는 활동의 주체자는 바로 인격이다. 인격에 의해 비로소 가치 실현의 활동이 구체적으로 이뤄진다 할 수 있고,9) 인격의 가치 실현작용에서 선·악의 윤리적 가치가 성립하고 그것에 그 가치가 귀착해 있다고 할 수 있다.10) 그러나 비록 인격이 더 높은 감정을 발하여 더 높은 가치를 지향 감지하고 선호하도록 하여 윤리적 가치를 실현하도록 할지라도, 아직 이 단계에서는 엄밀한 의미에서 윤리적 가치가 실현되거나 윤리적 실행이 이뤄진다고 할 수 없다. 단지 윤리적 가치가 나타나고 우리 인간이 그것을 감지할 수 있다고 할 수 있을 뿐이다. 그런 가치의 감지를 바탕으로 하여 실천적 주체인 의지가 그 가치를 실행한다. 의지가 윤리적 가치, 즉 선·악을 실행한다는 것이다. 물론 이 가치는 인격이 의지작용을 통해서 실행하는 가치이므로, 그 존재 방식상 다른 모든 가치들과는 다른 것이다. 의지가 선호한 가치 혹은 경시한 가치를 노력목표로 삼을 때 비로소 그 의지가 선하다 또는 악하다 할 수 있는 것이다. 그 의지에서 그런 윤리적 가치의 실행이 파악된다는 것이다. 그러나 의지의 단계에서는 아직 진정한 의미에서 윤리적 평가를 내릴 수 없다. 행위의 단계에서 비로소 윤리적 평가가 이뤄질 수 있다. 행위는 행위가능(Tunkönnen)의 영역에 놓여 있는 의지 내용, 즉 의지가 설정한 노력목표를 실제로 실행함으로써 윤리적 가치를 실행하는 것이고, 이런 실행에 대해서 윤리적 평가가 가능한 것이다.

---

9) 허재윤, 『인간이란 무엇인가?』(대구: 이문출판사, 1986), 26~27쪽 참조.
10) Vgl. Manfred S. Frings, "Berichte und Mitteilungen," *Zeitschrift für philosophische Forschung Band 28*, Heft 2, hrsg. v. G. Schischkoff, München, 1974, S. 238.

　제8장에서는 윤리의 변천에 관한 셸러의 견해를 서술해 본다. 그에 의하면 '가치'에 대한 이해의 정도에 따라 각기 시대 혹은 사회에 고유한 에토스가 형성하게 되고, 이 에토스의 변천에 따라 윤리의 변천이 이뤄진다는 것이다. 따라서 가치윤리학은 윤리가 변하지 않는다는 생각을 애초부터 하지도 않고, 윤리가 변하는데 그 변화의 원인이 무엇인지를 그 나름대로 적극적으로 해명하고, 윤리는 그 본성상 불변성이란 속성을 결코 갖추고 있지 못함을 윤리 생성의 근원으로부터 해명한다.

　이상이 막스 셸러의 가치윤리학의 뼈대이다. 이 가치윤리학의 구상은 선천적이고 자립적인 '가치'에서 윤리학이 보편타당한 학으로서 성립할 수 있는 근거를 찾았다. 그래서 셸러는 가치윤리학이 보편타당한 윤리학일 수 있다고 생각하고, 그의 가치윤리학적 시도로써 기존 윤리학들이 안고 있는 문제, 예컨대 행복주의 윤리학의 주관적 쾌락설, 칸트 윤리학의 형식성 그리고 영미 윤리학의 주관성을 극복하고자 한다.

　이처럼 철학적 윤리학의 토대를 정초코자 한 막스 셸러는 그 이후의 가치윤리학에 많은 영향을 끼쳤다. 대략적으로 말한다면, Nicolai Hartmann과 Johannes Hessen 그리고 Hans Reiner도 셸러가 닦아놓은 이 가치윤리학의 토대를 전적으로 수용하여 그 위에 각자의 가치윤리학의 체계를 구축해 갔음이 사실이다.

　먼저 니콜라이 하르트만에 관해서 언급하자면, 셸러에 의해 기반을 닦아놓은 가치윤리학을 그가 완성시킨다고들 하는데 이것은 지나친 표현일 것이다. 다만 셸러가 가치윤리학을 성립시키기 위해서 닦아놓은 토대에서 하르트만이 나름대로 그의 윤리학을 정립해 보고자 했다는 것이 적절한 표현일 것이다. 사실 가치윤리학에 대한 셸러와 하르트만의 견해 차이가 있음은 주지의 사실이다. 예컨대 가치윤리학의 토대로 삼는 가치에 관해서도 그들의 생각은 다르다. 하르트만에 있어서 가치는 플라톤적인 자체적 존재 따라서 불변적이고 영원한

것이지만,11) 셸러에 따르면 가치는 인격에 의해 끊임없이 발견되는
것이다. 여기에 존재론주의를 대표하는 하르트만과 발전성과 인격을
중요시하는 셸러 간의 결정적인 차이가 명백히 드러난다. 좀더 풀어
서 정리하자면, 셸러는 가치를 선천적이고 실질적인 것이라고 하는
반면에, 하르트만은 그것을 자체적 존재(Ansichsein) 또는 완전히 이
념적 존재라고 한다. 이리하여 전자가 가치객관론을 제시하는 데 반
하여 후자는 가치존재론을 제시한다.12) 그리고 셸러는 가치와 가치
담지자를 명확히 구별하고 가치질을 통해서 스스로를 나타내는 것에
서 가치의 실질성을 찾고자 하는데, "하르트만은 가치계의 풍요한 내
용적 다의성에서 그 실질성을 찾고자 한다."13) 다른 한편으로 셸러
는 감정과 인격에 착안하여 가치윤리학을 성립시키려 했으나, 하르트
만은 칸트가 주장하는 바의 도덕법칙의 선천성을 그의 가치론으로
채우고 니체의 가치 다양성 이론을 받아들여 그의 가치윤리학을 정
립시키려 했다.

그 다음에 또 이어지는 걸출한 가치윤리학자로서 한스 라이너가
있다. 이 학자도 앞의 두 학자들처럼 칸트의 윤리학을 비판하는 가운
데서 그의 가치윤리학적 체계를 기획했다. 그러나 한스 라이너는 앞
의 두 학자들과는 달리 가치 관념을 구상할 때 지나친 형이상학적인
전제들을 받아들이지 않는다. 앞의 두 가치윤리학자들과 마찬가지로
가치관념과 가치들의 위계질서를 가치윤리학의 포기할 수 없는 토대
로 간주하지만, 그는 그의 가치관념을 규정할 때 형이상학적 논의를
포기한다. 그는 가치란 그 성질에 근거하여 높은 평가를 할 때 비로
소 가치있는 것으로 현상하고 그렇기 때문에 좋은 것으로 현상하는

---

11) Vgl. N. Hartmann, *Kleinere Schriften* Bd. III(Berlin: Walter De Gruyter, 1958), S. 327~332.
12) Vgl. Johannes Hessen, *Lehrbuch der Philosophie* 2 Band-Wertlehre-, 2 Auf.(München-Basel: Ernst Reinhardt Verlag, 1959), S. 18.
13) 하영석, "價値와 當爲"; 哲學硏究 제30·31집-한국철학회 논문집-, 1981, 5쪽.

바로 그런 존재라고 했다.[14)

　이상과 같이 가치윤리학의 주류를 이루어 온 그들은 가치윤리학적
사고에 있어서 관점의 차이를 보여주고 있다. 그럼에도 불구하고 그
들에 의해 주도되었던 "가치윤리학은 20세기 중반까지 독일에서 철
학적 윤리학의 분야를 지배하였다."[15)

---

14) Vgl. Georg Thamm, "Zu Hans Reiners Wertethik"; *Zeitschrift für philo-
　　sophische Forschung Band 44 Heft 2, hrsg. v. Otfried Höffe, 1990, S.
　　305f.
15) Hans Reiner, "Wertethik nicht mehr aktuell?"; *Zeitschrift für philoso-
　　phische Forschung* Band 30, hrsg. v. Schischkoff, München, 1976, S. 93.

제2장 가치의 본질

본 장에서는 가치론에서 첫 번째로 취급해야 하는 가치 자체의 존재에 관해서 고찰해 본다. 만약 가치 자체의 존재가 인정되지 않는다면, 가치들간의 본질연관이나 감정 작용 등의 테마가 의미 없을 것이고, 선천적이며 객관적인 가치를 대상으로 삼는 셸러의 가치론이 학적으로 성립할 수 없을 것이다. 그럼 가치 자체의 존재를 확인하기 위해서 가치의 본질로서 가치의 선천성과 가치의 실질성 그리고 가치질을 살펴보기로 한다.

제1절   先天性

선천적인 것은 우리 인간의 의식과는 독립적으로 존재하는 것을 의미한다. 우리 인간의 의식과는 독립적으로 존재한다는 것은 우리 인간의 사고 이전에 존재함을 의미하고, 우리 인간의 사고 결과와는 아무런 상관이 없는 존재임을 뜻한다. 그래서 "선천적인 것은 그것을 사고하는 주체 및 이 주체의 실재적인 본성적 성질에 관한 모든 종류의 措定(Setzung)과 이 주체가 작용할 수 있는 대상에 관한 모든 종류의 조정이 도외시된 가운데 자체적으로 존재해 있는 것이다."[1]

---

1) materiale Wertethik, S. 67.

다시 말해서 모든 정의가 도외시된 뒤에도 자립적으로 존재해 있는 것이 바로 선천적이라는 것이다. 그런데 칸트는 선천적인 것을 제시하는 데 있어서 매우 불확정적이고 일정치 않다. 예컨대 이론철학에서는 선천적인 것을 제시하기 위해 수학적 자연과학의 사실 내지 경험과학적 사실로부터 출발하는 것은 옳지 못하다고 주장하면서, 실천철학에서는 선천적인 것을 제시하기 위해 순수이성의 사실로부터 출발해야 한다고 주장한다.2) 후자의 주장이 정당하다 할지라도, 순수이성의 사실이 관찰이나 귀납의 사실로부터 어떻게 구별되며 또한 순수이성의 사실의 확정이 경험과학적 사실의 확정으로부터 어떻게 구별될 수 있는지 칸트는 밝히지 못하고 있다. 뿐만 아니라 그에 의하면 도덕의 기본적 실태인 도덕법칙이 어떻게 순수이성의 사실일 수 있겠으며, 설사 그렇다 하더라도 그 순수이성의 사실이 심리학적 사실과 어떻게 다를 수 있는지 그는 명확히 밝히지 못하고 있다.3) 오히려 그는 이런 불명료한 점을 감추기 위해 실천영역에서 이성의 역할을 확대시켜서, "이성의 自己立法에 근거해서 도덕법칙이 성립한다 또는 이성이 도덕법칙의 立法者라는 말을 하고 있다."4) 물론 도덕법칙은 모든 상황 속에서도 보편타당하게 적용될 수 있어야 하기 때문에 형식적이어야 한다는 요청적 가정 하에 또한 그런 생각을 했던 것도 사실이다. 이처럼 칸트가 이성이 선천적인 것을 만나게 해준다든가 선천적인 것으로 나아가게 해준다는 등의 생각을 하게 된 동기는 선천적인 것은 분명히 있음에도 불구하고 그것으로 나아갈 방도를 찾지 못했거나 알지 못했기 때문일 것이다.

사실 칸트는 현상학적 본질직관의 방법을 몰랐기 때문에, 주지주

---

2) Vgl. a. a. O. S. 66. (칸트는 *Grundlegung zur Metaphysik der Sitten* S. 7 에서 순수의지의 이념과 원리를 논할 때, 선천적인 것은 이성을 통해서 의식되어진다고 했다.)
3) Vgl. Ebd.
4) a. a. O. S. 67.

의적 입장에 매여 있었던 그는 이성에 대한 그런 과언을 했던 것이다. 그러면 먼저 오성의 구성적 성격이 사실의 이해에 아무런 도움이 되지 못한다는 것부터 논증해 보자. 우리가 일상적으로 말하거나 생각할 때 대상적 본질은 그 자체로서 사물 혹은 사태들에 이미 주어져 있다. 그것들은 인식의 주체와는 아무런 상관없이 자립적으로 존재해 있다. 다시 말해서 "사물과 사태의 본질은 인간에 의해서 조정된 것으로부터 독립적으로 존재한다."5) 그리고 우리의 귀납적 경험은 선천적인 본질이 부여하는 방향으로 정위되어 이뤄진다. 왜냐하면 "우리 인간의 관찰에 앞서 사물·사태의 본질은 우리에게 이미 간취되어 있고, 이 본질이 관찰에 願해지고 전제되어진 방향을 부여하기 때문이다."6) 본질이 우리에게 간취되어 있지 않고 그럼으로써 관찰의 방향이 주어져 있지 않는 데서는 참된 의미의 관찰이 이뤄질 수 없는 것은 분명하다. 그리고 칸트는 비록 物自體가 존재하지만, 우리 인간은 그것을 파악할 수 없다고 한다. 이 주장은 悟性의 先驗的 기능법칙이 접근할 수 없는 대상 본질이 주어져 있음을 암시하는 훌륭한 예이다. 이와 같이 칸트가 선천적인 존재를 부정하는 것은 아니다. 그런 존재를 우리 인간은 이론철학에서는 대상으로서 파악할 수 없고, 다만 도덕론 차원에서 순수이성에 의해 예지적으로 확신하는 바이고 그것에 의해 가상으로 구상해 볼 뿐이라는 것이다.

그런데 우리는 칸트가 알지 못했던 현상학적 경험을 통해서 대상을 바라볼 때, 그 대상에 선천적으로 주어져 있는 본질을 직관한다는 것이다.7) 이 직관된 것은 대상적 사물·사태 자체에 주어져 있는 것이지, 어떤 종류의 상징, 기호, 지시에 의해 매개되거나 구성된 것이 아니다. 예컨대 "붉음이란 색을 예로 들어보자. 이 색은 붉음이란 말이 표시하는 색으로서, 이 사물의 색 또는 이 특정한 표면의 색으로

---

5) Ebd.
6) a. a. O. S. 69.
7) Vgl. a. a. O. S. 70.

서, 色彩圓錐體에서 규정된 배열에 의해 〈내가 바로 지금 보고 있는〉 색으로서, 이 진동수 내지 진동형식의 색 등등으로서 규정될 수 있다. 그러나 이렇게 규정된 〈붉음〉은 언제나 이른바 어떤 방정식의 X로서 또는 어떤 조건연관을 충실시키는 X로서 나타난다. 이때에 X로서 나타나는 색은 〈붉음 자체〉가 아니라 그것의 한 項에 불과하다. 이 X는 귀납적 경험에서 만나는 것이고, 〈붉음 자체〉는 현상학적 경험에서 만나는 것이다. 전자는 그 자체로 주어진 것이라 할 수 없고, 후자는 그 자체로 주어진 것이라 할 수 있다."8) 따라서 우리는 현상학적 경험을 통해 직접적으로 그 자체로 존재하는 선천적 본질에 이를 수 있을 것이다.

그래서 본질직관될 수 있는 것은 선천적인 것이고, 귀납적 경험으로 얻어진 것은 선천적인 것이 아니다. "사물, 사태, 힘, 동일성, 유사성, 작용, 운동 그리고 시간, 공간, 量, 數 등은 사고된 것이 아님이 분명하다. 이런 것들이 사고된 것이 아니라면, 즉 無로부터 사고에 의해 정립된 것이 아니라면, 이것들은 확실히 인간의 인식작용에 앞서 자체적으로 존재해 있는 것임에 틀림없다."9) 이런 것들과 마찬가지로 가치도 인간의 인식작용에 앞서 존재해 있는 것이다. 가치는 확실히 귀납적 경험을 통한 사고에 의해서 구성되는 것도 아니요, 인간의 의욕, 욕구, 의지 등의 방향에서 산출되는 것도 아니요, 평가에 의해 결정되는 것도 아니다. 오히려 가치는 우리 인간의 의식과는 상관없이 자립적으로 존재해 있는 것이다. 그래서 우리는 예컨대 어떤 방에 들어갔을 때, 아무런 의욕작용을 하지 않았음에도 불구하고 그 방의 어디론가에서부터 안락함을 느낀다. 또 우리는 갑자기 스쳐 지나가는 경치를 보고 쾌적함을 느낀다. 또 우리는 한 송이의 장미꽃을 보고 모두가 그 장미꽃이 아름답다고 느낀다. 이때의 안락, 쾌적, 아름다움의 가치가 우리의 의식과는 상관없이 그 방안의 무엇, 그 경

---

8) Ebd.
9) a. a. O. S. 82.

치, 그 장미꽃에 이미 주어져 있고, 그런 것을 우리들이 본질직관적 감정 작용을 통해서 파악하게 된다.

물론 여기서 가치가 감정 작용을 통해서 우리에게 파악된다는 것이 중요한 것이 아니라, 가치는 본래 고유하게 존재한다는 것이 중요하다. 가치는 Platon의 Idea처럼 본래 이념계에 존재해 있는 것이다. 그렇다고 해서

이데아와 같은 것은 결코 아니다. 예컨대 數, 圓, 삼각형의 이데아가 이념계에 존재하고 그 模造物로서의 개개의 수, 원, 삼각형이 현상계에 존재하는 것처럼, 가치가 그런 식으로 존재하는 것은 아니다. 가치는 이념적 존재로서 이념계에 존재하면서도 그 본질의 온전성을 조금도 훼손됨이 없이 동시에 현상계에 내재하고 있다.10) 가치가 현상계에도 존재하고 있기 때문에, 우리는 예컨대 善의 의미를 보통 주목하지 못하고서도 하나의 행위에서 善의 가치를 직관하게 된다. 이처럼 가치는 자체적 존재로서 항상 고유하게 존재해 있는 것이다.

가치가 자체적 존재임을 다른 측면으로 살펴보자. "가치들은 사물들의 단순한 성질로 환원될 수 없다."11) 그것들은 마치 색깔들이 사물들의 단순한 성질로 환원될 수 없듯이 그러하다. 예컨대 붉음이 순수 스펙트럼 색으로 주어질 수 있는 것처럼 쾌적함, 매혹적임, 사랑스러움, 다정함, 고상함, 고귀함 등의 가치들도 그 자체 선천적으로 존재하는 것이지 결코 사물, 사람의 성질들로 주어지는 것이 아니다. 또한 미각적 쾌적의 가치가 맛좋은 음식물에 실질적으로 주어져 있는 것이지, 미각, 시각 혹은 촉각 등의 여러 감각들의 복합으로 만들어진 것도 아니다.12) 마찬가지로 가치는 사태들의 복합으로 만들어지는 것도 아니다. 예컨대 포도주의 가치는 결코 이 포도와 저 포도의 합성과 생산지, 포도 즙기류에 의해 결정되지 않는다.13) 마지막으

---

10) Vgl. a. a. O. S. 175.
11) a. a. O. S. 35.
12) Vgl. Ebd.

로 가치는 쾌·불쾌의 체험에 대한 일종의 관계라고 생각할 수도 있는데, 이것은 그릇된 생각이다. 이런 그릇된 사고의 "가장 원시적인 형태로서는 한 사물, 한 행위 등의 가치 존재는 그것들이 인간에게 영향을 미침으로써 쾌락을 일으킨다"[14)는 것이 있다. 그러면 과연 어떤 사물, 사태가 인간에게 대하여 이루는 관계로서의 가치가 성립하는지 살펴보자. "우리들은 당장에는 어떠한 쾌도 불쾌도 일으키지 않는 사물, 행위 등을 종종 적극적 가치를 가진 것으로 또는 소극적 가치를 가진 것으로 파악한다. 그리고 이 경우에 그 사태 자체가 그런 가치체험들을 일으킬 능력, 소질 또는 힘을 갖고 있음을 알게 된다."[15) 따라서 우리는 가치가 어떤 한 관계의 기초를 이룰 수는 있으나, 그 자체는 붉음과 푸름이 관계의 결과가 아닌 것처럼 관계에 의해 성립하는 것이 아님을 알 수 있다. 이상의 세 가지 측면을 고찰해 볼 때, 우리는 어느 한 측면도 인정할 수 없음을 알 수 있다. 그러므로 우리는 가치가 자체적 존재로서 본래 고유하게 존재하는 것임을 인정하지 않을 수 없다.

제2절 實質性

본 절에서는 가치의 실질성에 관해서 고찰하기로 한다. 가치가 그의 본질로서 실질성이란 속성을 갖고 있는지 어떤지를 고찰하기 전에, 우선 왜 〈實質〉의 개념을 막스 셸러가 사용했는지 알아본다. 그는 그의 윤리학을 주로 칸트의 도덕론을 비판하면서 전개시킨다. 그의 도덕론을 비판하는 가운데 셸러는 선천적인 것 가운데 형식적인

---

13) Vgl. a. a. O. S. 40.
14) a. a. O. S. 248.
15) a. a. O. S. 248f.

것뿐만 아니라 실질적인 것도 있음을 강조하게 된다. 칸트는 선천적인 것은 형식적인 것이라 생각하고 적어도 윤리학의 기초는 선천적임으로써 보편타당한 형식적인 것에 두어야 한다고 생각한다. 물론 도덕론에서도 예외가 아니었다. 도덕률은 의지의 형식만 문제삼고, 이러한 도덕률을 준수하느냐 하지 않느냐에 따라 그 행위의 善·惡이란 윤리적 가치가 결정된다는 것이다. 칸트의 위와 같은 형식주의가 보편타당한 것은 오직 형식뿐이라 생각하는 데 반해서, 셸러는 보편타당한 선천적인 것이 실질을 갖춘 것일 수도 있다고 생각한다. 그래서 그는 〈formal〉에 대응하는 개념으로 〈material〉을 사용했던 것이다. 이 〈material〉의 의미는 질료적·물질적이라는 의미는 결코 아니고 다만 내용이 있음, 내실적이라는 의미이다. 따라서 〈material〉이란 개념을 물질적인 차원뿐만 아니라 심적·정신적 차원에도 적용시켜 사용할 수 있을 것이다.

그러면 실질에 관한 대략적인 논의부터 해 보자. 실질이란 실제로 그 자체가 고유한 성질을 나타내 보이는 것을 뜻한다. 이 실질은 다시 우리에게 그렇게 나타나 보이는 것과 우리의 의식과는 관계없이 자체적으로 그렇게 나타나는 것으로 구분될 수 있다. 전자는 우리 인간의 의식과 관계하여 실질이 되는 경우이고 후자는 그 자체로서 실질인 경우이다. 전자의 실질은 감각 경험을 통해서 우리에게 다가오고, 후자의 실질은 본질 경험을 통해서 우리에게 다가온다. 그런데 여기서는 후자의 실질이 문제가 되므로 이것만 고찰해 보기로 하자. 소위 혼돈된 감각상태에서 이끌어내지 않고, 사실에 앞서 사고에 의해 企投, 構成되지 않고, 우리들에게 직접적으로 나타나고 다가오는 것이 바로 여기서 우리가 취급하려는 실질이다.16) 이 실질은 인식을 위하여 원리적으로 완결될 수 없는 그런 관찰들을 거치지 않으면 안 되는 그런 실질과는 명확히 구별된다. 이런 실질을 우리는 본

---

16) Vgl. a. a. O. S. 71.

질적으로 주어져 있는 실질이라 부른다. 앞에서 실질은 내용을 갖추고 있는 것이라 했는데, 그렇다고 해서 그것이 오직 형이하학적이라는 의미는 아니다. 내실적인 것이면서도 본질적이고 정신적인 것이 얼마든지 있다. 예컨대 관계, 형식, 형태, 가치, 공간, 시간, 운동, 대상성, 존재와 비존재, 事物性, 一, 多, 진리, 작용, 물적, 심적 등등이 있다.17) 심지어 귀납적 경험이 순수직접적 경험과 경험 주체자의 본성적인 유기적 기구의 조정에 의해 제약되고 매개되므로, 순수 직접적 경험과 그 경험 주체자의 대상인 실질이 귀납적 경험의 〈구조〉 내지 〈형식법칙〉으로서 역할을 한다고 할 수 있다.18)

그러면 과연 그런 실질이 어떠한 것인지 알아보자. 하나의 주사위를 예로 들어 보자. "우리들이 하나의 주사위를 말할 때, 우리에게 주사위의 〈원근법적인 側面像〉 내지 주사위의 감각 복합체가 연상된다고 주장하는 것은 엉터리이다. 언제든지 주사위는 일정한 공간적 형태의 통일성을 가진 하나의 전체적인—그 어떤 측면들 내지 부분적 像들에 의해 분할되지 않은—물질적 사물로서 존재하고 있다."19) 주사위가 다만 시각적으로만 주어져 있고, 知覺的 內實의 시각적 제 요소는 그 시각물의 원근법적인 측면상의 어떤 점들에만 대응한다는 어떠한 증거도 없다. 또 "주사위가 시각작용을 통해서 현존하는 그대로 나타나는 것이 아니다. 가령 〈事物性〉은 나타나지 않고, 〈주사위가 내부를 가지고 있다〉는 것은 나타나지 않고, 다만 일정한 형태와 색채를 가지고 빛과 그림자를 가진 사물의 시각적 대상만이 나타날 뿐이다."20) 오히려 우리들의 모든 인식작용과는 관계없이 또는 그런 인식작용들에 앞서 주사위란 사물성이 주어져 있고, 이것을 대상으로 우리는 시각적으로든지 촉각적으로 경험하는 것이다. 이때 그 사물성

---

17) Vgl. a. a. O. S. 74.
18) Vgl. a. a. O. S. 71.
19) a. a. O. S. 74f.
20) a. a. O. S. 75.

이 바로 실질인 것이다.

그 다음 실질성의 존재를 실재성의 속성으로부터도 알 수 있다. 일상적으로 실질적이라 함은 실재적임을 동시에 의미하고, 이념적이거나 관념적이 아님을 뜻한다. 그래서 '실재'의 존재방식의 측면으로 실질적인 것을 살펴보자. 현상학파의 일원인 요셉 피퍼에 의하면, " 일체의 존재는 현실적인 것이고 꿈꾸어진 것이 아니다."21) 그리고 존재의 한 부류인 "사물 자체에 내재해 있는 것으로 생각되는 진리는…… 존재 자체에 귀속되어 있는 질서이다."22) 요셉 피퍼의 생각처럼 사실 모든 존재 그 자체는 실재적인 것이고, 고유한 질서를 소유하고 있다. 실재라든가 현실존재라는 것은 사실성 내지 現前性을 갖고 있고 질서가 있음으로써, 존재하고 생겨나는 모든 것이 합리적으로 설명될 수 있고 실재적인 것임이 인정될 수 있다.23) 만일 어떤 존재가 현전성이 없는 비실재적인 것이고 그럼으로써 그 자체의 질서를 소유하고 있지 않다면, 그 존재는 虛像 혹은 꿈속에 나타나는 것일 뿐이다. 그러므로 현상학적 관점에서 볼 때, 실재적인 모든 존재는 질서 혹은 본질이란 실질을 그 자체 갖고 있음을 알 수 있다.

지금부터 가치의 실질성에 관해 고찰해 보자. 가치는 그 자체 실질성을 갖고 있다. 그래서 가치는 가치계에서 이념적으로 존재할 뿐만 아니라 현상계에서 실질적으로 존재한다. N. Hartmann은 그의 저서 『Ethik』 2판 서문에서 자신의 오해를 시인하지만, 1판에서는 가치가 이념적 영역에서만 존재하고 현상계에서는 존재하지 않는 것으로 본다. 다만 가치가 현실에 관계할 수 있는 것은 실재자(Realität)에로의 가치의 경향성 내지 침투성 때문이라 했다.24) 그러나 셸러는

---

21) J. Pieper, 『존재의 진리』, 허재윤 역(대구: 이문출판사, 1986), 125쪽.
22) 같은 책, 126쪽, 재인용.
23) 같은 책, 127쪽 참조.
24) Vgl. N. Hartmann, *Ethik* 4 Auf.(Berlin; Walter der Gruyter & Co, 1962), S. 170f.

가치가 현상계에서도 존재한다는 것이다. 예컨대 우리가 어떤 과일에서 달콤한 快適의 가치를 맛볼 경우에, 이 쾌적의 가치는 과일의 화학적 성분에 대한 미각적 감각의 결과가 아니다. 그리고 또 어떤 음식의 쾌적의 가치는 음식물 속에 들어 있는 물질의 화학적 요소 혹은 그 복합체에 의해서 존재하게 되는 것이 아니다. 더 나아가 그 가치는 어떤 과일, 음식의 물질적 특성도 아니다.25) 따라서 쾌적이란 가치는 과일이나 음식에 의지해서 존재하게 되는 것이 아님을 알 수 있다. 오직 그 가치는 고유하게 존재하면서 현상계에서는 그 가치의 담지자인 과일, 음식 등에서 나타나는 것이다. 그리고 그 나타남을 모든 사람이 똑같은 것으로 감지한다는 것이다. 만약 쾌적의 가치가 그 담지자 안에서 그 자체의 실질을 갖추고 존재해 있는 것이 아니라면, 그것들의 화학적 요소도 물질적 성질도 그리고 화학적 성분에 대한 감각의 결과도 아닌 그 무엇이 본질 내용인 것으로 감지될 수 있겠는가?

이처럼 가치가 현상계에 실질로서 존재해 있음을 다음의 여러 경우들을 통해서도 확인할 수 있다. 우리가 어떤 공간에 들어갔을 때 그 공간에 무엇이 들어 있으며 그 공간의 공기 상태가 어떠한지 지각하지 못한 상태에서도, 우리는 그 공간에서 安樂의 가치를 감지한다. 우리가 귀찮음, 지긋지긋함의 가치가 어디에 놓여 있는지 알지 못하고서도 그 가치를 감지하고, 한 수의 시 혹은 하나의 예술작품의 아름다움, 추함, 고상함, 비천함을 이것이 당해의 작품 내용의 어디에 놓여 있는지 알지 못하고서도 느낀다.26) 그리고 윤리적 가치 영역에서도 그런 사실을 확인할 수 있다. 예컨대 우리는 어떤 인간이나 행위를 평가하기도 전에 혹은 그것들의 항상적 특징을 고려하기도 전에, 그 인간이나 행위가 고귀하다 혹은 비천하다, 용감하다 혹은 비겁하다, 순결하다 혹은 불순하다, 선하다 혹은 악하다는 것을 직관한

---

25) Vgl. materiale Wertethik, S. 35.
26) Vgl. a. a. O. S. 40.

다.27) 물론 이런 가치를 가치현상의 영역에 속하지 않는 특징들과 특성들에서 도출하고자 하는 것도 충분치 않다. 그러므로 결국 윤리적 가치도 스스로 우리에게 직관되기 위해서는 인간이나 행위에 실질로서 주어져 있어야 함에 틀림없다.28)

또 다른 측면으로 가치의 실질성을 고찰해 보자. 어떤 인간과 행위의 용감함과 비겁함, 선함과 악함은 사정에 따라 유비관계를 떠나 단 하나의 행위 혹은 단 한 사람의 인간에게서도 충분히 인정된다.29) 그럼에도 불구하고 가치 영역의 밖에서 선·악의 가치에 그 가치 성립의 공통적 특징을 제시하고자 하는 것은 엄청난 인식적 오류를 범할 뿐만 아니라, 일종의 위선주의적인 도덕적 기만을 초래한다.30) 비록 선의 가치는 비윤리적인 두 가지의 가치가 동시에 주어져 있을 때 보다 높은 가치를 선호하여 추구하는 데서 성립하는 가치이고, 악의 가치는 그럴 때 보다 낮은 가치를 선호하여 추구하는 데서 성립하는 가치라고 할지라도, "선·악의 가치도 독특한 종류의 명백히 감지할 수 있는 실질적 가치인 것이다."31) 비윤리적인 두 가지 이상의 가치가 동시에 주어져 있을 때, 선호·경시의 가치실현 작용에 즉응해서 선·악의 가치가 나타나기 때문에 그 가치가 실질적인 것이 아니라 비윤리적인 가치들의 실현 과정에서 형식적으로 파생되고 성립되는 것으로 오해할 수 있다.32) 이처럼 선·악의 가치들뿐만 아니라 모든 가치들은 현상계에 실질로서 존재해 있으면서, 그것을 감지하는 자의 눈에 점점 더 정확히 다가오고, "인간의 영원한 정신 속에 있어서의 끊임없는 세계실현 작용을 통해서 산출되어지는 것이다."33) 그

---

27) Vgl. a. a. O. S. 36.
28) Vgl. a. a. O. S. 37.
29) Vgl. a. a. O. S. 36.
30) Vgl. a. a. O. S. 37.
31) a. a. O. S. 47.
32) Vgl. Ebd.
33) Nicolai Hartmann, *Kleinere Schriften Bd. III*(Berlin: Walter De Gruyter,

래서 가치계에 존재해 있는 가치가 인간의 정신적 감지능력의 향상
과 병행해서 점점 더 현상계에 현상하게 된다고 할 수 있다.

제3절 價値質

가치질(Wertqualität)은 가치 자체의 순수한 성질을 의미하는데,
가치는 항상 가치질로서 현상계에 나타난다.[34] 가치가 이념계에 존
재할 때는 항상 이념적 존재로서 존재하다가, 그것이 현상계에 나타
날 때 항상 그 가치의 고유한 質을 나타내면서 존재하게 된다. 예컨
대 대략적으로 분류하면 감성적 가치는 감성적 가치질을 나타내면서,
유용의 가치는 유용의 가치질을 나타내면서, 생명 가치는 생명 가치
의 질을 나타내면서, 정신적 가치는 정신적 가치질을 나타내면서 그
리고 聖的 가치는 성적 가치질을 나타내면서 현상계에 존재하게 된
다.[35] 더 자세히 분류하면 감성적 가치에도 여러 가치들이 있는데
그 가치들은 각각 고유한 가치질을 나타내면서 현상계에 존재해 있
고, 유용의 가치에 속하는 여러 가치들도 생명 가치에 속하는 여러
가치들도 그리고 정신적 가치, 성적 가치에 속하는 여러 가치들도 마
찬가지로 그러하다. 그래서 우리는 현상계에서 가치의 실질성을 인정
할 수 있는 것이다.
가치질이 현상계에 나타난다 해서, 우리들이 모두 똑같이 감지할
수 있는 것은 아니다. 예컨대 어떤 사물의 내실이 우리에게 먼저 주
어져 있지 않고 오히려 사물을 인식하는 만큼 그것이 우리에게 주어
져 있는 것처럼, 가치 경험에서 가치질이 우리에게 먼저 주어져 있지

1958), S. 155.
34) Vgl. materiale Wertethik, S. 35.
35) Vgl. a. a. O. S. 122~126.

않고 오히려 그것을 우리가 인식하는 만큼 우리에게 주어져 있다. 따라서 한 가치질은 그의 동일성에도 불구하고 우리의 감지능력의 정도에 따라 우리에게 상이하게 나타난다.36) 그래서 어떤 예술작품이 그의 동일성에도 불구하고 그 작품에서 나타나는 가치질을 감지하는 정도에 따라 평가가 다를 수밖에 없음은 이해할 만하다. 그러나 그 가치질은 다른 가치질에 비교해서 조금도 미흡하게 현상계에 주어져 있는 것이 아니다. 가치질 자체는 각각 완전하게 현상계에 주어져 있으면서 나타나 있는데, 다만 우리 인간이 각자의 감지능력에 따라 가치질을 차이있게 감지할 뿐이다.

가치가 현상계에 나타날 때 그것이 아무 곳에서나 나타나는 것이 아니다. "가치와 가치 담지자 사이에는 선천적인 연관이 존재한다."37) 가치 담지자란 가치가 담지되어 있는 것을 말하고, 그것에서 가치질이 현상한다. 가치와 가치 담지자 사이의 선천적 연관이란 본래부터 그것들 사이에 고유하게 성립해 있는 연관이란 뜻이다. 좀더 자세히 말하자면 어떤 종류의 가치는 그에 상응하는 담지자에 담지되어 있으면서 그 담지자에서 가치질로서 나타나지, 결코 모든 담지자에 담지되어 있고 모든 담지자에서 가치질로서 나타나는 것이 아니라는 것이다. 예컨대 快適과 有用의 가치는 특정의 사물, 사건에 담지되어 있으면서 그 사물, 사건에서 쾌적과 유용의 고유한 가치 성질을 나타내 보인다.38) 愉快의 생명 가치는 생명 통일체에 담지되어 있으면서 그것에서 유쾌의 고유한 가치 성질을 나타낸다. 미적 가치도 그에 해당하는 담지자에 담지되어 있으면서 그것에서 아름다움의 고유한 가치 성질을 나타낸다. 그리고 선·악 등의 윤리적 가치는 인격과 인격 작용에 담지되어 있으면서 거기에서 선·악 등의 고유한 가치 성질을 나타낸다.39) 이처럼 가치는 현상계에서 그에 상응하는 담지자에

---

36) Vgl. a. a. O. S. 42.
37) a. a. O. S. 103.
38) Vgl. Ebd.

서만 그의 고유한 가치 성질로서 나타나기 때문에, 그것을 감지하여 표현하는 우리가 어떤 인격이 선하다 악하다 혹은 어떤 행위가 선하다 악하다고 할 수 있지만, 어떤 사물, 사건이 도덕적으로 선하다 악하다 할 수 없고, 마찬가지로 우리가 인격이 쾌적하다 유용하다고 말할 수도 없는 것은 당연한 것이다.

가치질(Wertqualität)은 그것의 나타남에 있어서 가치 담지자들의 세계인 財界(Güterwelt)에 하등 영향을 받지 않는다. 비록 재가 변화할지라도 가치질은 변화하지 않는다. 예컨대 푸른 공이 붉게 염색된다고 해서 푸른색이 붉게 되지 않는 것처럼, 가치질은 가치 담지자가 변한다고 해서 변화되는 것이 아니다. 그러므로 비록 어느 한 물질이 이 생명체에게는 독이 되고 동시에 저 생명체에게는 약이 될지라도, 그 물질에서 현상하는 가치질은 결코 변화된 것이 아니다. 또한 나의 친구에서 현상하는 우정의 가치질은 비록 나의 친구가 거짓된 자로 밝혀지고 나를 배반했다고 해서 변화하는 것은 아니다.40) 그러나 가치질이 나타나는 담지자는 변화할 수 있고 이 변화의 사실은 사물, 사건, 생명체, 인격과 인격 작용의 존재와는 상관이 없다. 예컨대 아름답다는 것은 색깔이 바래지는 미술 작품이 함께 소멸되지 않아도 소멸될 수 있다. 또 財는 사물이 분할될(geteilt) 때 분할되는 것이 아니라 無化되거나, 그 사물의 분할이 財에 비본질적이라면 재는 변화하지 않는다.41)

앞에서 가치질이 그의 종류에 따라 각각 고유한 현상 영역을 가지고 있음을 알아보았다. 그런데 가치질이 나타나는 그 영역이 서로들 간에 특별한 위계관계를 가지고 있고, 또한 가치질들도 그 종류에 따라 보다 더 높은 것으로 혹은 더 낮은 것으로 나타난다는 것이다. "가치질들 사이에도 그것들이 현상하는 재계의 현존 내지 이 재계의

---

39) Vgl. Ebd.
40) Vgl. a. a. O. S. 41.
41) Vgl. a. a. O. S. 43.

변화로부터 역사적으로 완전히 독립적이고, 재계의 경험에 대해서 선천적인 위계질서가 존재한다"[42]는 것이다. 이처럼 가치질이 현상하는 영역들간의 위계관계와 가치질들 간의 위계질서가 있음으로써 우리 인간은 보다 더 쉽게 바람직한 가치 실현을 할 수 있게 된다.

가치 자체들간의 선천적 위계질서뿐만 아니라 가치들이 현상계에 나타나는 가치질들간의 선천적 위계질서가 존재함으로써, 우리들은 가치들의 위계질서를 더 확실하게 파악하고 더 훌륭한 가치 실현작용을 할 수 있는 까닭을 살펴보자. 가치 자체는 정확히 말하면 하나의 이념적 존재이다. 그래서 가치는 그 자체로 우리에게 알려지고 다가오는 것이 아니다. 오직 가치는 현상계에 가치질로서만 나타나므로 실제로 가치질이 우리에게 알려지고 다가온다. 가치는 이런 가치질을 매개로 해서 우리 인간에게 알려질 따름이다. 물론 가치가 현상계로부터 초월한 이념계에만 존재한다는 것은 아니다. 현상계에도 존재한다. 그렇지만 가치 자체는 능동적으로 그 자신을 드러내 보이고 스스로 나타나는 것이 아니다. 반면에 가치의 성질인 가치질은 그 자신을 드러내 보이고 스스로 나타나는 것이다. 그러므로 우리는 가치질을 직접 감지하게 되고 그럼으로써 그들간의 위계질서도 쉽게 간파할 수 있는 것이다.

---

42) a. a. O. S. 37f.

제3장 가치들의 선천적 본질연관

실질적 가치윤리학의 가치 문제에 있어서 가치 자체의 선천적 실질성만이 중요한 것이 아니라, 가치들간의 선천적 본질연관도 그와 더불어 중요한 것이다. 가치 자체들뿐만 아니라 가치들간의 본질연관도 우리 인간들의 의식과는 독립적으로 고유하게 존재해 있다는 것을 실질적 가치윤리학은 밝히려고 노력한다. 선천적 본질연관은 다시 형식적 본질연관과 실질적 본질연관으로 나누어질 수 있다. 형식적 본질연관은 가치의 본질 자체 속에 근거해 있고, 실질적 본질연관은 가치의 종류들, 가치질들 그리고 가치양태들간에 성립해 있다. 실질적 본질연관이 성립하고 있는 모습은 가치들간의 위계질서를 통해서 구체적으로 나타나고 있다. 가치들간에 성립하고 있는 이 선천적 본질연관을 본 장 제1절에서는 형식적 본질연관, 그 이후에서는 실질적 본질연관 순으로 나누어서 고찰해 보겠다.

제1절 형식적 본질연관

형식적 본질연관은 가치 종류들 사이에 성립하는 본질연관이 아니고, 가치질들 사이에서 그리고 가치 양태들 사이에 성립하는 본질연관도 아니다. 그 연관은 오직 가치 본질 자체 내에서 성립하는 본질연관이다. 형식적 본질연관에 관한 이론은 어떤 의미에서 순수 논리

학에 상응하는 순수 가치론이다. 이 가치론은 다시 가치 자체의 순수
이론과 가치 인정(Werthaltung)의 순수 이론으로 나눠질 수 있다.[1]

먼저 가치 자체의 순수 이론에 의하면, 첫째 미적·윤리적 가치
등의 모든 가치들은 적극적 가치들과 소극적 가치들로 나눠진다. 어
떤 가치 자체 내의 형식적 본질연관에 의거해, 미적·윤리적 가치들
이 적극적 가치일 수도 있고 소극적 가치일 수도 있음이다. Franz
Brentano는 아래의 公理로 가치의 형식적 본질연관의 모습을 그려보
았다.

> 하나의 적극적 가치의 있음은 그 자체 하나의 적극적 가치이다.
> 하나의 소극적 가치의 있음은 그 자체 하나의 소극적 가치이다.
> 하나의 적극적 가치의 없음은 그 자체 하나의 소극적 가치이다.
> 하나의 소극적 가치의 없음은 그 자체 하나의 적극적 가치이다.[2]

F. Brentano의 공리에 의거하면, 하나의 바람직한 가치가 어떤 행
위에 있으면 그것 자체가 윤리적 가치이고, 하나의 바람직한 가치가
어떤 행위에 없으면 그것 자체가 윤리적 반가치(Unwert)이다. 그리
고 하나의 바람직하지 않는 가치가 어떤 행위에 있으면 그것 자체가
윤리적 반가치이고, 하나의 바람직하지 않는 가치가 어떤 행위에 없
으면 그것 자체가 윤리적 가치이다. 이것은 곧 가치 있음이 그 자체
하나의 가치이고, 가치 없음이 그 자체 하나의 반가치임을 뜻한다.
가치의 있음이 그 자체 가치이고 가치 없음이 그 자체 반가치라는
것은 가치 자체의 있음·없음에 본질적으로 근거하고 있다. 따라서
그 가치들은 가치들의 위계관계에서 생겨난 것이 아니고, 가치 본질
자체의 형식적 본질연관에서 드러나는 것이다. 그러므로 이들 가치에
는 형식적 본질 연관이 성립한다.

---

1) Vgl. materiale Wertethik, S. 99.
2) a. a. O. S. 100.

둘째 "적극적 가치들은 當爲的이고, 소극적 가치들은 非當爲的이다."3) 적극적 가치들은 마땅히 추구되어야 할 가치들이고, 소극적 가치들은 마땅히 추구될 필요가 없는 가치들이거나 마땅히 추구되어서는 안 될 가치들이다. 여기서 적극적 가치란 그냥 가치를 의미하고, 소극적 가치란 반가치를 의미한다. 따라서 가치는 마땅히 있어야 할 것, 즉 存在當爲的(Seinsollen)인 것이고, 반가치는 마땅히 있어서는 안 될 것, 즉 非存在當爲的(Nichtseinsollen)인 것이다. 그 다음 "當爲存在는 정당하고, 非當爲存在는 부당하고, 當爲의 非存在는 부당하고, 非當爲의 非存在는 정당하다."4) 따라서 가치는 그 자체 마땅히 있어야 함이 정당하고, 반가치는 그 자체 마땅히 없어야 함이 정당하다. 이처럼 가치 자체 내에서 당위를 끄집어낼 근거로서 우리는 우리 인간의 어떠한 의식과도 독립적인 그럼으로써 선천적인 형식적 본질연관을 드러내 보일 수 있다.

셋째 "동일한 가치가 적극적 가치이고 동시에 소극적 가치일 수 없다. 또 모든 비소극적 가치는 적극적 가치이고 모든 비적극적 가치는 소극적 가치이다."5) 이 명제는 모순율을 사용한 진술이 아니다. 이 명제는 가치 본질 자체의 선천적 연관을 드러내 보이는 것이다. "이 연관은 단지 가치의 존재, 비존재가 문제되는 바의 존재, 비존재 사이에 성립하는 그런 본질연관이 아니라, 오히려 가치 자체 사이에 성립하는 본질연관이다."6) 이처럼 가치는 그 자체의 고유성에 의해 혹은 그 자체의 본질연관에 의해, 가치의 있음과 없음에 상관없이 항상 그 독자성을 내보인다. 따라서 우리는 이런 독자성의 顯示를 통해서도 가치의 형식적 본질연관을 볼 수 있다.

다음은 가치 인정(Werthaltung)을 통해서 볼 수 있는 형식적 본질

---

3) Ebd.
4) Ebd.
5) Ebd.
6) Ebd.

연관을 살펴보자. 첫째 "동일한 가치를 적극적 가치로 認定하고 동시에 소극적 가치로 인정하는 것이 불가능하다."7) 한 가치에 그 가치를 결정하고 그 가치로 인정되는 본질 자체가 주어져 있으므로, 동일한 가치가 적극적 가치로 그리고 소극적 가치로 인정될 수 없다. 가치 본질 자체에 대한 이런 가치 인정의 본질연관을 파악하지 못한 " 칸트가 동일한 가치를 적극적 가치로 동시에 소극적 가치로 평가할 수 없는 원인은 평가 기준이 순수 의지, 즉 실천이성에 놓여 있기 때문이라고 했다."8) 칸트의 이런 사고는 형식적인 가치 인정의 특수한 경우에만 합당하다. 이런 사고는 의욕에 기초하는 도덕적 가치 인정에만 타당하다. 그 의욕은 항상 목적 정립에 있어서 모순을 피하고자 하고, 모든 목적이 다른 목적과 모순 없이 함께 성립할 수 있는 그런 목적왕국의 재건에 기여하고자 하기 때문에, 의욕에 기초하는 칸트의 도덕적 가치 인정은 피상적으로 타당한 것처럼 보인다. 또 의욕의 결과를 참되도록, 동일한 조건들 아래서는 동일한 것을 의욕하도록 요구하므로, 그렇게 보일 수 있을 것이다. 그러나 칸트는 바로 여기서 아래의 사실을 이해하지 못하고 있다. 즉 "a) 의욕의 형식적 법칙에서부터 善의 이념을 획득하는 것이 완전히 불가능하다. b) 가치 인정의 법칙은 논리학의 법칙처럼 직관적 본질연관에 근거하고 있다. c) 이 법칙은 가치들과 꼭 마찬가지로 가치 인정들 사이에서 근원적으로 타당하다. d) 이 법칙은 그것이 작용 법칙인 한 가치파악의 법칙이지, 의지 법칙은 아니다."9)

둘째 "동일한 것 혹은 동일한 대상은 그것에 담지되어 있는 상이한 가치 내용에 근거해서 적극적으로 가치평가될 수 있고 동시에 소극적으로 가치평가될 수 있다. 그러나 동일한 가치 내용이 적극적으로 가치평가될 수 있고 동시에 소극적으로 가치평가될 수 있음은 결

---

7) Ebd.
8) a. a. O. S. 101.
9) Ebd.

코 아니다."10) 가치평가가 지향하는 대상은 가치 내용을 담지하고 있는 사물, 사건이 아니라 바로 가치 내용이기 때문에, 동일한 대상 즉 사물, 사건은 가치평가가 지향하는 여러 가치 내용을 담지하고 있는 바 그 어느 가치 내용을 평가가 지향하느냐에 따라 동일한 사물, 사건이 적극적으로 평가되고 동시에 소극적으로 평가될 수 있다. 그렇다고 해서 그런 사실이 동일한 가치 내용이 동시에 적극적으로 가치평가될 수 있고 또 소극적으로 가치평가될 수 있음을 의미하는 것은 결코 아니다. 가치평가의 지향적 대상은 바로 가치 혹은 가치 내용이고, 그럼으로써 동일한 가치 내용은 동일하게 가치평가될 수밖에 없고, 동시에 적극적으로 가치평가되고 소극적으로 가치평가될 수 없다는 것은 가치 자체의 형식적 본질연관에 기인해 밝혀진다.

제2절 가치의 종류들과 그것들의 擔持者

이 절에서는 가치의 종류들을 구분하고 그 종류들에 고유한 담지자를 열거해 보기로 한다. 그럼으로써 우리는 그것들 사이에 성립해 있는 선천적인 실질적 본질연관을 드러내 보이려고 한다. 가치의 종류에 따른 그 고유한 담지자가 있다 함이 바로 여기서 고찰할 실질적 본질연관이다.

가치들은 그 종류별로 사물·사건의 가치, 감성적 가치, 생명 가치, 심적 가치, 정신적 가치로 나눠질 수 있다. 그리고 정신적 가치는 다시 진리 가치, 미적 가치, 윤리적 가치 그리고 聖的 가치로 나눠질 수 있다. 사물·사건의 가치로는 財貨 가치, 有用 가치 등이 있고, 감성적 가치에는 쾌적 등의 가치가 있다. 생명 가치에는 愉快의 가치,

---

10) a. a. O. S. 102.

高貴·卑俗의 가치 등이 있고, 심적 가치에는 행복·불행 등의 가치가 있다. 진리 가치에는 眞·僞의 가치가 있고, 미적 가치에는 美·醜의 가치가 있고, 윤리적 가치에는 선·악의 가치가 있다. 마지막으로 聖의 가치에는 淨福·絶望의 가치가 있다.

그러면 먼저 쾌적의 가치를 우리는 어디에서 발견할 수 있는가? 우리가 생명적 활동에서 그것을 감지할 수 있는가 아니면 심적 상태에서 그것을 감지할 수 있는가? 이상의 두 곳에서는 그 가치를 감지할 수 없음을 우리는 경험상으로도 알 수 있다. 우리는 아무런 의식 없이 어떤 공간 내지 어떤 지역에 들어갔을 때, 우리는 홀연히 그곳에서 쾌적함을 느끼거나 불쾌적함을 느낀다. 또 우리는 신체의 한 기관을 통해서 쾌락을 맛볼 수 있고, 마약 복용을 통해서 관능적 쾌락을 누릴 수 있다. 또 한편으로 우리는 어떤 보석에서 재화 가치, 경제적 가치를 감지하고, 음식물에서 영양의 가치를 감지한다. 다른 한편으로 우리는 어떤 사태에서 유용의 가치를 감지하고 그 사태가 유용함을 알게 된다. 비록 우리의 심적 상태가 불안할지라도 우리는 쾌적한 공간을 직면하게 되면, 그 쾌적함을 느낀다. 그리고 비록 생명적 활기가 하강하고 있는 경우에도 감성적 가치 즉 관능적 가치를 감지하고 향수하는 정도는 결코 감소하지 않는다. 예컨대 생명적 상태가 유쾌하지 않거나 우리가 유쾌함을 느끼지 못하는 경우에도, 우리들은 얼마든지 쾌적의 가치와 관능적인 쾌락을 향유할 수 있다. 심지어 폐병 환자가 관능적 가치를 정상인보다 더 잘 향유할 수 있다는 말도 있지 않은가?

이처럼 우리는 쾌적의 가치를 어떤 공간이나 장소에서, 관능적 쾌를 마약이나 음식, 술 등에서 감지한다. 그리고 어떤 사건, 사태에서 우리는 有用의 가치를 감지하고, 어떤 물건에서 財 가치를 감지한다. 최하 단계의 감성적 쾌·불쾌 및 유용의 가치영역에 定向해 있는 사람은 사물, 사건들에 관심을 가지고, 이들의 생활 원칙은 불쾌에 대해서 쾌를 우선하고 無用에 대해서 有用을 우선한다는 말이 있다.11)

따라서 특정의 존재에서 특정의 가치를 감지할 수 있는 것이지, 어떤 존재에서도 아무런 가치를 감지할 수 있다는 것은 결코 아니다. 따라서 "快適, 有用의 가치들은 본질적으로 사물, 사건의 가치들이므로,"12) 사물, 사건에서 우리는 그 가치들을 감지할 수 있다. 물론 그 가치들이 사물, 사건에서 감지될 수 있다고 해서 그 가치들이 사물, 사건에서 산출된다거나 성립되어지는 것은 결코 아니다. 가치 그 자체는 고유하고 자립적인 것이다. 그 가치들이 사물, 사건에서 우리에게 감지됨은 그 가치들이 사물, 사건에 담지되어 있거나 귀착되어 있기 때문이다. 그렇다고 해서 모든 가치가 사물, 사건에 담지될 수 있는 것은 아니다. 특정의 가치만이 특정의 사물, 사건에 담지될 수 있다. 그래서 그 사물, 사건은 그런 가치들의 담지자라 일컫는다. 이처럼 우리는 사물, 사건의 가치와 그 담지자 사이에 성립하는 선천적 본질연관을 볼 수 있다.13)

"高貴, 卑俗의 가치들은 본질적으로 생명 존재를 그 담지자로 하고 있다."14) 그 가치들은 생명체에 담지되어 있고 귀착되어 있다. 따라서 우리는 그런 가치들을 생명체에서 감지할 수 있지 그 밖의 다른 어느 곳에서 감지할 수 없다. 우리는 고귀, 비속, 유쾌 등의 가치를 생명 가치, 활력 가치라 부른다. "이 가치는 생명적 측면의 인간뿐만 아니라 동물, 식물 등의 모든 생명 존재에만 귀착되어 있을 수 있다."15) 그럼에도 불구하고 유쾌의 활력 가치가 생명 존재가 아닌 사물에도 주어져 있는 것으로 생각하고, 사물에서도 그 가치를 감지할 수 있다 함은 잘못이 아닐 수 없다. 또 그 가치들은 심적 자아라

---

11) Vgl. M. Scheler, *Schriften aus dem Nachlaß I*. Zur Ethik und Erken-ntnislehre—M. Scheler Ges. Werke Bd. 10 2 Aufl., hrsg. v. Maria Scheler, 1957(이하 Ges. Werke Bd. 10으로 약기함), S. 317.
12) materiale Wertethik, S. 103.
13) Vgl. Ebd.
14) a. a. O. S. 104.
15) Ebd.

든가 인격에서 나타나는 또는 감지할 수 있는 가치들이 아니다. 그래서 언어적으로도 고귀한 가치를 감지한다는 의미로 고귀한 물체, 비속한 물체라고 표현하는 것은 어색하고, 유쾌의 가치를 인격에서 감지한다는 의미로 유쾌한 인격이라고 표현하는 것은 어색하다. 또 생명 가치계열에 定向해 있는 사람은 오직 생명적인 것에 관심을 갖고 있다는 것이다.16) 그러므로 우리는 생명 가치는 생명체에 담지되어 있고, 그곳에서 현상하고 우리에게 감지됨을 알 수 있다. 생명 가치의 담지자는 바로 생명체, 즉 생명 존재일 뿐이다. 생명 가치와 그의 담지자인 생명체간의 이러한 연관, 즉 생명 가치는 생명체에게만 담지되어 있고, 생명체는 다른 어떠한 가치도 담지하고 있지 않다는 연관이 바로 생명 가치와 그 담지자 간에 선천적으로 성립해 있는 본질연관이다.

심적 가치도 아무런 곳에 담지되어 있으면서 감지되어지는 것이 아니다. 순수 심적 가치는 여러 감성적 가치 혹은 생명 가치가 감지되어지는 가운데도 구별될 수 있을 정도로 감지되어지는 경우가 허다하다.17) 우리는 신체적으로 고통을 느끼는 불쾌적의 가치를 감지하든가 생명적으로 삶의 하강을 느끼는 허약의 가치를 감지하는 상황에서도, 심적으로 행복의 가치를 감지하고 향유하는 경우가 있다. 또 "사람들은 극심한 불행감의 한가운데서 명랑하고 평정할 수 있는데,"18) 이 사실로부터 우리는 不幸의 심적 가치를 느끼고 있는 가운데 명랑 혹은 평정의 정신적 가치를 동시에 느낄 수 있음을 알 수 있다. 또 "사람들은 한잔의 포도주의 미각적 가치를 향유하든가 이 포도주 위에 띄워져 있는 꽃의 감미로운 향기를 향수하면서도, 심적으로 아무런 즐거움을 느끼지 못하는 경우가 있다."19) 이렇듯 우리

---

16) Vgl. Ges. Werke Bd. 10, S. 314.
17) Vgl. materiale Wertethik, S. 344.
18) a. a. O. S. 333.
19) Ebd.

인간은 감성적 가치, 재화 가치를 감지하거나 획득해도, 그것이 곧 심적 가치를 느끼게 할 수 없음을 알게 된다. 또 생명 가치를 향유할지라도 그것이 곧 우리들로 하여금 심적으로 행복하든가 즐겁도록 해 줄 수 없음을 알게 된다. 그리고 비록 우리가 어떤 심적 가치를 감지하거나 향유할지라도 그것이 정신적 가치를 감지 혹은 향유하는 데 아무런 기여도 하지 못함을 알 수 있다. 따라서 이런 사실로 미루어 보아 우리 인간의 가치 감지작용과는 아무런 상관없이 심적 가치들은 그들의 고유한 담지자, 즉 순수 심적 존재에 담지되어 있으면서 우리 인간에게 대해 드러나고 현상함을 알 수 있다. 다시 말해 심적 가치는 다른 어떤 가치 담지자에서도 나타나지 않고 오직 그의 담지자인 순수 심적 존재에서만 나타나므로, 우리는 그곳에서만 그 가치를 감지 내지 향유할 뿐이라는 것이다. 그러므로 심적 가치와 심적 가치의 담지자 사이에 성립해 있는 이것을 우리는 선천적 본질연관이라 할 수 있다.

끝으로 정신적 가치와 그의 담지자에 관해 살펴보자. 정신적 가치 중 하나인 美的 가치는 본질적으로 다음과 같은 대상적 상관자에 담지되어 있는 가치이다. 즉, "대상들의 實在性의 措定이 破棄되고 假象으로서 현존하는 대상, 또는 대상들의 직관적인 具象性(Bildhaftig-keit)에 근거하여 단순히 사념된 대상과는 구분된 대상에 귀속해 있는 가치이다."[20] 따라서 미적 가치의 담지자는 사물, 사건들 더 나아가 생명체 그리고 심적 자아와는 다른 것이라 할 수 있다. 그것은 그 실재성의 조정이 파기되고 오직 가상으로서 현존하는 것이고, 사념을 통해서 주어지는 것이 아니라 직관에 의해 주어지는 것이다. 그리고 정신적 가치 중의 또 하나인 善·惡의 윤리적 가치는 그의 담지자가 사물, 사건들의 가치처럼 사물, 사건으로 존립할 수 있는 가치가 아니고, 생명 가치 즉 활력 가치처럼 동·식물로 존립할 수 있는 가치

---

20) a. a. O. S. 103.

가 아니고, 마찬가지로 심적 가치처럼 심적 존재로 있을 수 있는 가
치가 아니고, 더 나아가 미적 가치처럼 직관적 구상에 의해 가상으로
존재할 수 있는 가치가 아니다.21) 윤리적 가치의 담지자는 다른 가
치의 담지자들처럼 일정하게 존립해 있는 것이 아니다. "윤리적 가치
는 본질적으로 인격 혹은 그 작용 측면에 놓여 있는 것이기 때문에
"22) 윤리적 가치의 담지자 내지 수행자는 인격이다. 그런데 인격은
일정하게 존재해 있는 것이 아니라 항상 작용하는 가운데 있고 작용
하는 가운데 우리 인간의 의식에 주어지게 된다. 따라서 다른 가치들
처럼 윤리적 가치의 대상적 상관자는 일정하게 존재해 있는 것이 아
니다. 다시 말해서 인격은 우리에게 대상으로 결코 주어질 수 없고
또 인격 작용도 우리에게 대상으로 결코 주어질 수 없기 때문에, 윤
리적 가치의 담지자도 우리에게 대상으로 주어질 수 없다. 그러나 "
우리가 한 인간을 그 어떤 방식으로 대상화하자마자, 곧 윤리적 가치
의 담지자는 필연적으로 가치적 視界 밖에서 우리에게 다가온다."23)
그러므로 비록 윤리적 가치의 담지자가 대상적으로 존재하지 않을지
라도 그 가치들이 현상할 수 있는 담지자는 존재하고 있음이 틀림없
다.

　이처럼 어쨌든 정신적 가치의 담지자도 존재해 있는 것이다. 그리
고서 그 담지자에서 정신적 가치가 감지되고, 나타나는 것이지 다른
어떤 것에서 그렇게 되는 것이 아니다. 정신적 가치의 담지자도 다른
유형의 가치 담지자들과 마찬가지로 고유하게 존재하고 그럼으로써
다른 가치 담지자들과 동시에 존재해 있을 수 있다. 공존해 있는 가
치 담지자들에서 우리들이 동시에 상이한 유형의 가치를 감지, 향유
할 수 있다. 그 결과 예컨대 "우리들은 至福을 누리면서도 동시에 신
체적 고통을 느낄 수 있고, 우리의 영혼의 가장 깊은 곳에서 절망하

21) Vgl. a. a. O. S. 104.
22) a. a. O. S. 103.
23) a. a. O. S. 103f.

면서 온갖 감성적 쾌락을 체험할 수 있다."24) 가치의 대상적 상관자
가 각기 따로 존재하지 않는다면, 이러한 일은 결코 일어나지 않을
것이다. 정신적 가치의 담지자가 존재하고 이 담지자를 대상적 상관
자로 하여 우리는 그것에서 정신적 가치를 감지하는 것이다. 다시 말
해 정신적 가치는 그의 고유한 담지자에서만 나타나고 현상한다는
것이다. 따라서 우리가 감지하는 정신적 가치와 그 가치의 담지자에
게도 우리 인간의 감지작용과는 아무런 상관없이 성립해 있는 선천
적 본질연관을 볼 수 있다.

　이상과 같이 각 종류의 가치와 그 가치의 담지자 사이에 성립해
있는 본질연관의 존재를 보증하는 실례로서 우리는 또다시 다음의
사실을 제시한다. "우리는 우리에게 발견할 수 있는 모든 고통 없이
도 아니 심지어 매우 강한 감성적 쾌감을 느끼는 중에도, 우리 자신
이 〈무기력〉하거나 〈비참〉하다는 것을 느낄 수 있다. 또 우리는 심
한 신체적 고통을 느끼면서도 우리 자신이 〈신선〉하거나 〈활력에
차〉 있다는 것을 느낄 수 있다."25) 심지어 진정한 순교자는 자신의
신체적 고통을 겪으면서 동시에 淨福의 최고의 정신적 가치를 감수
한다는 것이다.26) 이상으로 우리는 동시에 두 가지 종류의 가치를
감지할 수 있다는 사실에서 특정의 가치를 아무런 대상적 상관자에
서는 감지할 수 없음을 증명해 보았다. 만약 두 가지 종류의 가치를
동일한 가치 대상적 상관자에서 감지할 수 있다고 생각한다면, 이 생
각은 실질적 가치윤리학적 시야에서 받아들일 수 없는 것이다. 이 증
명의 과정에서 우리는 당해의 가치 담지자가 없는 곳에서는 당해의
가치를 느끼거나 향수할 수 없고 오직 어떤 가치는 바로 그 가치의
담지자에서 감지되거나 향수될 수 있다는 이 연관이 가치와 그 가치
담지자 사이에 성립하는 선천적인 본질연관임을 밝혔다. 또 그 증명

---

24) a. a. O. S. 333.
25) a. a. O. S. 341f.
26) Vgl. a. a. O. S. 333.

과정에서 우리는 본 절의 계획대로 각 종류의 가치에 고유한 가치 담지자들을 서술하고, 각 종류의 가치와 그 가치 담지자 사이에 성립해 있는 선천적 본질연관을 드러내 보였다.

제3절 가치들의 선천적 위계질서

가치들은 상호간에 위계질서를 갖추고 있다. 위계질서에 따라 어떤 한 가치는 다른 가치보다 더 높거나 더 낮다. 이런 위계질서는 형식적 본질연관에 의한 적극적 가치와 소극적 가치의 구별처럼 가치 자체의 본질들간에 성립해 있다.27) 우리 인간의 의식과는 상관없이 가치 자체의 본질들간에 성립해 있으므로 이 위계질서는 선천적인 것이다.

그런데 가치 자체가 감지작용을 통해서 우리에게 의식되어지는 반면에, 가치들의 높고 낮음 즉 한 가치는 다른 한 가치보다 더 높은 가치이거나 더 낮은 가치임은 選好作用(Vorziehen) 또는 輕視作用(Nachsetzen)을 통해서 우리에게 의식되어진다는 것이다. "한 가치가 다른 가치보다 더 높다는 것은 선호작용이라 일컬어지는 가치인식의 특별한 작용에서 파악되어지고,"28) 한 가치가 다른 가치보다 더 낮다는 것은 경시작용이라 일컬어지는 가치인식의 특별한 작용에서 파악되어지기 때문이다. 이때에 "가치의 높음이 단 하나의 가치 자체처럼 그렇게 감지되는 것이 아니라, 본질필연적으로 선호작용에서만 주어진다"29) 것이다. 그러므로 '어떤 가치가 높다'는 것이 어떤 가치 자체처럼 감지될 수 있는 것이 아니고, 그 가치가 선호되어 있거

---

27) Vgl. a. a. O. S. 104.
28) a. a. O. S. 105.
29) Ebd.

나 보다 낮은 가치가 경시되어 있음을 뜻하는 것도 아니다. 오히려 '어떤 가치가 높다'는 것은 선호작용을 통해서 인식된 것을 표현한 것에 불과할 따름이다. 감정의 고유한 작용으로서 이 선호작용과 경시작용은 물론 선택작용 및 노력작용과는 다르다. 선호·경시작용은 감정 작용으로서 가치의 높고 낮음, 즉 가치간의 위계서열을 의식·인지하는 것이다. 따라서 이것은 의지작용의 하나인 선택작용 및 노력작용과는 다른 것이다. 사실 "이 작용들은 어떤 가치의 높음의 인식에 이미 기초하고 있음에 틀림없다."30) 어떤 선택작용과 노력작용이 여러 가능한 목적들 가운데 보다 높은 가치에 기초하고 있는 목적을 지향한다는 것은 사실이다. 반면에 선호·경시작용은 이 작용 없이는 인지할 수 없는 어떤 가치의 높음의 인식에 기초하고 있을 수 없고, 더 나아가 선택작용, 의욕작용, 노력작용으로부터 영향받을 수도 없다. 오히려 그 작용은 이 작용들 없이도 생겨난다. 그러므로 예컨대 "우리는 어떤 선택을 사고하지 않고도 패랭이꽃의 향기를 선호한다"31)고 말할 수 있다.

이처럼 감정의 선호·경시작용에 의해 어떤 가치가 다른 가치보다 더 높음이 또는 더 낮음이 인식된다면, 필연적으로 가치들간의 높고 낮음의 위계질서가 갖추어져 있어야 한다. 이러한 위계질서가 선천적으로 갖추어 있음으로써 선호·경시작용에 의해 가치들간의 높고 낮음을 인식하게 된다. 그러므로 우리는 가치에 대한 선호·경시작용의 실행으로 미루어 볼 때, 가치들의 선천적 위계질서가 존재하고 있음이 자명하다는 것을 알 수 있다.

또 우리는 가치들이 가지고 있는 몇 가지 특성을 통해서도 그것들의 높고 낮음의 위계질서를 인정할 수 있다. 먼저 가치의 지속성을 통해서 우리는 가치의 높고 낮음을 인정할 수 있다. "일상적으로 우리는 지속적인 財를 소멸하고 변화하는 財보다 선호한다는 것은 사

---

30) Ebd.
31) Ebd.

실이다. 그러나 이 사실에 대해 가치론은 아무런 의미도 부여하지 않는다."[32] 가치론에서는 가치 자체에 대해서 문제삼고 있지, 가치물 즉 재에 대해서 문제삼고 있지 않다. 따라서 어떤 물, 불 혹은 우연적 사건이 아주 훌륭한 미술작품을 파괴시킨다 해도, 어떤 하찮은 것이 아주 건강한 자의 건강 또는 그의 생명을 소멸시킨다 해도, 어떤 벽돌이 천재의 번득이는 지혜로운 두뇌를 부숴버린다 해도, 그것들이 미술 작품의 가치 자체와 건강한 자의 건강이란 생명 가치 자체와 천재의 지혜란 가치 자체를 없애는 것은 아니다. 그럼에도 불구하고 "財의 지속성을 가치 자체의 〈지속성〉과 구별하지 않고 가치 높이의 척도로 삼는다면, 우리들은 곧장 특정한 도덕의 본질 특히 범신론적 도덕의 본질을 형성시키는 원리적인 기만의 방향으로 빠져들게 된다."[33] 그래서 우리들은 우리의 심정을 무상한 것에 얽매이지 않도록 해야 하고, 최고의 善은 어떠한 시간적 변화에도 관여하지 않는 그러한 것이어야 함을 철학적으로 공식화해야 하는 것이다.

그러나 시간상 財의 단순한 객관적 지속이 그 재를 결코 더 가치롭게 할 수 없음이 확실하다. 일상적으로 오래 지속하는 재가 일시적으로 지속하는 재보다 더 가치있다는 생각은 우리들의 생활 경험에 비추어 보아 생겨난 것이지 본질필연적인 것은 아니다. 그런데 가치 자체가 보다 지속적인 것이 덜 지속적인 것보다 더 가치있다는 것은 본질필연적이다. 이때 지속적이라는 말의 의미는 남아 있는 혹은 존속하는 등의 의미가 아니라 우리 인간에 의해 지지되거나 존중된다는 의미이다. 왜냐하면 어떠한 가치라도 가치 그 자체는 고유하게 존재해 있고 없어질 수 없는 것이기 때문이다. 쾌적의 관능적 가치는 유쾌의 생명 가치보다 우리 인간에게 덜 지속적이다. 쾌적의 가치 자체가 없어지거나 소멸하는 것이 아니라, 그 가치가 유쾌의 가치보다 우리 인간에 의해 시간적으로 덜 존중되고 덜 지지된다는 것이다. 그

---

32) a. a. O. S. 106f.
33) a. a. O. S. 108.

래서 전자의 가치는 우리 인간에게 더 이상의 영향을 끼치지 못하게
된다. 또 행복의 심적 가치는 생명 가치보다 그런 의미로 우리 인간
에게 더 지속적이다. 따라서 행복의 가치는 유쾌 등의 가치보다 더
지속적이라 할 수 있다. 그리고 美·善 등의 가치들은 행복 등의 가
치보다 더 지속적이고 더 나아가 淨福 등의 聖的 가치는 더욱더 지
속적이라 할 수 있다. 이처럼 가치의 유형들을 살펴볼 때, 그 유형들
사이에 성립해 있는 본질적인 〈지속성〉의 차이를 엿볼 수 있고, 더
지속적인 가치일수록 더 높은 가치이고 덜 지속적인 가치일수록 더
낮은 가치임을 알 수 있다. 그러므로 우리는 가치의 지속성을 통해서
도 가치의 선천적인 높고 낮음의 위계질서가 있음을 알 수 있고, 그
것들간에 성립해 있는 선천적 본질연관을 인정할 수 있다.

  둘째, 가치의 可分性을 통해서 우리는 가치의 선천적 위계질서를
인정할 수 있다. "가치가 분할가능하면 할수록 그 가치는 덜 높고,
가치가 덜 분할가능하면 할수록 그 가치는 더 높다."[34] 이 말은 가
치 자체가 분할가능함을 의미하면서 진술된 것이 아니라, 가치가 참
여할 수 있는 영역 내지 담지자의 분할가능함을 의미하면서 진술된
것이다. 사실 그의 담지자가 가장 많이 분할가능한 가치는 그 담지자
의 분할을 통해서도 그 가치가 다른 가치보다 더 유효한 재 가치이
다. 예컨대 어떤 천의 보드라움 혹은 어떤 빵의 맛좋음은 그 천의 한
조각의 보드라움 혹은 그 빵 조각의 맛좋음으로도 쉽게 유지될 수
있다. 재 가치의 일부분인 "감성적 쾌적의 가치는 본질적으로 명백히
연장적이다."[35] 그리고 "그 가치에 상응하는 감정체험은 신체의 여
러 곳에서 일어나고, 연장적으로 출현한다."[36] 예컨대 달콤함의 가치

---

34) a. a. O. S. 110.
35) 여기서 延長的이라 함은 공간적 의미로 일컫는 것이 아니고, 그러므로 도량
  기구를 통해서 측정할 수 있는 것도 아니다. 정강이의 아픔 또는 감성적 감
  정은 그 본성상 연장적이다. 그러나 그것들은 결코 공간적으로 질서를 갖추
  고 있지 않고, 더 나아가 공간 속에서 질서를 갖추고 있지 않다.
36) a. a. O. S. 110.

는 사탕에 연장되어(걸쳐) 있고, 그 가치에 상응하는 감성적 감정은
혀에 연장되어(걸쳐) 있다. 이처럼 감성적 가치 혹은 재 가치는 분할
된 담지자에서도 다른 가치들처럼 쉽게 그 가치를 상실하지 않는다.
또 생명 가치는 생명 전체를 통해서 감지할 수 있는 반면에 감성적
가치는 신체 일부분을 통해서도 감지할 수 있으므로, 감성적 가치의
담지자는 그만큼 다양하다. 생명 가치는 심적 가치에 비하면 개체적
감지자의 상황에 따라 심적 가치보다 여러 가치들로 현상할 수 있기
때문에, 그만큼 생명 가치의 담지자는 다양하다. "이에 반하여 聖의
가치 및 진리, 미의 가치 등은 사정이 다르다."[37] 그 가치들에는 그
담지자들이 분할되어 있어야 할 필요가 없다. 왜냐하면 그 가치들이
다수의 실재자에 의해 감지되고 체험되어지는 것은 필연적이기 때문
이다. 따라서 그 가치들은 연장되어 있음과 가분성에 의지할 이유가
없다. 그러므로 "특히 聖의 가치는 결코 그 담지자가 분할될 수 없는
것이므로 원칙적으로 그 본질상 유일한 것이다."[38] 그런데 역사적으
로 어떠한 것을 성스러운 것으로 인정하고 또 그렇게 하는 가운데
서로들 투쟁하는 사례를, 예컨대 종교 전쟁과 종파적 투쟁을 우리는
종종 보아 왔다. 이들이 그런 종교 전쟁과 종파적 투쟁을 하게 된 이
유는 유일하고 분할될 수 없는 聖의 가치에 눈이 멀어 있고, 오히려
그 가치의 분할가능한 상징체계에만 피상적으로 몰입하여 있는 데
있었다.

가치 담지자의 분할가능성의 정도에 따른 그리고 가치가 적용될
수 있는 영역의 다양성에 따른 가치의 유형들을 구분해 본 결과, 우
리들은 "연장과 분할가능성의 척도가 더 높은 가치와 더 낮은 가치
의 근원적인 본질을 형성하고 있음"[39]을 알 수 있다. 따라서 우리는
가치 담지자의 연장성과 분할가능성의 특성을 통해 볼 때도, 가치들

---

37) a. a. O. S. 111.
38) Ebd.
39) a. a. O. S. 112.

은 그들 상호간에 본질적으로 선천적인 위계질서를 갖추고 있음을 알 수 있다.

우리들은 어떤 가치 b가 먼저 주어져 있는 경우에만 어떤 특정한 가치 a가 주어질 수 있을 때, b란 가치가 a란 가치를 기초짓는 것으로 간주한다. 이때에 a란 가치를 기초짓는 b란 가치는 a란 가치보다 위계질서상 더 높은 가치라고 셸러는 생각하는데,[40] 그 이유를 먼저 소개해 보자. "有用의 가치는 쾌적의 가치에 기초하고 있다. 왜냐하면 유용은 결과를 고려치 않고 이미 직관적으로 쾌적에 대한 수단으로 입증되는 가치이기 때문이다."[41] 우리에게 유용해야만 그것이 우리에게 쾌적의 감성적 가치를 갖다줄 수 있지, 유용하지 않는 가운데 우리에게 쾌적의 가치를 갖다줄 수 있는 것은 아무것도 없다. 따라서 유용의 가치는 쾌적의 가치에 기초하고 있는 것이고 그럼으로써 존재적으로 위계서열이 낮은 가치라 할 수 있다. 다른 한편으로 "쾌적의 가치는 본질법칙적으로 활력적 가치, 예컨대 건강에 기초하고 있다."[42] 좀더 정확히 말하면 쾌적의 감지는 이 쾌적의 가치를 감성적 감지를 통해서 파악하는 생명존재의 감지의 가치에 기초하고 있다. 생명존재의 감지의 가치가 미리 주어져 있지 않다면, 쾌적의 감지는 일어날 수 없고 따라서 쾌적의 가치는 현상할 수 없다. 물론 여기서는 쾌적의 가치 자체가 활력의 가치 자체에 기초한다는 것은 아니다. 다만 쾌적 등의 감성적 가치를 감지하는 작용이 생명존재의 감지의 가치에 기초해 있음을 밝히고자 할 따름이다. 이 과정에서 우리는 감성적 가치들의 유형이 생명 가치들의 유형에 기초하고 있음을 알 수 있다. 또 한편으로 "고귀·비천의 가치계열이 정신적 가치계열로부터 독립적이지만, 그럼에도 불구하고 전자의 가치계열은 또한 후자의 가치계열에 기초하고 있다."[43] 전자의 생명 가치를 담지하고 있는 생

---

40) Vgl. Ebd.
41) Ebd.
42) Ebd.

명 자체는 그의 모든 활동에 있어서 절대적이고 객관적인 가치 위계
질서를 향하여 높은 가치를 추구하고자 한다. 이러할 때 정신적 가치
는 항상 그 생명존재에게 생명 가치를 추구하도록 길을 열어주게 되
는 것이다. 왜냐하면 "그러한 위계질서는 결코 생명적으로 제약되어
있을 수 없는 정신적 작용에 의해서만 오직 파악될 수 있기"44) 때문
이다. 따라서 생명 가치가 현상할 수 있기 위해서는 필연적으로 가치
위계질서를 향하여 더 높은 가치를 감지할 수 있도록 길을 열어주는
정신적 작용이 선행하고 있어야 한다. 물론 정신적 작용이 선행하고
있음은 그 자체 정신적 가치를 감지하고 있음을 뜻한다. 그러므로 생
명 가치 자체가 바로 정신적 가치에 기초하고 있는 것은 아니지만,
정신적 가치가 먼저 생명적 가치의 감지에 앞서 주어져 있고 따라서
정신적 가치의 인도에 의해 생명 가치가 감지되고 현상한다는 것이
다. 따라서 우리는 생명 가치가 정신적 가치에 기초하는 것이 곧 본
질필연적이라 할 수 있다.

  그래서 우리들은 궁극적으로 "모든 가치는 무한한 인격적 정신의
가치 더 나아가 그것에 앞서 존재해 있는 가치계에 기초하고 있고
가치들을 파악하는 작용들은 그 자체 절대적으로 객관적인 가치들을
파악하고 있다"45)고 할 수 있다. 정신적 가치는 심적 가치, 생명 가
치 더 나아가 감성적 가치를 기초지을 수 있고, 생명 가치는 감성적
가치를 기초지을 수 있다. 전자들의 가치가 먼저 주어져 있지 않다
면, 후자의 가치 파악작용에 아무런 방향이 없으므로 후자의 가치가
실현될 수 없다. 전자의 가치가 주어져 있음으로써 그 가치가 열어
보여주는 가치를 향해 가치 파악작용이 실행되어지고 후자의 가치가
실현된다. 이런 의미에서 가치들은 상호 위계관계에 따라 서로 기초
하고 기초지워지곤 한다. 이것도 가치 본질들 상호간에 이뤄지는 것

---

43) a. a. O. S. 112f.
44) a. a. O. S. 113.
45) Ebd.

이기 때문에 선천적인 것이라 할 수 있고, 이 연관관계에서도 가치들의 선천적인 높고 낮음의 위계질서를 볼 수 있다.

넷째, 가치의 감지작용이 수반하는 만족의 깊이의 측면에서도 우리는 가치의 높고 낮음의 위계질서의 존립을 인정할 수 있다. 먼저 여기서 〈만족〉이라 불려지는 것은 快와는 아무런 상관이 없다. "〈만족〉은 성취체험이다. 가치에 대한 지향이 그 가치의 현상을 통하여 성취되는 경우에만 만족이 생긴다. 그러므로 객관적 가치를 받아들이지 않고는 만족이 있을 수 없다."46) 가치에도 여러 종류의 가치들이 있는바, 먼저 쾌적의 가치(der Wert des Angenehmen)와 유쾌의 가치(der Wert der Lust)를 서로 비교하여 살펴보자. 쾌적의 가치는 감성적 가치이고 그럼으로써 우리들은 신체의 한 기관을 통해서 그 가치를 감지한다. 이에 반해 유쾌의 가치는 생명 가치이고 그럼으로써 우리들은 생명적 통일체를 통해서 그 가치를 감지한다. 신체의 한 기관을 통해서 얻은 만족의 깊이와 생명적 통일체를 통해서 얻은 만족의 깊이 중, 우리는 당연히 후자를 통해서 얻은 만족의 깊이가 더 깊다는 것을 인정하지 않을 수 없다. 또 우리는 행복(Glück)의 가치와 淨福(Seligkeit)의 가치를 서로 비교하여 살펴볼 수 있다. 행복의 심적 가치는 인간 개개인의 심리를 통해서 감지되는 가치이고, 정복의 정신적 가치는 인간 일반의 정신을 통해서 감지되는 가치이다. 인간 개개인의 심리를 통해서 얻은 만족의 깊이와 객관적인 정신을 통해서 얻은 만족의 깊이를 비교해 볼 때, 우리는 질적으로도 후자의 만족이 더 깊음을 인정할 수 있다. 위에서 잠깐 언급했듯이 만족은 가치를 감지하는 가운데 생기는 것이지 결코 노력발동의 결과로서 생겨나는 것이 아니다. 따라서 "만족은 비록 아무리 특별한 경우일지라도 예컨대 소원의 성취에서도 고대한 것의 도래에서도 성취될 수 있는 것이 아니다. 오히려 적극적으로 가치있는 善의 조용한 감지작용

---

46) Ebd.

에서 그리고 그것의 완전한 감지적 소지(Besitz)에서 가장 순수한 만족이 주어지게 된다."47) 따라서 만족은 인위적으로뿐만 아니라 의욕적으로는 원래 획득할 수 없는 것이고, 객관적으로 존재해 있는 가치를 통해서만 얻어질 수 있는 것임을 알 수 있다.

이상으로 두 가지 사실, 즉 가치들의 종류에 따라 그 만족의 깊이의 차이가 분명하다는 것과 만족은 인위적으로 노력하여 얻어지는 것이 아니라 본래적으로 존재해 있는 가치를 감지한 결과로 우리에게 주어진다는 것이 밝혀졌다. 이를 근거로 하여 우리는 가치에 대한 만족의 정도가 가치 자체의 본질에 근거해 있고, 또 만족의 깊이의 차이가 있음을 알 수 있다. 그러므로 우리는 이를 통해서도 가치들 상호간에 선천적인 위계질서가 갖추어져 있음을 인정할 수 있다.

다음은 가치의 순수 담지자를 통해서 가치의 선천적인 위계질서의 존립을 확인해 보고자 한다. 가치들에는 인격 가치와 사물 가치가 있다. 인격 가치는 인격 자체에 귀속해 있는 모든 가치를 말하고, 사물 가치는 財에 귀속해 있는 모든 가치를 말한다. 그리고 사물 가치가 귀속해 있는 재에는 물질적인 재, 즉 享受財와 有用財가 있고, 생명적인 재와 정신적인 재, 예컨대 학문, 예술 등의 문화적인 재가 있다. 그런데 이들의 재에 귀속해 있는 가치들은 인격 가치, 예컨대 인격 자체의 가치 또는 德 가치와 비교해 볼 때, 본질적으로 인격 가치보다 그 존재적 위계질서상 더 낮은 가치라는 것을 알 수 있다.48)

우리는 가치를 실현하는 작용의 측면에서 자기를 위한 작용인가 남을 위한 작용인가에 따라 자기 가치(Eigenwert)와 타자 가치(Fremd-wert)로 구분할 수 있다.49) 물론 이 구분은 인격 가치와 사물 가치의 구분과는 아무런 상관이 없다. 자기 가치와 타자 가치는 인격 가치일 수도 있고 사물 가치일 수도 있다. 또 작용 가치, 기능 가치, 상태 가

---

47) Ebd.
48) Vgl. a. a. O. S. 117.
49) Vgl. a. a. O. S. 118.

치일 수도 있다. 그리고 자기 가치와 타자 가치는 그들 가치 자체의 높이에 있어서는 동일하다. 그래서 "타자 가치의 파악작용이 자기 가치의 파악작용보다 더 높은 가치를 가지는지 어떤지는 의심스럽지만, 타자 가치의 실현작용은 자기 가치의 실현작용보다 더 가치있다는 것은 분명하다."50)

가치에 대한 우리의 반응을 열거해 보면 다음과 같은 것이 있을 수 있다. 예컨대 가치를 인식한다, 가치계에 대해 사랑·증오의 작용을 한다, 어떤 가치의 실현을 의욕한다, 그리고 어떤 가치의 담지자의 존재를 보다, 느끼다, 듣다 그리고 마지막으로 어떤 가치의 존재에 대해서 스스로 기뻐한다, 슬퍼한다 등이 있을 수 있다. 여기서 첫 번째의 반응을 우리는 가치에 대한 작용이라 하고, 두 번째의 반응을 가치에 대한 기능이라 하고, 세 번째의 반응을 가치에 대한 반작용이라 한다. 그리고 가치에 대한 작용 자체에도 가치가 있는데 이를 일컬어 우리는 작용 가치라 하고, 가치에 대한 기능 자체에도 가치가 있는데 이를 우리는 기능 가치라 하고, 가치에 대한 응답적 반작용 자체에도 가치가 있는데 이를 반작용 가치라 한다.51) 따라서 작용, 기능, 반작용이라는 그 가치들의 담지자 측면에서 볼 때, 우리들은 "작용 가치들은 그 자체 기능 가치보다 더 높고, 이 두 종류의 가치들은 그 자체 반작용 가치보다 높다는 선천적 위계관계가 그것들 사이에 존재함을 알 수 있다."52)

적어도 실질적 가치윤리학적 관점에서 조명해 볼 때, 가치 실현적 차원에서의 의도, 기도, 결단, 실행은 情意的인 것이지 理智的인 것이 아니다. 따라서 의지, 기도, 결단, 실행들은 그 결과를 계산하여 의욕하거나 행위하는 것과는 다른 것이다. 그래서 "의도, 기도, 결단, 실행 등을 담지자로 삼고 있는 情意 가치(Gesinnungswert)와 행위 가

---

50) Ebd.
51) Vgl. Ebd.
52) Ebd.

치(Hanlungswert)들은 유사하고, 그 가치들의 높이에 있어서도 유사하다. 그러나 그 두 가지 종류의 가치들은 결과 가치(Erfolgswert)와는 그 높이에 있어서 다른 것이다."53)

나아가서 지향적 체험을 그 담지자로 하고 있는 가치와 상태적 체험을 그 담지자로 하고 있는 가치가 있다. 전자의 가치를 우리는 지향 가치라 하고 후자를 상태 가치라 한다. 지향적 체험은 항상 가치를 지향하여 이뤄지는 체험이고, 상태적 체험은 감성적·신체적 감정 상태를 통해서 얻어지는 체험이다. 따라서 지향적 체험에 근거해 있는 지향 가치가 상태적 체험에 근거해 있는 상태 가치보다 더 높은 가치임을 우리는 쉽게 인정할 수 있다.54)

예컨대 인격의 모든 결합에는 인격 자체, 인격이 결합된 형식, 이 형식 안에서 체험되는 관계가 있다. 이런 인격 자체, 그 형식, 그 관계도 가치 실현의 측면에서 볼 때 역시 가치 담지자들이다. 인격의 결합에서 형성되는 결혼을 예로 들어볼 때, "우리는 첫째 결혼의 기초로서 인격들을, 둘째 결합의 형식을, 마지막으로 이 형식의 내부의 인격들의 체험된 관계를 구분할 수 있다. 그 결과로 우리는 역사적으로 결혼의 관계 가치와는 완전히 독립적으로 변화하는 결혼 형식의 가치를 인격 사이의 이 형식 내에서 성립하는 관계의 가치와 구별할 수 있다. 또한 여기서 관계 자체도 인격 자체와 형식의 가치로 그의 가치를 드러내 보일 수 없는 고유한 가치 담지자임을 알 수 있다."55) 따라서 우리는 결혼이라는 실례를 통해서도 여러 가치 담지자들이 존립해 있고, 그에 따라 여러 가치가 실현될 수 있음을 확인한다. 그러므로 우리는 인격 자체의 기초 가치와 형식 가치 그리고 관계 가치 사이에 그것들의 담지자의 관계에서 성립해 있는 본질연관에 의거한 선천적인 위계관계가 있음을 인정할 수 있다.

---

53) Ebd.
54) Vgl. a. a. O. S. 119.
55) Ebd.

위에서 언급한 자기 가치들은 다시 개별적 가치(Individualwert)와 집합적 가치(Kllektivwert)로 구분될 수 있다. 예컨대 "내가 한 신분, 한 직업, 한 계급의 성원으로 혹은 대표자로서 실현하는 자기 가치는 집합적 가치일 수 있고, 내가 한 개인으로서 실현하는 자기 가치는 개별적 가치일 수 있다. 이런 사실은 타자 가치에 있어서도 마찬가지 다."56) 그러나 기초 가치, 형식 가치, 관계 가치들에는 개별적 가치와 집합적 가치의 구분이 가능하지 않다. 오히려 기초 가치, 형식 가치, 관계 가치의 구분은 체험된 한 공동체에 놓여 있는 가치 담지자적 구분이다. 우리들은 각각의 담지자적 측면을 통해서 체험된 전체를 그것도 오직 사실적으로 존립해 있는 통일체가 아니라, 단순히 객관적으로 상호작용하는 요소들의 다소 인공적이고 사념적인 통일체로 한 공동체에서 이해할 따름이다. 이 후자의 통일체는 집합체(Gesell-schaft)이고, 이런 집합체를 그의 담지자로 하는 가치는 체험된 전체를 통해서 얻어지는 것이 아니라 체험된 부분들의 인위적인 합을 통해서 얻어지는 것이다. 그러므로 그 가치는 바로 집합적 가치이다. 그런데 공동체(Gemeinschaft)는 집합체에 비해서 질적인 단일성을 갖추고 있으므로 개별자로서 역할을 할 수 있다. 예컨대 하나의 결혼, 가족, 집단, 민족 등은 여러 결혼, 가족, 집단, 민족 등에 비해서 개별자로 나타날 수 있다. 그런 개별자로 나타날 수 있을 때는 그 공동체는 개별적 가치를 개별자란 담지자를 통해서 실현할 수 있으나, 개별자로 나타날 수 없는 경우에 여러 개별자를 인위적으로 혼합하여 성립된 집합체를 통해서 집합적 가치를 실현할 수밖에 없다.57) 이처럼 개별적 가치와 집합적 가치에도 그의 담지자적 관점에서 볼 때 그들 사이에 선천적 본질연관이 발견되어짐을 알 수 있다.

우리는 가치를 또한 자체 가치(Selbstwert)와 종속 가치(Konse-kutivwert)로 구분할 수 있다. 자체 가치는 그 자체의 고유한 價値質

---

56) Ebd.
57) Vgl. a. a. O. S. 119f.

을 자립적으로 갖고 있는 가치이고, 종속 가치는 다른 가치들 없이는 가치로서 성립할 수 없고 다른 가치들에 대한 現象的인－직관적으로 감지가능한－관계를 그 본질로 하는 가치이다.58) 물론 종속 가치도 역시 현상적인 가치 사실이다. 예컨대 그 가치는 도구에 의해 산출될 수 있는 가치에 대한 지시를 포함하고 있으므로, 그 가치가 사실 도구의 가치에서 직관된다고 할 수 있고, 따라서 종속 가치는 모든 종류의 도구 가치라 할 수 있다.59) 이런 의미에서 모든 기술적 가치들은 종속 가치들이다. 기술적 가치들 가운데 有用의 가치는 쾌적이란 자체 가치에 대한 관계에서 종속 가치를 나타낸다. 그리고 유용의 가치 영역에서만 종속 가치가 나타나는 것이 아니라 그 보다 더 높은 가치 영역에서도 종속 가치가 나타나고 있음이 사실이다.60) 종속 가치의 또 다른 종류가 상징 가치다. 이 가치는 가치 상징과는 다른 것이고, 예컨대 聯隊의 명예와 소원이 상징적으로 함축되어 있는 그 자체 하나의 현상적인 가치를 지닌 聯隊旗에서 나타나는 것이다. 또 聖禮物에서도 상징 가치가 나타난다. 聖의 가치를 예시하는 성례물의 상징 기능은 여기서 그 가치의 담지자가 된다.61) 이처럼 종속 가치의 두 가지 종류, 즉 도구 가치와 상징 가치를 고찰해 본 결과로, 우리는 도구 가치의 가치 담지자인 수단, 도구와 상징 가치의 가치 담지자인 상징 기능이 자체 가치의 가치 담지자에 대해 갖는 본질연관을 통해서, 이들 가치 사이에 성립해 있는 선천적 위계관계를 인정할 수 있다.

---

58) Vgl. a. a. O. S. 120.
59) Vgl. a. a. O. S. 120f.
60) Vgl. a. a. O. S. 121.
61) Vgl. Ebd.

제4절   가치양태들의 선천적 위계관계

  가치양태란 가치들이 나타난 모습, 즉 가치들의 諸 性質의 모양을 의미한다. 사실 가치들의 위계질서의 실질적인 기준은 가치양태들의 선천적 위계관계에서 더욱 잘 드러나게 된다. 왜냐하면 "모든 선천적인 관계들 중 가장 중요하고 근본적인 것은 가치양태라 일컫는 실질적 가치질 계열간의 위계질서로 존립해 있기"[62] 때문이다. 그래서 우리는 마지막으로 이 중요하고 근본적인 가치양태의 위계관계를 고찰하면서 가치들의 선천적인 본질연관에 관한 기술을 마무리짓는다.

  먼저 "명확히 구분된 양태로서 쾌적과 불쾌적의 가치계열이 있다."[63] 이 가치계열은 그 자체 고유한 양태로서 나타나 있다. 예컨대 이것은 물질적인 것과 유기체 각 기관의 신체적인 것에서 나타나고, 우리 인간이 감성적 감정을 통해서 감지하고 선호·경시할 수 있는 감성적 가치질로서 나타난다. 그래서 "감각 감정의 감정상태, 즉 감성적 快와 고통이 그 가치양태에 상응하고, 감성적 감지작용의 기능이 그것에 대응한다."[64] 다시 말해서 생명 감정의 상태 즉 유쾌와 불유쾌가 감성적 가치양태에 상응하는 것도 아니요, 행복 등의 심적 감정의 상태가 그 가치양태에 상응하는 것도 아니다. 생명적 감지작용의 기능이 그 가치양태에 대응해서 감지작용하는 것도 아니요, 심적·정신적 감지작용의 기능이 그 가치양태에 대응해서 감지작용하는 것도 아니다. 오직 감성적 가치들은 물질적·신체적 담지자에서만 나타나고, 감성적 감정을 통해서 감지되고, 선호·경시된다는 것이 그 가치들의 고유한 가치양태이다. 그리고 "그 가치양태로서 사물 가치와 기능 가치 그리고 상태 가치가 존재한다."[65]

---

62) a. a. O. S. 122.
63) Ebd.
64) Ebd.

둘째로 생명 가치의 총체가 하나의 가치양태로서 나타난다. 물론
이 생명 가치계열도 그 자체 고유한 양태로서 나타나 있다. 예컨대
이것은 생명적인 것, 유기체적 통일체에서 나타나고, 우리 인간이 생
명 감정을 통해서 감지하고 선호·경시할 수 있는 생명적 가치질로
서 나타난다. 그래서 생명 감정의 모든 형태, 예컨대 상승하고 하강
하는 생명 감정, 건강 감정과 쇠약 감정, 활력적 감정과 노쇠적 감정
등이 이 가치들을 감지한 결과의 상태로서 존재하게 된다.66) 이런
감정이 물질적 財와 신체적 각 기관에 대응해서 나타나는 것도 아니
요, 심적 가치 혹은 정신적 가치를 직면해서 나타나는 것도 아니다.
오직 생명 가치 또는 그 가치 담지자를 지향해서 생명 감정이 감지
하고 선호·경시하는 감정 작용에 의해서 획득한 결과들이다. 그러므
로 생명 가치들이 나타나는 가치양태도 완전히 독립적인 가치양태를
보여주고, 그 가치들이 결코 쾌적, 유용의 가치로도 또한 정신적 가
치로도 환원될 수 없음을 확인해준다.67) 이런 사실을 간파하지 못한
종래의 윤리학자들은 근본적인 잘못을 저지르게 되었다. 예컨대 칸트
는 각각의 고유한 가치양태들이 있음을 알지 못하고, 모든 가치들은
단순히 쾌락적 가치들로 환원될 수 있다고 생각하여, 모든 가치는 善
-惡 그리고 쾌적-불쾌적으로 나눠질 수 있는 것으로 착각했다.68)

셋째로 정신적 가치가 또 하나의 가치양태를 제시해 줌을 증시할
수 있다. 정신적 가치의 영역은 감성적 가치의 영역뿐만 아니라 생명
가치의 영역과도 다르다. 그 가치의 소여영역이 다른 종류의 가치들
의 소여영역과 다름으로 인해서 그 가치가 현상하는 영역이 존재적
층 구조의 면에서 다른 가치의 영역들과는 다른 것이다.69) 예컨대
감성적 가치는 물질적 영역과 신체적 영역에서 현상하고, 생명 가치

---

65) Ebd.
66) Vgl. a. a. O. S. 123f.
67) Vgl. a. a. O. S. 124.
68) Vgl. Ebd.
69) Vgl. Ebd.

는 생명 통일체적 영역에서 현상하는 반면에 정신적 가치는 정신층에서 현상한다. 그러므로 정신적 가치는 정신층에서만 현상하는 가치양상을 띤다. 그리고 "우리가 정신적 가치를 파악하는 작용과 기능들도, 생명적 기능과 작용으로부터 순수 현상학적으로뿐만 아니라 그의 고유 법칙성을 통해서도 구별되는 정신적 감지작용과 정신적 선호작용과 사랑·증오들이다."70) 따라서 그 가치를 대상으로 우리 인간이 지향하는 측면에서도 그 가치는 다른 가치들과는 다른 가치양상을 내보인다. 가치가 현상하는 영역적 측면에서 그 가치양태를 기술해 보면, 우선 그 가치는 美·醜 등의 순수 미적 가치로 현상하고, 義·不義 등의 윤리적 가치로 현상한다. 그리고 그 가치는 순수 진리의 가치로 현상한다. 여기서 정신적 가치양상을 띠는 義·不義는 正·不正의 법률적 적합함과는 다른 것이다. 또 순수 진리의 가치는 자연을 지배할 목적으로 획득된 진리의 가치와는 다른 것이다.71) 이상의 두 가지 측면 즉 가치가 현상하는 영역적 측면과 가치를 지향하는 작용적 측면으로 볼 때, 우리는 정신적 가치들이 나타나는 가치양태도 그 자체 완전히 독립적인 가치양태를 보여주고 있음을 알 수 있다.

마지막으로 聖의 가치가 최고의 가치양태로서 나타남을 제시할 수 있다. "이 가치는 가치 지향작용에 있어서 절대적 대상들로서 주어져 있는 대상들에서만 현상하는"72) 가치양태를 내보여 준다. 이 가치는 임의의 대상에서 현상하지 않고 다만 특정의 대상에서 현상함은 다른 가치양태들과 마찬가지지만, 다른 가치들의 가치 현상의 영역과는 다른, 다시 말해서 원칙적으로 정의할 수 없는 절대적 영역에서 현상함이 다른 가치양태들과는 상이한 면이다. 이런 가치양태의 특성에 의해 "그 가치양태는 상이한 시대에 그리고 상이한 민족들에서 사물들, 힘들, 실재적 인격들, 제도들 등등에 대해 성스러운 것으로 여겼

---

70) Ebd.
71) Vgl. a. a. O. S. 124f.
72) a. a. O. S. 125.

던 것-物神 崇拜的 表象들로부터 가장 순수한 神 개념에 이르기까지-과는 완전히 독립적으로 나타남을"73) 증명할 수 있다. 또한 이 가치를 지향한 결과로 우리들이 가지게 되는 정복의 감정과 절망의 감정은 행복과 불행 등의 심적 감정과는 완전히 다른 것으로 실재하고, 聖的 가치는 그것들로부터 독립적으로 존립하고 변하는 그런 양태를 나타내 보인다.74) 가치 지향적 작용의 측면에서는 "우리가 聖의 가치를 근원적으로 파악하는 작용이 특별한 종류의 사랑의 작용이고, 사랑의 가치 지향이 성스러운 대상들의 모든 像 表象들과 모든 개념들에 선행하고 이것들을 규정한다"75)는 사실을 통해서도 그 가치의 양태가 다른 어떠한 가치양태와도 다른 고유한 것임을 알 수 있다. 이상으로 우리는 聖的 가치도 그 자체 자신의 고유한 가치양태를 나타냄을 밝혔다.

그러면 이제 제각기 고유한 가치양태를 드러내는 가치의 제 유형들 사이에서 이른바 가장 중요하고 근본적인 가치양태의 위계관계를 살펴보도록 하자.

앞에서 고찰한 바에 의하면, 가치의 한 유형 중 감성적 가치의 양태는 항상 물질적 재와 신체적인 것으로 나타나고, 생명 가치의 양태는 항상 생명적 통일체의 영역에서 나타나고, 정신적 가치의 양태는 항상 정신적 영역에서 나타나고, 그리고 聖的 가치의 양태는 항상 절대적 영역에서 나타난다. 따라서 대략 각 유형의 가치양태를 서술해 보기로 하자. 감성적 가치양태로서 어떤 사물의 유용함, 어떤 음식의 맛좋음, 어떤 환경의 쾌적함, 신체의 어떤 부위의 아픔, 장미꽃의 향기로움 등이 있다. 생명 가치의 양태로서 나 자신의 생명적 통일의식으로서 유쾌함, 건강함, 쇠약함, 생기 발랄함 등이 있다. 정신적 가치양태로서 어떤 繪畵 자체가 아니라 그 회화에서 현상하는 가치의 아

---

73) Ebd.
74) Vgl. a. a. O. S. 126.
75) Ebd.

름다움, 어떤 음악에서 흘러나오는 멜로디 자체가 아니라 그 멜로디
에서 현상하는 가치의 아름다움, 어떤 행위 자체가 아니라 그 행위에
서 현상하는 가치의 선함과 악함, 어떤 인식이나 지식 자체가 아니라
그 인식이나 지식에서 현상하는 가치의 참됨과 거짓됨 등이 있다. 그
리고 聖的 가치의 양태로서 어떤 절대자에 대한 성스러움이 있다. 여
기서 우리는 그 각기의 양태들이 위치하는 영역에 관해 주목할 수
있다. 감성적 가치양태들이 위치하는 영역은 아리스토텔레스와 하르
트만뿐만 아니라 셸러의 존재론적 층 구조의 측면에서 보아 가장 낮
은 단계의 영역인 무기층과 감성적 소여층이고, 생명적 가치양태들이
위치하는 영역은 존재론적으로 무기층과 감성적 소여층보다 높은 생
명층과 생명적 소여층이다. 그리고 정신적 가치양태와 聖的 가치양태
가 위치하는 영역은 존재론적으로 가장 높은 단계인 정신층과 정신
적 소여층이다. 그런데 감성적 가치양태와 생명적 가치양태들이 그것
들의 고유한 영역에서 나타난다 함은 인정할 수 있겠으나, 정신적 가
치양태와 聖的 가치양태가 그것들의 고유한 영역에서 나타난다 함은
쉽게 납득되지 않을 수 있다. 우리가 한 폭의 회화를 보거나 한 마디
의 멜로디를 들을 때, 그것들의 존재와 관계해서 혹은 그것들을 직면
해서 우리들은 비로소 美·醜를 의식하게 된다. 그리고 우리가 어떤
절대자를 무의식적이든 의식적이든 간에 체험하든가 직면함으로써,
그의 존재와 관계해서 우리들은 비로소 성스러움을 의식하게 된다.
따라서 결국 정신적 가치양태이든 성적 가치양태이든지 간에 모두는
정신층이 아니라 비정신층, 즉 현상적 환경세계에서 나타난다고 생각
할 수 있다. 그러나 이러한 사고는 가치 자체의 존재보다 가치 담지
자의 존재에 주목한 결과로 얻어진 억견에 불과하다. 앞에서 언급했
듯이 각 종류의 가치들에게는 그 가치들에 대응하는 감정들이 발하
게 되고, 그 감정이 자신의 가치 지향작용으로 그에 대응하는 가치를
파악하게 된다는 것이다. 따라서 정신적 감정이 회화라든가 멜로디에
담지되어 있는 美란 정신적 가치를 지향적으로 감지하여 아름다움이

란 가치양태를 드러내기 때문에, 그 양태가 정신층에 위치하는 것이라 할 수 있다. 마찬가지로 정신적 감정이 절대자에 담지되어 있는 聖的 가치를 감지하여 성스러움이란 가치양태를 드러내므로, 그 양태가 정신층에 위치하는 것이라 할 수 있다. 이처럼 가치양태들이 각기고유한 영역에 드러나 있을 수 있음은 각 종류의 가치들에 상응하는각 종류의 감정들이 있기 때문이다.

이상의 고찰로부터 우리는 각 가치양태들은 그들의 고유한 영역에위치해 있고, 그럼으로써 그들은 서로 존재적 범주를 달리하고 있음을 확인할 수 있다. 그러면 다음으로 이 가치양태들 사이에 위계관계가 성립하고 있는지, 성립하고 있다면 어떠한 위계관계가 성립하는지알아보기로 하자.

복리 혹은 복지의 의미영역에 놓여 있고 고귀와 비속에 종속하는물질적 가치 내지 감성적 가치는 종속적 가치로서 생명 가치에 기여한다.76) 전자의 가치들은 후자의 가치들로부터 그 가치의 본질을 유지할 수 있고, 역으로 전자의 가치는 후자의 가치실현에 기여한다. 이러한 양 가치들간의 관계로 볼 때 그 가치의 양태들은 다음과 같은 관계를 갖출 것이다. 즉, 물질적 가치양태 내지 감성적 가치양태는 생명적 가치양태에 비해서 그 존재적 위계질서가 낮다. 그 다음 "생명 가치는 정신적 가치를 위해서 필연적으로 희생·봉사한다는 명확한 확증이 있다"77)는 셸러의 자신있는 말을 통해서 우리는 생명가치와 정신적 가치들 간의 관계를 이해할 수 있다. 생명 가치가 정신적 가치에게 희생·봉사하는 관계를 이 양자의 가치들이 갖고 있으므로, 그 가치들이 나타나는 가치양태를 우리는 짐작할 수 있는데, 그것은 바로 생명 가치양태가 정신적 가치양태보다 존재적 위계질서가 낮다는 것이다. 그리고 또 "그 본성상 이미 財 가치의 영역 예컨대 예술품, 과학적인 제도, 실정적 입법 등에 속해 있는 소위 문화

---

76) Vgl. a. a. O. S. 123.
77) a. a. O. S. 124.

가치들은 정신적 가치 일반을 위한 종속 가치-기술적·상징적 가치
-이다."78) 그럼에도 불구하고 정신적 가치는 감성적 감정상태의 영
역은 물론이거니와 생명적 감정영역의 상태 변화에도 아랑곳하지 않
고 독자적 가치양태로서 나타난다.79) 그러므로 정신적 가치양태는
감성적 가치양태뿐만 아니라 생명적 가치양태보다 존재적 위계가 더
높다 할 수 있다. 마지막으로 聖的 가치양태의 존재적 위계에 관해서
언급한다면, "聖的 가치에 대해서 모든 다른 가치들은 이 가치를 위
한 기호, 상징으로서 주어져 있으므로,"80) 모든 가치는 성적 가치에
종속하고 그 가치를 위해 봉사·희생하는 가치들이다. 따라서 성적
가치로 나타나는 가치양태는 다른 모든 가치들로 나타나는 가치양태
들보다 존재적 위계상 더 높은 것이다. 심지어 "신앙과 불신앙, 공포
와 숭배 그리고 이와 유사한 태도들도 성적 가치양태에 대한 특별한
응답 반작용일 뿐이지"81) 그 가치양태인 것은 아니다.

　지금까지 가치들이 다른 가치들에 대해서 어떠한 역할을 하고 또
어떠한 관계에 놓여 있는가를 밝히면서, 그 가치들이 나타내는 가치
양태가 다른 가치들이 나타내는 가치양태에 대해서 어떠한 존재적
위계관계를 갖추고 있는지 밝혔다. 어떤 가치가 다른 가치에 대해서
갖는 관계는 그 가치양태들 사이에서도 마찬가지로 성립하는 것이다.
그래서 우리는 하르트만과 막스 셸러의 존재론에서 나타나는 몇 가
지 이론을 근거로 해서 이상과 같이 가치양태들 사이에 선천적 위계
질서가 있음을 밝힐 수 있다.

---

78) a. a. O. S. 125.
79) Vgl. Ebd.
80) a. a. O. S. 126.
81) Ebd.

제4장 '사랑'에 관한 이론

본 장에서는 '사랑'이란 정신 작용에 대한 셀러의 의미심장한
견해를 정리·서술해 본다. 특히 '사랑'이 제일차적 정신 작용이라
는 것과, 가치계에 대한 '사랑'의 고유한 역할, 그리고 '사랑'의 발
동이 인간의 도덕성에 대해서 갖는 관계 등을 밝혀 본다.

제1절 '사랑'에 관한 고찰의 동기

막스 셀러의 윤리학에 있어서 사랑에 관한 이론은 독창적이고 의
미심장하다. 독창적이라 해서 그 이론이 사랑에 관한 전통적인 사고
의 뿌리 없이 어떤 사실의 개인적인 통찰을 통해서 획기적으로 생겨
난 것은 결코 아니다. 비록 확연히 드러나 있지는 않지만 몇몇 사상
가에 의해서 '본질적인 것에 참여 방식으로서의 사랑'이 전통적으로
논의되어 왔다. 셀러가 윤리학에 관심을 두고 있었던 시기에는 가톨
릭 신앙인이었고, 그래서 그는 가톨릭적 형이상학과 그 정신의 근본
방향으로부터 사상적으로 많은 영향을 받았다. 또한 그는 현상학자로
서 '사물 자체의 고유성과 독자성'을 인정하고, 그것에 대한 순수한
태도를 견지하려고 한다. 뿐만 아니라 그는 인간의 내면적 세계에 대
한 깊은 통찰의 결과로 파스칼, 괴테 등처럼 인간의 정서적 정신 영

역의 고귀성도 알게 된다. 바로 이런 것들에 기초하여 그는 '사랑'에 관한 의미심장한 발언을 할 수 있었던 것이다.

그런데 '사랑'에 관한 그의 발언이 필자가 알기로는 아직 우리 인간의 도덕 생활을 위한 실질적인 기획에는 기여하지 않은 것 같다. 적어도 윤리학 또는 도덕론에 관해서 관심을 갖고 있는 자라면 결국 그의 관심은 인간의 도덕 생활을 위한 실질적 기획에 그 목표를 둘 것이다. 그래서 그는 그 나름대로의 고유한 사고를 통해서 도덕 원리를 세우고자 할 것이다. 그러한 노력의 결과로 제시된 도덕 원리는 윤리학의 역사와 더불어 무수하고 다양할 것이다. 또한 그것은 사실이었다. 그러한 가운데 훌륭한 도덕론들도 많이 있어 왔고, 우리 인류에게 도덕적 측면으로 빛이 될 수 있는 도덕론들도 많이 있어 왔다. 그래서 이 다원화 그리고 다양화의 시대에 있어서 현대인의 도덕적 갈증을 해소하는 데 어느 정도의 기여를 할 수 있었던 것이다. 그러나 아쉽게도 셸러는 이러한 기여에 동참하지 못하고 있다. 그렇다고 해서 그의 도덕적 사고가 이러한 기여에 참여할 수 없을 정도로 얄팍한 것이나 단편적인 쪼가리들은 결코 아니다. 다만 그의 도덕적 사고가 하나의 체계적인 도덕론으로 종합되지 못하였다는 것이다. 이런 아쉬움도 있고 해서 필자는 그의 사랑 이론을 소개할 겸, '사랑'의 발동이 가질 수 있는 하나의 의미를 정리해 보겠다.

본 논의는 대체적으로 셸러의 사랑 이론을 통해 전개하면서 또한 그의 인간학적 사고의 도움도 받아들인다. 특히 그는 그의 인간학에서 인간의 내면적 세계에 관한 깊은 통찰을 갖고 있었다. 이 통찰들로는 예컨대 사랑이 심정에서 자발적으로 발동한다, 인간은 자기 자신을 부단히 고양시킬 수 있는 능력의 소유자이다, 인간은 정서적 정신 작용을 고유하게 이행한다 등이 있다. 이 논의는 셸러의 사랑 이론과 인간학적 사고를 그대로 소개하는 데 머물지 않고, 그것들을 통하여 보다 적극적으로 하나의 도덕성의 근거를 마련코자 한다. 필자의 학위 논문에서는 그 논제가 요구하는 논의의 성격상 사랑에 관한 논의는 '가치계에 대한 사랑의 역할'에 관해서만 이루어졌다. 다행히도 여기서 사랑에 관한 보다 의미심장한 논의를 할 수 있고, 이를 바탕으로 사랑에 의한 인간 도덕성의 근거를 논의할 수 있게 되었다. 가령 정신 작용으로서 사랑이 인간의 정신 활동에 있어서 어떤 위치에 있는가? 사랑이 도대체 무엇이며, 그것은 세계에 대해서 또한 가치계에 대해서 어떤 작용 내지 역할을 하는가? 이런 물음에 대해서 해명하고 이를 바탕으로 하여 그의 인간학적 사고의 도움을 받아, 필자는 사랑이 우리 인간의 심정으로부터 발동할 때 우리 인간은 善의 가치를 실현하게 되고 인간됨으로 향상됨을 밝혀낸다.

우선 논의의 도입 단계로서 우리는 다음과 같이 이야기를 시작할 수 있다. 우리는 세계를 어떻게 보고 그리고 이해할 것인가, 순수 자연과학적 태도로 세계를 보고 그리고 이해할 것인가, 아니면 어떤 전통적 형이상학의 태도로 그렇게 할 것인가, 아니면 중세 그리스도교적 태도로 그렇게 할 것인가. 세계를 보고 그리고 이해하는 데는 여러 가지의 태도로 가능할 것이며 또한 그들 나름대로의 의미도 있을 것이다. 어느 태도가 세계를 더 정확히 보고 이해하는 데 적당하다는 증명은 쉽지 않을 것이다. 다만 그런 여러 가지의 태도로 세계를 이해한 결과로 우리 인간의 정신 세계는 더 풍요롭게 되고 더 넓혀질 것은 분명하다. 이렇게 볼 때 세계를 향한 다양한 관점들 또는 다양한 태도들의 있음이 바람직하지 않는 것은 결코 아니다. 그래서 세계를 보고 이해하는 정확도는 염두에 두지 않고, 셸러가 세계를 보고 이해하기 위해서 세계에 대해 취한 현상학적 태도를 전적으로 수용한다.

세계에 대한 현상학적 태도를 고찰해 본다면, 그 태도는 단순히 현실적 경험에만 관계하는 것이 아님을 알 수 있다. 그것은 현실적 경험을 토대로 하면서 또한 그 경험을 뛰어 넘어서 경험 대상의 고유성이나 독자성을 직면하고자 한다. 그런 태도의 일환으로서 현상학적 환원이 현상학자들의 의중에 늘 있어 왔다. 사물의 고유성이나 독자성을 직면하기 위한 방편으로서 현상학적 환원은 일반적으로 현실적 경험을 초극하여 보다 본질적인 사태 자체에로 되돌아가는 것을 의미한다. 그런데 현상학적 환원은 또 다른 의미를 우리에게 부여하고 있다. 예컨대 그것은 '존재와 가치에 대한 순수 사랑을 각성시킨다'는 것이다. 셸러에 따르면 본질 인식의 기술은 "현실 계기에 주어진 작용의 배제를 요구할 뿐만 아니라 동시에 모든 사물의 존재와 가치 존재에 대한 저 순수한 사랑의 발현을 요구한다"[1]는 것이다. 그러므로 그에 의하면 우리는 세계를 올바로 보고 이해하기 위해서는 세계에 대한 현상학적 태도 더 정확히는 현상학적 환원에 익숙해 있어야 하며, 더 나아가 그로 말미암아 사랑의 발현이 이루어지고 있어야 한다는 것이다. 그러면 사랑의 발현이 세계의 이해에 어떠한 역할을 하는지 궁금하지 않을 수 없을 것이다.

제2절 제일차적 정신 작용으로서의 '사랑'

사랑이 세계의 이해에 어떤 역할을 하는지 우리는 다음과 같은 고찰로 시작해 본다. 먼저 우리는 사랑이 인간의 모든 인식 활동에 선행하는 것임을 알 수 있다. 셸러도 이런 사고를 하였고 바로 이 사고가 그의 철학적 인간학의 구상에 중대한 기여를 했다. "비록 셸러 사상의 3시기에서는 초기 저술의 시기와는 많은 相違가 나타나지만, 그럼에도 불구하고 그의 인간학적 철학은 아래와 같은 그의 근본 입장을 부단히 지켜가고 있다. 그 입장은 인간이 제일차적으로는 인식하거나 의욕하는 존재가 아니라, 오히려 사랑하는 존재(ens amans)라

---

1) Max Scheler, *Erkenntnis und Arbeit*-M. Schelers Ges. Werke Bd. 8, 3. Aufl.(Bern: A. Francke AG, 1980), S. 282.

는"2) 것이다. 이런 사고가 그의 철학적 인간학의 구상에 구체적으로 어떠한 기여를 했는지 여기서는 논외로 하겠지만, 적어도 이런 사고의 형성에는 신학적 형이상학의 도움을 받게 될 뿐만 아니라 또한 자연과학적 지식의 도움도 받게 된다는 것을 말할 수 있다.

사랑이 모든 인식 활동에 선행한다는 사고는 이미 아테네 철학에도 있었음을 우리는 알 수 있다. 플라톤에 따르면 철학함이란 본질적인 것에 대한 참여 활동이고, 이 본질적인 것이란 바로 신이 내린 본질 정의로서 묵시적으로 간주되는 것이라 할 수 있다. 그러므로 그 참여 활동은 신이 내린 본질 정의에 이를 수 있는 사랑으로써 오직 가능하다고 할 수 있다.3) 일상적으로 우리는 플라톤을 통해서 철학함은 이데아계를 관조하는 데 그 목적이 있다는 것을 알아 왔다. 철학은 이데아를 직관하고 아는 데 그의 의의를 찾을 수 있다. 이데아는 본질이고 진리 그 자체이다. 이것은 우리 인간과는 아무런 상관 없이 본래 고유하게 존재하는 것이며, 항상 영원 불변하는 것이다. 이것은 신만이 완전히 인식할 수 있는 것이다. 따라서 우리는 이것을 신이 내릴 수 있는 定義라고 달리 표현할 수 있다. 이런 이데아를 우리 인간은 제일차적으로는 사랑으로 말미암아 다가갈 수 있는 것이다. 플라톤에서도 사랑의 고귀한 활동을 통해서 우리 인간이 보다 본질적인 것에로 나아갈 수 있다는 것을 엿볼 수 있으나,4) 이러한 사고의 좀더 완성된 모습은 셸러에서 발견할 수 있다. 그는 본질적인 것에 참여하고자 하거나 그것을 탐구하고자 하는 모든 인간에게 본질적인 것에 대한 인식에 선행하여 사랑이 그것에 대해 이뤄져야 하는 것임을 더 확연히 보여주고 있다. "근원적 존재에 대한 철학적 참

---

2) Manfred S. Frings, "Der Ordo Amoris bei Max Scheler", *Zeitschrift für Philosophische Forschung* Bd. 20, 1966, S. 57.

3) Vgl. Felix Hammer, *Theonome Anthropologie?*(Den Haag: M. Nijhoff, 1972), S. 40.

4) Vgl. N. Hartmann, *Kleinere Schriften I*(Berlin: Walter de Gruyter & Co., 1955), S. 318.

여의 방식은 그 존재 내용을 스스로 지향하는 것이라는 플라톤의 대전제와 바로 이 근원적 존재의 내용은 일체의 사랑일 것이라는 요한의, 그리스도의 소전제로부터 셸러는 철학하는 사람에게 인식에 앞서 사랑이 선행한다는 것을 추론해 보여준다."[5] 근원적 존재의 내용은 존재 일반에 대한 사랑으로 드러난다는 사고를 그가 인정하고 받아들일 수 있었던 것은 "가톨릭 정신과 그리고 가톨릭 교리 안에서 내면적으로 전제되어 있는 형이상학의 근본 방향이 그의 삶과 사상의 범위를 형성하고 있었기"[6] 때문이었다. Felix Hammer는 그리스도교 영향을 받은 사랑에 관한 셸러의 견해를 그것도 현상학적인 방법임을 고려해서, '현상학적으로 갱신된 아우구스티누스주의'라고 일컬었다.[7]

현상학적으로 발전한 그의 사랑 이론에 따르면, 철학함에 있어서 본질적인 것에 대한 참여는 유일한 신의 사랑 활동의 타율적인 공동 수행으로서만 여전히 가능하다는 것이다. 물론 그리스도교 초기에 근원적 존재의 내용이 창조적이고 자비로운 사랑의 무한한 儀式으로 간주되고 체험될 때, 철학하는 것은 완전히 다른 어떤 것이었을 것이다. 바로 그런 전제 하에서는 철학은 그의 목표상 첫째 근원적 존재의 있음에 대한 참여일 것이고, 둘째 인식의 실질적인 성과로 철학이 사태의 본성으로부터 철학의 자율적으로 정립된 목표를 더 이상 이끌어 낼 수 없다면, 철학은 실재적으로 인식일 뿐이다. 왜냐하면 대상적 존재가 아니라 의식적 존재인 존재에 인간의 참여가 오직 이런 의식의 공동 수행일 수 있고 결코 대상들의 인식일 수 없기 때문이다. 그리고 이 참여는 인간의 인격적 작용중심체의 내향적 정립에서 …… 저 실재적인 근원적 존재에서 무한한 사랑 작용으로서…… 이미 완성되어 있음에 틀림없기 때문이다.[8] 셸러가 이처럼 본질적인

---

5) Felix Hammer, *Theonome Anthropologie?*, S. 40.
6) D. V. Hildebrand, "Max Schelers Stellung zur katholischen Gedankenwelt", Felix Hammer, *Theonome Anthropologie?*, S. 6에서 재인용.
7) Vgl. *Theonome Anthropologie?*, S. 39.

영역에 대한 철학의 자립적 참여를 회의적으로 보았던 것은 아직 사랑에 관한 깊은 의미성을 강조하고 싶었기 때문일 것이다. "나중에 그는 철학의 신앙에 대한 종속을 순수한 사랑하는 본질 직관에 있어서 철학의 자아 구제의 요구로 다시 새겨 넣는다."9) 철학이 스스로 그 자신의 임무를 충실히 이행하기 위해서는, 즉 본질적인 것에 대한 충실한 참여를 위해서는 순수 사랑을 위한 신앙적 도움을 필요로 한다는 것이다.

셸러가 이처럼 사랑을 강조하는 것은 첫째 우리 인간은 어쨌든 그의 환경 세계에 둘러싸여 있다는 것과 둘째 정신 활동 가운데 가중 우선적인 것이 바로 사랑이라는 것을 확신하고 있었기 때문일 것이다. 첫째의 것을 상술하자면, 우리 인간에게는 본질 세계가 개방되어 있지 않거나 알려져 있지 않다. 우리 인간이 그의 의식 정도에 따라 형성한 세계, 즉 환경 세계가 우리를 둘러싸고 있고, 그것이 우리에게 개방되어 있고 알려져 있다. 따라서 엄밀한 의미에서 세계는 우리 인간에게 폐쇄되어 있고 닫혀 있다. 둘째의 것을 상술하자면, 위에서 언급한 바와 같이 우리에게 닫혀 있는 세계를 향하여 무엇을 의식하거나 인식하기 위해서는 우선적으로 우리 인간은 그 세계에 대해서 마음을 열고 관심을 지향해야 한다. 이것이 우선하지 않고는 그 세계의 아무것도 우리는 의식하지 못하고 알게 되지 못한다. 바로 이것 즉 무엇에 대해서 마음을 열고 관심을 지향하는 것 달리 말해서 그 무엇에 대한 심정의 지향 작용이 이른바 넓은 의미의 사랑이라 할 수 있다.

사랑에 밀접히 결부하여 인식과 앎이 생겨난다는 것을 셸러가 처음으로 생각한 것이 아니다. 그에 앞서 플라톤, 아우구스티누스, 파스

---

8) M. Scheler, *Vom Wesen der Philosophie und moralischen Bedingung des philosophischen Erkennens* — M. Schelers Ges. Werke Bd. 5, 5 Aufl., (Bern: A. Francke, 1968). S. 71f.

9) *Theonome Anthropologie?*, S. 40.

칼, 스피노자, 괴테도 이미 그런 것을 생각하고 있었다. 셸러는 인식과 앎을 초래하는 표상과 판단의 모든 유형들에 대해서뿐만 아니라 모든 의욕에 대해서도 사랑과 증오가 우선한다고 주장한다.10) 이처럼 그는 사랑이 가장 선행하는 정신적 작용이라고 한다. 또한 더 나아가 사랑은 다른 모든 정신적 작용에 선행하면서 인식이라든가 의욕의 정신적 작용에 그 토대를 부여한다11)는 것이다. 우리 인간이 어떤 대상에 대해서 사랑을 부여함으로써 그 대상에 관한 인식이 이차적으로 생겨나게 되고, 또 어떤 대상에 대해서 사랑을 부여함으로써 그 대상에 관한 의욕 활동이 생겨나게 된다. 무엇에 대한 사랑 없이, 즉 무엇에 대한 심정의 지향 작용 없이 과연 우리는 무엇에 관한 인식 혹은 의욕 활동을 기대할 수 있겠는가? 아마도 우리는 결코 기대할 수 없을 것이다. 따라서 우리는 사랑이 인식에 선행하는 정신 작용임을 확신할 수 있다.

사랑이 인식 작용보다 더 근원적이고 우선적인 것임을 더 상세히 취급해 보자. 우리 인간이 어떤 존재자의 본질에 참여하기 위해서는 우리들이 스스로 근원적 작용을 통해서 그 존재자에게 초월적으로 나아가야 하는데, 인식은 이런 근원적 작용을 사랑으로 전제한다. 그 자신과 그의 상태들, 그 자신의 의식 내용을 遺棄하는 것, 자신을 초월하는 것이 세계와의 체험 접촉을 초래한다. 그러므로 사랑이 항상 인식과 의욕을 일깨우는 자이다. ……실로 정신과 이성 자체의 어머니이다. 사랑이 인간에게 인식가능한 존재를 한정하고 규정하고, 존재의 대양에서 섬과 같은 인식가능한 존재를 끄집어 내준다. 인식의 정도는 사랑의 정도에 결부되어 있다. 그러므로 인간의 사랑하는 능력은 그의 인식 능력을 결정한다고 할 수 있다.12)

---

10) Vgl. *Vom Wesen der Philosophie und der moralischen Bedingung des philosophischen Erkennens*, S. 83.
11) Vgl. *Erkenntnis und Arbeit*, S. 204.
12) Vgl. M. Scheler, "Ordo Amoris" -M. Schelers Ges. Werke Bd. 10, 3

이상의 사실로부터 사랑이 인식 혹은 앎보다 우선적인 것임을 알
수 있다. 또 앞에서 잠시 언급한 바 있는 관심에 관하여 고찰해 보
면, 우리들은 그 사실을 더 확정할 수 있다. 어떤 관심의 획득 혹은
소유는 항상 그 어떤 것에 대한 사랑으로 말미암아 가능한 것이다.
그리고 그것들은 모든 인식의 근본 조건이다. 의지 작용과 노력 작용
은 인식 작용들 예컨대 표상 작용과 판단 작용 등에 기초하고 있는
반면에, 인식 작용은 사랑에 의한 관심 소유에 제약된다.13)

사랑의 이러한 원초적 작용에 관해서 의미심장하게 이야기한 사람
들을 우리들은 더 찾을 수 있다. "괴테는 이미 젊었을 때 '인간은 그
가 사랑한 것 이상은 알 수 없다. 그러므로 인식이 더 깊고 더 완전
하게 되고자 하면 할수록 사랑이 더 확고하고 강렬하고 그리고 더
활동적이어야 한다'고 했다."14) 그리고 파스칼은 "사랑의 작용으로
말미암아 그 의미를 스스로 내 보이고 그 후에 이성이 판단하는 대
상들이 비로소 나타난다"15)고 했다. 결론적으로 이 절에서 논의하고
자 하는 바를 한 마디로 함축한다면, 셸러도 인간은 "ens cogitans"
(사고하는 자) 혹은 "ens volens"(의욕하는 자)이기 전에, "ens
amans"(사랑하는 자)이라는 것이다.

Aufl.(Bonn; Bouvier, 1986), S. 356.
13) Vgl. a. a. O. S. 370.
14) M. Scheler, *Liebe und Erkenntnis*- M. Schelers Ges. Werke Bd. 6, 3
Aufl., (Bonn: Bouvier, 1986), S. 77.
15) Ebd.

제3절 가치에 대한 '사랑'의 역할

사랑은 우리가 무엇을 대상으로 인식하고 파악하기 이전에 이미 활동하는 것임을 이제까지 알아보았다. 지금부터 우리는 그런 사랑이 가치에 대해서, 가치계에 대해서 어떤 역할을 하는지 알아보자.

가치는 우리 인간 또는 우리 인간의 의식과는 상관없이 고유하게 존재해 있는 것이다. 그런 가치들로 구성된 가치계도 마찬가지로 그렇게 존재해 있는 것이다. 이와 같은 존재에 우리 인간이 나아가기 위해서는 본질적인 것에 나아가고 참여할 수 있는 유일의 방법인 사랑으로 말미암아 가능한 것이다. 사랑이 그런 것에로 나아가기 위한 제일차적인 통로이다. 사랑이 없이는 가치로 나아가서 그것을 인식하고 파악할 수 없다. 그것에 다다르기 위해서는 먼저 사랑이 그것에 다다를 만큼 앞서 발동해 있어야 한다. 그러므로 가치를 의식하기 위해서 우리는 먼저 가치를 향하여 사랑을 발휘하고 있어야 한다.

그러면 '사랑'이 무엇인가? 이 물음에 대한 답은 결코 쉽지 않을 것이다. 왜냐하면 "첫째 이성은 정의적 상태의 이 근원적 영역을 결코 다 설명할 수 없기 때문이고, 둘째 사랑과 증오는 판단들 혹은 감지하는 감정에서 분석될 수 없는 개인들 혹은 대상들의 그 중심부로 향해져 있기 때문이다."16) 그럼에도 불구하고 불완전하지만 필요상 정의해 본다면, 사랑은 '그 무엇(Etwas)에 대한 마음 혹은 심정의 지향 작용'이라 할 수 있다. 이때 그 무엇이 무엇이냐에 따라서 여러 종류의 사랑이 성립한다. 예컨대 그 무엇이 재물이라면 재화적 사랑이 성립하고, 그 무엇이 異性이라면 이성적 사랑이 성립하고, 그 무엇이 진리라면 진리의 사랑이 성립한다. 그리고 또 사랑은 특정한 의식 대상을 향하지 않고 지향할 때도 있고, 이때도 사랑은 그의 고유

---

16) Manfred S. Frings, *Max Scheler* p. 68f.

한 작용을 한다. 여기서는 바로 이 점을 논의거리로 삼고자 한다. 셸러뿐만 아니라 일상적으로 사랑과 증오는 마음의 근본적 운동이라고 생각하여 왔다. 사랑은 건설적인(적극적인) 마음 운동이고 증오는 파괴적인(소극적인) 마음 운동이다. 건설적인 마음 가운데 더 높은 가치가 주어지고 파괴적인 마음 가운데 더 높은 가치가 사라진다. 따라서 "마음이 사물들에 나타난 가치의 평가의 모든 척도를 지배하는 것이지, 사랑과 증오를 지배하는 것이 사물들의 평가가 아니라"[17]는 것이 인정된다. 이 사실은 자연히 그리고 이성적으로 쉽게 인정될 수 있지 않지만 스스로 나타난다. 그 이유는 가치 혹은 반가치의 직접적인 있음이 사랑과 증오 작용의 이행 안에 있기 때문이다. 사랑이 작용하는 가운데 가치의 있음이 현상하고 증오가 작용하는 가운데 반가치의 있음이 현상한다는데, 이는 사랑하는 마음이 사물에 나타나는 가치를 건설적으로 의식하고 증오하는 마음이 사물에 나타나는 가치를 파괴적으로 의식하기 때문이라고 말할 수 있다. 이와 반대로 우리가 먼저 어떤 사물을 보고 그 사물의 가치를 평가하여 그 결과 우리가 그 사물을 사랑하거나 증오한다든가 혹은 우리가 사랑의 감정을 소지하거나 증오의 감정을 소지하는 것은 아니다. 우리가 여기서 취급하는 적극적 정신 작용으로서 사랑, 증오는 결코 이러한 것이 아니다.

셸러는 가치를 매개로 대상들을 사랑한다는 사랑의 견해가 사랑의 운동성을 고려하지 않은 사랑의 잘못된 견해라고 주장한다.[18] 사랑은 수동적인 마음 상태가 아니라 능동적인 것이다. 사랑은 항상 그 무엇에 향하여 나아가려고 한다. 셸러의 이 주장은 아가페의 사랑에 적당하다. 아가페는 가치에 독립적인 사랑, 그 자체로 존재하는 대상에 대한 사랑에 해당한다. 세계에 대한 신의 사랑의 공동 수행으로서 저 사랑은 가치 높음에 독립적이고, 높은 것뿐만 아니라 저급한 것에

---

17) Ibid., p. 69.
18) Vgl. M. Scheler, *Wesen und Formen der Sympathie*-M. Schelers Ges. Werke Bd. 7, 6 Aufl.(Bern: A. Francke AG., 1973), S. 162.

도 향한다. 사랑은 그 자체로 존재하는 모든 것에 향해 있다.

사랑은 의식의 대상 없이 세계를 향하여 지향하는데, 그 지향 활동 혹은 작용을 우리는 살펴볼 수 있다. 사랑이 발동하면 "그것은 보다 더 낮은 가치로부터 보다 더 높은 가치로 나아가려는 활동을 한다."[19] 사랑이 이런 활동을 할 때 그 두 개의 가치가 우리에게 주어져 있는 것은 결코 아니다. 대개 보다 높은 가치는 사랑의 작용이 개입하는 경우에 사랑이 불러일으키는 가치의 감지이나 혹은 몇몇 개의 주어진 대상들 사이의 선호작용에 의해서 우리에게 주어진다. 그리고 사랑의 활동이 사랑받은 대상의 더 높은 가능한 가치에 개입할 때 비로소 당해의 대상 혹은 가치 담지자에 대해 사랑이 시작한다는 것이 사실일지라도, 보다 높은 이 가치가 먼저 존재하고 있는 것이지 (예컨대 아직 지각되어 있지 않고 발견되어 있지 않지만), 이 가치가 아직 존재하지 않고 다만 가치 담지자에 마땅히 있어야 하는 것은 아니다. 여기서 우리는 사랑의 본질 특징이 성립하는 것을 읽을 수 있다. 이것에 비추어 볼 때, "사랑은 우리의 대상에서 항상 새롭고 더 높은 가치를 말하자면 추구하는 태도일 것이라고 말하는 것은 거짓일 것이다. 또한 비록 선이 인간에게만 소원되고 그에게서 노력되거나 의욕된다 할지라도―예컨대 한 인간을 개선하고자 하거나 그를 어쨌든 돕고자 하기 위하여, 더 높은 가치의 담지자가 되고자 하기 위하여―, 사랑은 인간의 실제적 가치를 고양시키려는 노력이라는 것은 거짓일 것이다."[20] 사랑은 가치 있음과 가치 없음에 무차별적으로 지향하여 그 지향이 가치 있음을 가능케 하는 계기가 아니고, 더 높은 가치에로 나아가려는 활동일 뿐이다.

그래서 "사랑은 맹목적이지 않지만, 사랑하는 대상이 출현하는 더 높은 가치들에게 우리의 시야를 항상 열어준다."[21] 소위 맹목은 사

랑을 동반하는 감각적 충동이고, 사랑은 더 높은 가치에로 우리 인간을 이끌어 주고 그 가치를 볼 수 있도록 해 준다. 그래서 오직 사랑하는 자만 그런 가치를 볼 수 있는 자이다. 이 사실은 사랑하는 자와 그의 사랑을 받는 자를 관찰한 제삼자의 진술, 즉 '나는 사랑하는 사람이 그가 사랑하는 사람에서 발견할 수 있는 것을 보지 못한다'는 것을 충분히 설명할 것이다.[22] 그러므로 우리는 더 높은 가치가 우리에게 주어져 있음으로써 우리가 사랑을 발동하는 것이 아니라, 우리가 먼저 사랑의 마음을 발동함으로써 그 발동이 지향하는 대상에서 보다 더 높은 가치를 - 이 가치가 그 대상에 담지되어 있다면 - 발견할 수 있을 것이다. 이것은 사랑이 가치로 하여금 사랑하는 자에게 나타나게 한다는 것을 의미한다.

　사랑이 그 자신의 아무런 논리도 없이 미지의 가치로 하여금 우리에게 나타나게 하는 것은 아니다. 사랑은 이성과 의지의 논리와는 전혀 다른 그 자신의 고유한 논리로 작용한다. 셸러도 우리 인간의 정서적 영역은 이성과 의지로부터 연역될 수 없는 작용의 고유한 법칙성을 소유하고 있음을 고찰했다는 것은 이미 알려진 사실이다. 그 정서적 작용의 법칙은 예컨대 논리학에서가 아니라 윤리학에서 나타날 수 있는 고유한 선천적인 내용을 가지고 있다. 사랑은 이성과 의지가 이르지 못하고 작용할 수 없는 가치의 자리에 나아가고, 그것들에 의해서 가능하지 않는 가치 인식과 가치 직관을 가능케 하고, 가치 영역에로의 유일한 통로가 되어준다.[23] 사랑이 이런 작용을 할 때, 다른 어떤 정신 작용의 도움도 받지 않고 그리고 우리 인간의 의식과는 상관없이 존재하는 다시 말해서 선천적인 가치 영역에로 직접 나아가 관계하므로, 우리는 사랑이 그 스스로 고유한 법칙성의 논리를 갖고 있다 하지 않을 수 없을 것이다.

　이러한 고유의 논리를 가진 사랑이 가치와 어떻게 관계하는지 알

---

22) Cf. ibid.
23) Vgl. materiale Wertethik, S. 88.

아보자. 사랑이 사물적 대상을 지향하든지 혹은 한 인간을 지향하든
지 간에, 실제로는 그 사물적 대상에 담지되어 있는 가치를 지향하는
것이고 그 인간에 담지되어 있는 가치를 지향하는 것이다. 사랑이 단
순히 한 사물적 통일체 혹은 한 인간의 생명적·정신적 존재를 지향
하는 것은 아니다. 사랑은 가치의 존재를 대상으로 지향한다. 그리고
그 지향만으로 그 작용을 그쳐 버리는 것은 아니다. 사랑 자체의 자
립성 혹은 가치 존재로부터의 독립성은 이상적 價値像에로의 方向
定位(Orientierung)에 결부되어 있다. 사랑의 그 본성으로 말미암아 "
사랑의 운동은 가치의 더 높음을 지향하고 있다. 바로 이 사실은 사
랑의-플라톤에 의해서 벌써 인식되었던-창조적 성향을 보여주고
있다. 그러나 이 사실은 사랑이 바로 가치 자체를 창조한다는 것을
의미하는 것은 아니다."[24]

사랑이 더 높은 가치를 현상케 하는 모습을 현실적으로 자세하게
상술한다면 다음과 같다. "사랑은 모든 가능한 가치 감지작용과 가치
획득 작용에 관계하면서, 더 나아가 그 스스로 모든 선호작용에 관계
하면서, 즉 상관적으로 감지 영역과 선호 영역에 관계하면서-그러므
로 정확히는 선호작용을 통해서 정초된 의욕, 선택 그리고 행위의 전
영역에 관계하면서-, 이 소여영역에 완전히 새롭고 더 높은 가치를
현상케 한다."[25] 사랑이 이런 소여영역에 새롭고 더 높은 가치를 현
상케 할 수 있는 것은 사랑이 가치의 선소여와 가치 본질에 대한 직
관 능력을 소지하고 있기 때문이다. 따라서 가치는 사랑에 의해 발견
되어진다는 것이다.

또 사랑은 가능한 더 높은 가치의 정립 내지 더 높은 가치의 保持
그리고 가능한 더 낮은 가치의 지양에 향해 있다.[26] 이것은 사랑이
가치에 대한 보존 혹은 폐기의 태도이다. 사랑은 높은 가치를 지속적

---

24) *Wesen und Formen der Sympathie*, S. 157.
25) Ebd.
26) Vgl. a. a. O. S. 155.

으로 보존하려 하고, 낮은 가치를 되도록 폐기하려고 한다.

이상으로 알 수 있듯이 우리는 사랑으로 인해서 제일차적으로 가치 대상에서 가치들을 발견하고, 더 높은 가치를 지향적으로 추적하고, 그래서 더 나아가 가치의 위계까지도 파악한다고 할 수 있다. 왜냐하면 가치 위계의 파악은 한 가치를 다른 가치보다 선호하는 일이나 한 가치를 다른 가치보다 경시하는 일로써 가능하지만, 사랑 그 자체는 가치 위계 파악 작용들에 바로 토대가 되는 것이기 때문이다.27)

지금까지 우리가 알아본 사랑의 가치에 대한 관계성을 한 마디로 표현한다면, 사랑은 가치에 대해서 적극적이고 그리고 창조적인 지향성을 갖고 있다고 할 수 있다. 사랑에 관한 이 사고는 고대의 사랑 사상(완전함, 가치 충만함, 고귀함에로의 상승 운동)과 물론 공통점이 있다.28) 그러나 이 사고가 고대의 사랑 사상과 다른 점은 사랑하는 주체자의 능동적이고 창조적인 힘이 강조되고 있다는 것이다. "우리가 더군다나 상기 설을 주목할 때, 사랑의 창조적 힘의 사상은 찾을 수 없다. 자발적인 창조적인 의식과 정신의 이데아가 플라톤에게 근본적으로 결여되어 있었던 것처럼, 창조적인 사랑의 이데아도 그에게 결여되어 있었다. 이것은 그의 학설이 先在的인 이데아계의 재직관에 의한 영혼의 사랑 갈망에 대한 그의 전적으로 낭만적인 학설임을 명확히 보여주고 있다."29)

---

27) Cf. Manfred S. Frings, *Max Scheler,* p. 68.
28) Vgl. Max Scheler, *Das Ressentment im Aufbau der Moralen*-M. Schelers Ges. Werke Bd. 3, 5. Aufl.(Bern: A. Francke, 1972), S. 72f.
29) Max Scheler, *Liebe und Erkenntnis*, S. 86.

제4절 '사랑'의 발동과 인간의 도덕성

제2절에서는 사랑이 가장 근원적이고 일차적인 정신 작용임을 고찰해 보았고, 제3절에서는 사랑이 가치들에 대하여 어떤 활동과 역할을 하는지 알아보았다. 이들 앞 절에서 고찰한 것을 토대로 하여 본 절에서는 사랑이 어떻게 하여 우리 인간의 심정 혹은 인격에서 발동하게 되고, 그 발동의 결과로 무엇이 우리 인간에게 가능하며 또한 바로 여기서 우리 인간의 도덕성의 근거를 가능케 하는 것을 찾을 수 있지 않을까 하는 문제를 고찰해 본다.

인간의 정신 활동의 근원이자 중심체는 바로 인격이다. 인격에서 모든 정신 활동이 근원적으로 시작된다. 그리고 정신 활동은 외적 대상에 관계하여 이뤄지는 경우도 있고, 내적 대상에 관계하여 이루어지는 경우도 있다. 또한 정신 활동은 무엇에 의해 촉발되어 이뤄지는 경우도 있고, 그 자체 자발적으로 이뤄지는 경우도 있다. 이러한 정신 활동의 여러 경우들이 있지만, 사랑은 그 본성상 가장 후자의 경우로 활동한다.[30] 따라서 사랑은 그 무엇에 의해서 생겨나는 것이 아니고 또 오직 그 무엇을 향하여 생겨나는 것도 아니다. 그래서 우리가 어떤 예쁜 여자를 보고 그 예쁨에 매혹되어 그 여자를 사랑하게 되었다고 말할 때, 그 말은 우리가 그 여자의 예쁨에 의해서 그 여자를 사랑하게 되었다는 것을 의미하는 것이 아니라, 우리가 사랑의 정신 활동을 발로하고 그런 가운데 그 여자의 예쁨을 감지하고 그 예쁨을 감수하게 되었다는 것을 의미하는 것이다. 실로 우리의 마음 상태가 불안하든가 증오심으로 가득 차 있는 가운데 우리가 아무리 예쁜 여자를 만나서 보게 된다 해도, 우리는 그 여자에 대해서 사

---

30) Vgl. Max Scheler, "Über Scham und Schamgefühl" —M. Schelers Ges. Werke Bd. 10, 3, Aufl.(Bonn: A. Bouvier, 1986), S. 118.

랑을 느낄 수 없는 것이다. 그리고 또 우리는 이러한 정신적 감정 상
태로서의 사랑과 적극적인 정신 작용으로서의 사랑을 구별해야 한다.
전자는 정신 작용이 아니다. 그럼으로써 본 논제가 의도하는 바에 비
추어 볼 때 논의거리가 아니기 때문에 본 논의에서 제외한다.

실로 사랑은 정의적 정신 활동이기 때문에, 정신 일반 활동의 중
심체라는 인격 보다 더 자세히는 정의적 정신 활동의 중심체라는 심
정31)에서 우러나오는 정신 활동이라고 할 수 있다. 심정은 정의적
정신의 근본 태도로서의, 정의적인 것에 대한 지향성을 항상 갖추고
있다. 그래서 심정은 그 무엇을 항상 발동시키려 한다. 예컨대 제일
차적으로 사랑과 증오를 발동시키려 하고, 그 다음 사랑과 증오가 발
동하여 지향한 대상을 상대해서 그 대상을 감지하고 선호·경시하려
고 한다.32) 뿐만 아니라 이런 작용들의 결과를 토대로 하여 의지 작
용으로서 무엇을 의도하고 기도하고 더 나아가 행위하고자 한다.33)

그런데 심정이 그 무엇을―사랑이든지 증오이든지 간에―발동시키
려고 할 때, 심정이 그 스스로 때에 따라서 아무렇게나 그것들 중 하
나를 발동시키게 되어서는 아니 될 것이다. 만약 그렇게 될 수밖에
없다면 그것은 적어도 도덕적 차원에서 아무런 의미도 갖지 못할 것
이다. 그런데 우리 인간은 교육을 통해서든 신앙 생활을 통해서든 그
리고 그 밖의 다른 등등을 통해서든지 간에 心性을 가꿀 수 있다. 우
리 인간이 그의 심성을 가꾸지 않고 본래의 상태로 혹은 자연 상태
로 놓아둔다면, 우리 인간이 동물과 달리 고유하게 갖고 있는 인간의
정신층은 미개의 상태로 남아 있게 된다. 따라서 우리 인간은 인간으
로 하여금 동물과 차별짓는 정신층의 미발달로 인하여 동물과 다를

---

31) 셸러는 심정을 간단하게는 '인격의 중심적 존재'라고 정의했다: Joachim
Pitter, *Historisches Wörterbuch der Philosophie* Bd. 3(Basel: Schwabe &
Co, 1974), S. 538 참조.
32) Vgl. materiale Wertethik, S. 82.
33) Vgl. a. a. O. S. 131.

바가 없을 것이고, 인간됨(Menschwerdung)을 이루지 못할 것이다.34)
그런데 동서 고금을 통해서 알 수 있듯이 여러 선현들은 우리 인간
으로 하여금 인간답게 되도록 여러 가르침을 주었다. 예컨대 '우리
인간은 어릴 때부터 성품적 덕을 잘 길러야 한다', '우리 인간은 그
자신의 性을 잘 발현시켜야 한다', '우리 인간은 그 자신의 性을 잘
啓導해야 한다', '우리 인간은 자신의 마음을 잘 다스려야 한다' 등
등의 가르침35)을 주었다.

　이러한 모든 가르침들은 그 가르침이 연원하는 근본적 관점이 다
름에 따라서 다소 차이는 있겠지만, 대체적인 의도의 방향은 유사하
든가 더 나아가 같을 것이다. 즉 그 가르침들은 한결같이 우리 인간
의 심성 교양의 필요성을 강조하고자 했다고 할 수 있다. 이처럼 우
리 인간이 인간이 되게끔 하기 위해서는 그와 같이 지혜롭고 훌륭한
인류 최고의 현인들 그것도 한 분이 아닌 여러 분들에 의해서 심성
교양이 무엇보다도 필요하다고 역설된 것은 결코 우연한 일이 아니
다. 여기에는 바로 보편적인 진리가 있을 것이다. 인간의 심성 교양
이 필요하다는 것이 실천 철학의 진리라는 것이 밝혀지고 나면, 우리
인간은 심성을 가꿀 수 있고 또 가꾸어야 한다는 것이 필연적으로
도출되어진다. 우리 인간의 심성이 잘 가꾸어져 있으면, 심성의 정의
적이고 활동적인 국면인 심정이 바람직한 방면으로 발동하게 된다.
그의 심성이, 즉 마음의 바탕이 잘 가꾸어져 있지 아니한 가운데 심
정이 바람직한 방면으로 발동한다는 것은 결코 기대할 수 없는 일이
다. 심정이 바람직한 방면으로 발동하게 된다는 것을 달리 여러 가지

---

34) Vgl. *Die Stellung des Menschen im Kosmos*-M. Schelers Ges. Werke
　　Bd. 9(Bern: A. Francke, 1976), S. 53f.
35) 첫 번째의 것은 中庸을 지킬 수 있는 마음의 습성을 중요시한 아리스토텔레
　　스의 가르침일 것이고, 두 번째의 것은 인간의 性善說을 주장한 맹자의 가
　　르침일 것이고, 세 번째의 것은 인간의 性惡說을 주장한 순자의 가르침일
　　것이고, 마지막의 것은 인간 마음의 수양을 가장 중요시한 석가모니의 가르
　　침일 것이다.

로 풀이할 수 있겠으나, 셸러의 견해를 따르면 심정이 사랑을 발동시키게 된다는 것으로 풀이할 수 있다. 그래서 우리 인간의 심성을 교양화하는 것은 다름 아니라 우리 인간이 사랑을 발휘할 수 있도록 쉽게 말해서 사랑할 수 있도록 하는 데 그 목적이 있는 것이다.

이제까지 우리는 사랑이 어떻게 해서 우리 인간의 인격 더 나아가 심정에서 발동하게 되는지 알아보았다. 지금부터 우리는 사랑이 발동함으로써 무엇이 가능해지는지 알아본다.

사랑이 발동함으로써 비로소 우리 인간은 새로운 가치를 의식하게 된다거나 또는 우리에게 보다 더 넓은 가치 영역이 펼쳐진다는 것은 셸러의 사랑에 관한 학설에서 주지한 바 있다.36) 만약 우리 인간이 사랑이 아닌 증오를 발동하면, 우리는 의식하고 있던 가치를 스스로 망각 내지 상실하게 되고 우리에게 펼쳐지는 가치 영역이 그만큼 좁아지게 된다. 우리가 무슨 일을 할 때 사랑의 마음을 가지고 있으면 그 일이 잘 되어 가고, 증오의 마음을 가지고 있으면 그 일이 잘 되지 않는다는 것을 우리는 일상적 경험으로부터 알고 있다. 무슨 일을 잘하려면 우리는 그 일을 하기 전에 그 일에 대한 사전의 지식이 필요할 것이다. 그런 지식에는 물론 사랑 혹은 증오의 발동과는 상관없이 있는 지식도 있겠지만, 사랑 혹은 증오의 발동과 더불어 얻어지거나 잃어버리는 지식도 있을 것이다. 여기서 그 지식이란 것은 일종은 진리 가치다. 이런 측면에서 볼 때도 우리는 사랑으로 말미암아 이제까지 보지 못한 가치에 눈을 뜨게 된다는 것을 알 수 있다.

위의 예를 좀더 이용하여 사랑의 발동에 관해서 논의해 보자. 우리가 무슨 일을 할 때 사랑의 마음을 가지고 있으면 그 일이 잘 되어간다는 것은 우리가 그 일을 할 때 사랑의 마음이 발동하고 있고 그럼으로써 그 일이 잘 되어간다는 것을 의미하는 것이지, 그 일에 대해 사랑의 마음이 발동함으로써 그 일이 잘 되어 간다는 것을 의

36) Vgl. *Wesen und Formen der Sympathie*, S. 155.

미하는 것은 결코 아니다. 후자가 의미하는 것은 그 일 자체에 대한 사랑이고, 물론 그런 사랑에 의해서 우리로 하여금 그 일에 대해서 적극성을 갖도록 하여 그 일을 잘 되게 할 수 있다. 그러나 여기서 우리가 취급하려는 논점은 그것이 아니다. 우리 인간의 심정에서 '그 무엇에 대해서가 아니라 무대상성으로' 자발적으로 발동하는 사랑이 논의의 대상이다. 이런 "사랑은 심정 운동으로 언표되지만, 감정 하물며 더구나 정욕으로는 결코 언표되지 않으므로,"37) 사랑은 그 무엇을 감지하는 감지작용과는 그 작용의 측면에서 명백히 구별된다. "모든 감지작용 예컨대 가치들에 대한 감지작용뿐만 아니라 상태들(슬픔, 인내, 관용)에 대한 감지작용도 수용작용이다. 이것을 우리는 '기능'이라 일컫는다. 그러나 사랑은 심정의 운동이고 정신적 작용이다."38) 따라서 사랑은 자발적인 심정의 발현 운동이라 할 수 있다.

그런 사랑이 근원적이고 일차적으로 발동하여 대상 세계로 향하고 그래서 그 대상 세계를 좀더 명확히 우리에게 드러나게 한다. 이런 활동을 우리는 대상 세계를 더 정확히 인식하거나 의식하도록 그 기초를 놓아주는 활동이라고 할 수 있다. 그리고 윤리학의 분야에서는 이런 활동을 우리는 객관적으로 존재하고 있는 가치계가 우리의 시야에 점점 더 다가오도록 하는 활동이라고 할 수 있다. 그런 활동의 측면으로 볼 때 사랑은 모든 다른 종류의 가치 의식 예컨대 감지작용, 선호작용, 가치판단에 그 정확한 소재를 제공하고, 가치 소지를 통해서 그 자신이 기초되는 모든 노력 발동과 경향을 정당히 기초짓는 것이라 할 수 있다. 그래서 모든 인간 각자는 그가 사랑함으로써 노력 발동하는 것이지, 반대로 그가 노력한 것을 사랑하는 것이 아니라39)는 것을 알 수 있다. "사랑은 이미 감지된 가치에 대한 단순한 반작용도 아니요, 또는 선호 결정에 임하게 되는 한 쌍의 현존 가치

---

37) a. a. O. S. 146, 주 3.
38) a. a. O. S. 146f.
39) Vgl. a. a. O. S. 185f.

들에 대한 태도도 아니라"40)는 것이 위의 사실로부터 보증된다. 심
지어 아리스토텔레스는 항상 세계를 향하여 사랑을 베푸는 자로 인
정하는 〈신이 세계를 발동시킨다〉고 그의 형이상학에서 기술하고 있
지 않은가.41) 여기서 세계가 발동한다는 것은 세계가 있는 그대로
나타난다는 것을 의미한다.

이상의 고찰을 토대로 하여 볼 때, 우리 인간이 사랑을 한다는 것
은 가장 근원적인 정신작용을 한다는 것이다. 따라서 우리 인간이 사
랑할 때, 우리 인간은 의식의 주체가 되어 대상 없는 정신 활동을 하
고 그야말로 심정 혹은 인격에서 자발적인 자연히 우러러 나오는 정
신 발로를 하게 된다. 이 자발적인 정신 발로를 한다는 것은 마음을
무대상적으로 개방한다는 것이고, 세계 일반에 대해서 마음을 열어젖
힌다는 것이다. 마음을 개방한다는 것은 우리 인간의 모든 감정 즉
감성적 감정, 생명 감정, 심적 감정, 정신적 감정들 모두를 개방한다
는 의미이다. 그러므로 우리가 심정에서 사랑을 발동한다든가 혹은
우리가 사랑하는 마음을 가진다는 것은 우리가 모든 종류의 감정을
세계로 향하여 열어젖힌다는 것을 뜻한다.

모든 종류의 감정이 세계로 향하여 개방되어 있음으로써―물론 이
런 상태는 완전한 사랑을 할 수 있는 신에게만 가능하고, 인간에게는
불가능하겠지만―, 우리 인간은 세계의 모든 것에 이를 수 있고 그
모든 것을 인식할 수 있다. 그 이유는 아래와 같다: 세계의 모든 존
재는 그 존재 범주의 영역으로 볼 때, 무생명 영역, 생명 영역, 심리
적 영역 혹은 영혼의 영역, 정신적 영역들 중 어디에 존재한다. 그런
데 우리가 감성적 감정에만 몰입해 있다면, 우리는 존재 범주의 측면
으로 일컬어 무생명 영역에만 눈을 뜨고 있게 된다. 그러므로 우리는
생명 영역이라든가 심리적 영역 또는 정신적 영역에 대해서는 눈을
감고 있게 된다. 그리고 우리가 생명 감정만 발로한다면, 우리는 생

---

40) Manfred S. Frings, *Max Scheler,* p. 69.
41) Vgl. *Wesen und Formen der Sympathie,* S. 147.

명 영역에만 눈을 뜨고 있게 되고, 그 밖의 다른 영역에 대해서는 눈을 감고 있게 된다. 이런 사실은 다른 감정들에 있어서도 마찬가지다. 그리고 감정들에는 그 자체의 고유한 법칙과 논리, 즉 한가지만 언급한다면 각 종류의 감정은 그에 대응해 있는 존재 영역에만 지향하는 그런 본성을 갖고 있다는 것은 이미 알려진 바 있다.42) 따라서 우리가 사랑으로 말미암아 모든 감정을 잘 발로할 때, 우리는 그 감정들이 지향하는 모든 존재 영역에 눈을 뜨게 되고 모든 존재를 인식할 수 있다.

실제로 단 하나의 감정만이 발로해 있고, 다른 감정이 전혀 발하여 있지 않는 경우는 거의 없을 것이다. 모든 감정은 심정에 공존해 있다. 그러면서 경우에 따라 어떤 감정이 다른 감정보다 더 강렬하게 발로하기도 하고, 어떤 두 가지의 감정이 비슷한 정도를 발로하기도 한다.43) 그런데 여기서 문제는 사랑이 그 여러 종류의 감정 발로에 어떤 영향 내지 역할을 하는지이다. 우리 인간이 사랑을 발동하면, 우리의 모든 종류의 감정이 열려진다는 것은 조금 원칙적인 이야기 이다. 사실은 우리가 사랑을 하면 감성적 감정이 강렬하게 발하여 있던 상태에서 그 감정이 덜 강렬해지고 그보다 더 높은 단계의 감정인 생명 감정이 좀더 강렬하게 발로하는 상태로 변화가 있을 것이다. 그리고 우리가 사랑을 하면 생명 감정이 강렬히 발하여 있던 상태에서 그 감정이 덜 강렬해지고 그보다 높은 감정인 심리적 감정이 좀더 강렬하게 발로하는 상태로 변화가 있을 것이다. 그리고 또 우리가 사랑을 좀더 진실하게 하면 할수록 우리의 감정 중 가장 높은 단계의 감정인 정신적 감정이 점점 더 강렬히 발할 것이다. 따라서 우리는 사랑이 바로 우리 인간으로 하여금 더 높은 감정을 발로케 하고 또 그것이 세계에 대해서 열려지게 하는 것임을 알 수 있다.

사랑으로 말미암아 더 높은 감정이 세계에 대해서 열려지면, 그

---

42) Vgl. materiale Wertethik, S. 122~124.
43) Vgl. a. a. O. S. 333.

감정에 대응해 있는 존재 영역이 우리에게 다가온다. 예컨대 생명 감정이 열려지면 그 감정이 지향하는 생명 가치계가 우리에게 다가오고 그럼으로써 우리는 생명 가치를 감지한다. 정신적 감정이 열려지면 그 감정이 지향하는 정신적 가치계가 우리에게 다가오고 그럼으로써 우리는 정신적 가치를 감지한다.44) 그러므로 우리는 사랑이 더 높은 감정이 발하여 그 감정이 지향하게 되는 더 높은 가치를 감지케 하는 근원적 작용임을 알 수 있고, 사랑함으로써 우리 인간은 더 높은 가치를 감지할 수 있음을 알 수 있다.

그렇게 되다보니 더 높은 가치뿐만 아니라 낮은 가치도 우리의 눈앞에 주어져 있게 된다. 따라서 우리 인간은 두 가지의 가치 혹은 그 이상의 가치들 중 어느 하나를 취하는 상황이 주어지게 된다. 이때 우리 인간은 당연히 그것들 중 보다 높은 가치를 취한다. 왜냐하면 우리의 감정은 보다 높은 가치를 선호하는 선호작용을 그의 고유한 작용으로 수행하기 때문이다.45) 가치들은 그들 상호간에 높고 낮음의 위계 질서를 갖추고 있는데, 우리가 두개의 가치들 중 보다 높은 가치를 선호할 때 이미 거기에 善의 가치가 성립해 있고, 그 선호한 가치를 실현할 때 우리는 선의 가치를 실행한다고 할 수 있다.46) 그러므로 결국 윤리적 가치인 선·악은 사랑이 심정으로부터 얼마나 발동하여 세계를 사랑하느냐에 전적으로 의존해 성립한다는 이 놀라운 사실을 우리는 발견하게 될 것이다.

바로 여기서 우리는 인간의 도덕성의 근거를 찾을 수 있다. 선·악의 윤리적 가치는 감정의 선호·경시작용에서 성립하지만, 이 작용을 가능케 하기 위해서는 더 높은 가치가 감지되어야 한다. 더 높은 가치가 감지되려면 그 가치가 우리의 시야에 다가와야 한다. 그 가치를 우리의 시야에 다가오도록 하기 위해서는 그 가치를 지향할 다시

---

44) Vgl. a. a. O. S. 348.
45) Vgl. a. a. O. S. 265.
46) Vgl. a. a. O. S. 47f.

말해서 그 가치에 대응할 감정이 열려져 있어야 한다. 그 감정이 열리려면 그에 적절한 사랑이 발동해야 한다. 따라서 사랑하느냐 증오하느냐가 바로 우리 인간의 도덕성의 근본적인 근거임을 알 수 있다.

그러므로 우리 인간 스스로 도덕적이기 위해서는 항상 마음을 세계에 대해서 열어젖히고 사랑해야 할 것이다. 그러면 우리 인간은 하나의 보잘것없는 재화 가치나 관능적 가치뿐만 아니라 생명 가치에 얽매이지 않고, 보다 높은 가치인 미적 가치나 진리 가치, 윤리적 가치 더 나아가 聖的 가치를 보게 되고, 그럼으로써 그 가치를 실현하게 될 것이다. 그런 가치를 우리 인간이 실현하게 됨으로써 우리 인간은 스스로 동물적임을 그만두고, 정신적 존재로서의 역할도 그 나름대로 하는 인간됨을 스스로 이룩하게 된다. 그래서 우리 인간은 인간다울 수 있고 스스로 고양될 것이다. 물론 현대 인류로 하여금 물질에 대한 지루한 애착심과 퇴폐적인 향락심으로부터 탈피하도록 하기 위해서도, 마음을 열어젖히고 세계로 향하여 사랑하라는 충고는 필요할 것이다.

이상과 같이 사랑에 관해서 고찰해 볼 때, 우리는 사랑에 대한 아마도 생각지 못한 어떤 기대를 가질 수 있을 것이다. 우리가 근원적 정신 작용으로서의 사랑을 세계에 대해서 발휘하면 우리는 세계에 관해서 더 많은 것을 알게 되고, 또한 이념적이면서 실질성을 갖춘 선천적인 가치가 우리에게 점점 더 가까이 다가와서 우리의 시야에 들어오게 된다. 가치가 우리의 시야에 많이 들어오면 올수록 우리는 가치계에 속해 있는 더 많은 가치들을 감지하게 되고, 그리고 감지된 가치들을 대상으로 삼아 더 높은 가치를 선호하고 그 선호한 가치를 실현하게 된다. 그래서 우리는 더 바람직한 것을 실행하게 되고, 그럼으로써 우리는 자신과 자신의 삶을 고양시키게 된다. 이런 측면으로 볼 때, 사랑을 최고의 덕목으로 삼고 우리 인간들에게 사랑하라고 하신 그리스도의 가르침은 매우 높은 안목의 결과라고 할 수 있겠다.

사랑은 우리 인간의 인격 또는 심정에서 자발적으로 우러나오는 것이기 때문에, 우리가 스스로 사랑할 수 있기 위해서는 심성의 교양이 잘 되어 있어야 한다. 그래서 필자는 윤리학자들이 제일 먼저 관심을 가져야 할 것은 바로 우리 인간의 심성 교양이라고 생각한다. 심성 교양이 잘 되어 있으면 심성의 정의적인 부분인 심정에서 사랑이 자발적으로 발동한다. 심성 교양이 도덕 교육의 첫 번째의 과업이라는 말은 익히 들어온 바이고, 그러므로 그 말이 평이하게 들리거나 고루하게 느껴질지도 모르지만, 필자는 셸러의 윤리학을 연구하던 중에 심성 교양이 무엇보다도 우리 인간의 도덕성을 보존하기 위해서 필요한 것임을 확인할 수 있었다.

제5장 감정의 의미와 작용

본 장에서는 먼저 지금까지 간과되어온 감정에 대한 근본적인 이해를 하고, 그 다음에 감정의 종류별 특성과 작용을 고찰하고, 마지막으로 감정과 가치와의 연관관계를 밝혀본다.

제1절 감정의 의미

철학은 오늘날까지 정신의 영역에 관한 올바른 통찰을 하지 못하고 있었다. 특히 17세기 이성의 시대로부터 Kant에 이르기까지 이성을 과대평가하여, 정신은 곧 이성이라 생각했다. 그러면 정신의 영역에는 이성만이 있는가? 정신의 기능을 열거해 보면, 표상하는 것, 사고하는 것, 추리하는 것, 느끼는 것, 직관하는 것, 의욕하는 것, 사랑·증오하는 것 등이 있다. 앞의 세 기능은 이성의 기능이라 할 수 있지만, 그 나머지 기능은 이성의 기능이라 할 수 없다. 전자의 기능들은 理智的인 것이고, 후자의 기능들은 情意的인 것이다. 이 정의적인 것을 근세 대부분의 철학자들은 심신적 유기체(Organismus)의 기능 또는 생명 기능으로만 보고, 정의적인 것에 아프리오리한 법칙성이 있는지 없는지 묻지 않았다.[1] 그래서 그들은 정신의 영역에 속해 있는 정의적인 것을 간과해 버린다.

그런데 셸러는 이른바 主知主義들의 이성 개념에 대립해서 의도적으로 정신의 개념을 사용하는데, 이 경우 정신이란 "아마도 이성이란 개념을 포함하기는 하지만 '관념적 사유'와 동시에 또한 일종의 '直觀' 즉 근원적인 현상 또는 본질적 내용에 대한 직관도 포함하고, 나아가서는 호의, 사랑, 후회, 畏敬, 정신적 경탄, 정복과 절망, 자유로운 결단과 같은 특정한 종류의 의지적이고 감정적인 작용도 포함하는 것"2)이다. 아마 그는 이러한 정의적인 것에 본질적인 기능과 아프리오리한 법칙성이 있음을 통찰함으로써, 정신의 영역에 이성 외에도 감정, 의지가 있음을 알게 되었을 것이다. 그리고 "그것들은 어떤 인과규칙에 따라 이른바 심적 현상들과 결합하거나 교체되는 맹목적 감정 상태들의 카오스는 아니고, 그 자체 모든 사랑할 만한 것들의 세계에 상응하고 대립해 있는 질서있는 像이라는"3) 것이다. 본 절에서는 지금까지 간과해 온 감정의 의미를 밝히는 데 목적이 있으므로, 감정만 취급하겠다.

이성주의자들은 감정을 정신이라기보다 감각들의 복합체 또는 무질서하고 저급한 마음의 상태로 보았다. 그들이 생각하는 감정이란 아무런 작용도 하지 않는 상태 감정일 뿐이다. 그래서 그들은 감정의 고유한 작용들과 그 작용의 근원적인 법칙들이 있음을 알지 못했다.4) 특히 칸트는 감정은 모두가 감성적 감정일 뿐이고 모든 감정은 질적으로 뿐만 아니라 그 깊이에서도 同類라고 주장한다.5) 이 주장에서도 우리는 그가 감정 작용과 그 법칙성뿐만 아니라, 감정들간의 근원적이고 본질적인 위계 질서도 간취하지 못하고 있음을 알 수 있다.6)

---

1) Vgl. materiale Wertethik, S. 259.
2) M. Scheler, "우주에 있어서 인간의 지위"-교육학과 인간학, 허재윤 역(대구: 형설출판사, 1982), 141쪽.
3) Ges. Werke Bd. 10, S. 361.
4) Vgl. materiale Wertethik, S. 259f.
5) Vgl. Ebd.
6) Vgl. a. a. O. S. 247.

다만 몇 사상가만이, 즉 Augustinus와 Blaise Pascal 등이 감정에
대해서 어느 정도의 올바른 이해를 하고 있었다. 파스칼은 〈心情의
질서〉(ordre du coeur), 〈심정의 논리〉(logique du coeur)란 말을 자
주 사용한다. 심정은 인간의 이성적 측면이 아니라 정의적 측면에 관
계한다.7) 정의적 측면에는 느끼는 것, 의욕하는 것, 사랑하는 것 등
이 있는데, 심정은 이러한 모든 기능을 이행한다. 이런 기능 중 느끼
고 사랑하는 것은 감정의 작용이기 때문에, 감정이 심정에 포함되어
있다 하겠다. 그러므로 심정이 질서를 갖추고 있다, 심정에 논리가
있다는 것은 감정이 질서를 갖추고 있다, 감정에 논리가 있다는 것을
의미한다. 파스칼이 여러 단계의 감정들을 통찰하고, 그 감정들이 위
계질서를 갖추고 있음을 알고 있었는지는 아직 밝혀지지 않았다. 그
러나 심정에 관한 그의 이해로 미루어 볼 때, 그는 감정에도 작용의
고유한 논리, 즉 법칙성이 있음을 인정하고 있다. 그 법칙성은 순수
논리학의 법칙처럼 절대적이지만, 결코 지성의 법칙으로 환원될 수
없는 정의적인 법칙성이다.8)

파스칼이 이미 알고 있었듯이 감정은 오성의 논리가 아닌 그 자신
의 논리를 갖고 있다. 이 논리는 오성적으로는 그 대상이 완전히 폐
쇄되어 있는 영역, 즉 감정의 영역에 개방되어 있다.9) 따라서 감정은
그의 고유한 법칙으로 오성이 작용할 수 없는 영역에서 작용을 한다.
더 나아가 감정이 그의 논리, 법칙에 따라 적극적으로 자립적으로 정
의적 삶을 이끌어 나간다 하겠다.

또 한편으로 셸러에 의하면 감정은 네 가지 종류의 감정으로 분류
될 수 있고, 이 종류의 감정들은 서로 위계질서를 갖추고 있다. 이
위계질서에 따라 어떤 감정은 다른 감정보다 고귀하고, 어떤 감정은

---

7) Vgl. Johannes Hessen, *Lehrbuch der Philosophie* zweiter Band−*Wertle-hre*−, 2. Auf.(München−Basel: E. Reinhardt Verlag, 1959), S. 169.
8) Vgl. materiale Wertethik, S. 260.
9) Vgl. a. a. O. S. 261.

다른 감정보다 저급하다. 그리고 이 위계질서에 따라 어떤 감정은 다른 감정보다 더 지속적이거나 덜 지속적이고, 의미통일성이 강하거나 약하고, 각 종류들의 감정이 지향하는 가치들 또한 다르다. 이처럼 감정들은 그들의 종류에 따라 질적·기능적 차이를 보이며, 그것들 각자의 작용, 기능적 대상의 차이도 나타낸다.10) 칸트는 바로 이 점을 알지 못했기 때문에, 정의윤리학(emotionale Ethik 또는 Gesinnungsethik)은 快란 가치를 추구하도록 하는 윤리학이고 그럼으로써 필연적으로 결과윤리학이라 했다.

그 외에 우리는 감정의 특성으로 이성보다 강한 自我와의 관련성을 제시할 수 있다. 이성은 표상, 사고 등을 통해서 자아와 관련하지만, 감정은 보다 일차적으로 감지(Fühlen)를 통해서 자아와 관련한다. 우리는 이성작용을 자아로부터 멀리할 수 있지만 감정작용을 자아로부터 멀리할 순 없다. 감정은 근원적으로 자아에 부착되어 있기 때문에 임의적으로 자아로부터 멀찍이 떼어놓을 수 없다. 다시 말해서 감정은 그의 내면적 성향에 따라 자동적으로 언제나 자아로 되돌아온다. 그렇기 때문에 감정 그 자체는 원칙적으로 마음대로 지배하거나 조종할 수 없다.11) 예컨대 감성적 감정은 경우에 따라 의욕, 의지에 의해서 지배할 수 있으나, 생명 감정은 이런 것들에 의해서 쉽게 지배할 수 없고, 심적 감정, 정신적 감정의 순으로 나아갈수록 자아에 의해 점점 더 지배할 수 없거나 아예 결코 지배할 수 없다. 높은 가치는 높은 감정에 의해 실현되어짐으로, 그 실현 결과로 깊은 만족을 갖다주는 즐거움은 의욕, 의지에 의해 임의적으로 획득할 수 없다.12) 이처럼 높은 단계의 감정은 자아에 밀접히 관련되어 있기 때문에, 외부로 향한 의욕을 통해서 지배하기보다는 오히려 자아 자체 즉 인격 자체 안으로의 귀환, 즉 인격의 존재와 삶의 깊은 층으로

---

10) Vgl. a. a. O. S. 334f.
11) Vgl. Ebd.
12) Vgl. a. a. O. S. 338f.

의 귀환을 통해서 그 감정의 자발적인 〈넘쳐흐름〉에 순응하는 것이 더 많은 만족과 기쁨을 갖다 준다는 것이다. 그래서 Socrates와 Tolstoi 등의 위대한 윤리학자들은 감정의 원칙적 지배불가능성을 알고, 윤리적 구원을 制度의 改革에서 찾지 않고 인격의 내적 재생에서 찾았던 것이다.13)

이상은 지금까지 간과되어온 감정의 적극적인 면만 기술했다. 그러나 사실은 상태적 감정도 존재한다. 적극적 감정이 대상을 향하여 지향작용하는 감정이라면, 상태적 감정은 적극적 감정이 지향작용한 결과로 초래되는 감정상태이다. "이 상태적 감정은 원칙적으로 언제나 일으켜진 것으로 존재하고, 가치의 담지자로서 존재하는 사물, 행위 등에 의해 일으켜진 것으로 주어진다."14) 특히 지향적 기능이 미약한 감성적 감정이 상태적 감정의 측면이 강하고, 생명 감정, 심적 감정, 정신적 감정의 순으로 상태적 감정의 측면이 약하다. 감성적 감정 외에도 다른 감정이 있다는 것을 알지 못한 칸트가 모든 감정을 상태적인 것으로 이해하는 것은 가능할 것이다. 적극적인 감정이 대상을 감지한 결과로 상태적 감정이 성립한다. 그래서 대상과 그 대상에 대한 지향작용이 항상 상태적 감정의 경험에 선행하고, 이 감정을 유발시킨다.15) 이런 사실은 감정의 전 단계를 관통해서 타당하다.

제2절 감정의 종류

감정에는 네 가지 종류가 있다. 즉 감성적 감정, 생명 감정, 심적 감정, 정신적 감정들이 그것이다. 감정에 여러 층이 있다는 것은 우

---

13) Vgl. a. a. O. S. 339f.
14) a. a. O. S. 253.
15) Vgl. Ebd.

리가 우리 자신과 다른 사람들의 체험이나 경험을 통해서 알고 있는
사실이다. 심지어 "이러한 감정생활에 대한 현상학적 연구에 앞서서,
우리들이 행동 현상학적인 감정들의 깊이의 차이로부터 존재론적인,
'우리의 전 인간적 실존의 구조'에 상응하는 단계구조 측면에서 네
가지의 서로 환원될 수 없는 감정의 층들을 확정할 수 있다"16)는 것
이다. 이처럼 감정들은 인간의 존재 구조에 대응하여 단계적으로 존
재하며, 각각 고유한 특징을 가진다.17)

먼저 감성적 감정은 신체의 특정한 기관 내지 부위에 대응하여 존
재한다. 그러므로 "이 감정은 생명 감정과 다르게 신체의 특정 부위
에 延長되어 있고 局所化되어 있다."18) 따라서 이 감정은 피부의 접
촉을 통해서 느끼는 아픔, 혀를 통해서 느끼는 음식의 쾌적, 귀를 통
해서 감지하는 음률의 감미로움, 코를 통해서 맡을 수 있는 꽃향기의
달콤함 등에서 명백히 나타난다. 그럼으로써 또한 이 감정은 여러 사
람이 함께 느낄 수(mitfühlbar) 없고 더 나아가 뒤따라 느낄 수
(nachfühlbar)도 없고 앞서 느낄 수(vorfühlbar)도 없다. 다만 이 감
정을 현실적인 〈자신의〉 감정으로만 느낄 수 있다.19) 그렇다고 해서
감성적 감정이 적극적 감정의 역할을 전혀 하지 않는 것은 아니다.
미약하긴 하지만 이 감정도 가치를 지향하여 감지작용을 한다.20) 즉
이 감정은 쾌적, 감미로움, 달콤함 등의 감성적 가치를 지향 감지한다.

또 "감성적 감정은 그 본질상 비교적 비지속적이고, 의미연관성이
약하다."21) 그 이유로 다음 두 가지 사실을 제시할 수 있다. 먼저 이
감정은 가치를 지향 감지하는 적극적 감정보다는 상태적 감정으로

16) Felix Hammer, *Theonome Anthropologie?*(The Hague: Martinus Nijhoff,
   1972), S. 159f.
17) Vgl. materiale Wertethik, S. 334.
18) a. a. O. S. 335.
19) Vgl. a. a. O. S. 247.
20) Vgl. a. a. O. S. 335.
21) a. a. O. S. 337.

존재해 있는 경우가 더 많고, "감성적 감정들간의 충실적 연관이 다른 감정의 그것보다 비교적 적다"22)는 것이다. 둘째로 "감성적 감정은 다른 감정들보다 쉽게 의지에 종속되고, 다른 감정들보다 실제적·임의적으로 변화되기 쉽다"23)는 것이다. 예컨대 모든 감성적 쾌감은 적절한 자극 또는 어떤 감성적 감정의 촉발을 통해서 산출될 수도 있고, 인간의 의지에 얽매여 그러한 자극에 의해서도 산출되지 않을 수 있다. 이와는 달리 기분 좋다든가 나쁘다든가, 활기에 차 있다든가 권태에 빠져 있다든가, 건강하다든가 쇠약하다든가 또는 상승하는 삶이라든가 하강하는 삶이라든가 하는 생명 감정은 감성적 감정보다 의지에 덜 종속되어 있다.

생명 감정에 관해 고찰해 보면, "이 감정은 감성적 감정처럼 신체의 특정한 부위에 연장되어 있거나 결부되어 있지 않고 신체 전체에 걸쳐 있다."24) 예컨대 기분 좋음과 기분 나쁨, 건강의 느낌과 허약의 느낌, 무력감과 활력감 등이 어떤 신체의 특정한 부위와 기관에 속해 있는 건 아니다. 그러나 이 감정들은 〈나는 기쁘다, 슬프다 또는 나는 정복하다, 절망적이다〉 등의 심적·정신적 감정과는 달리 다만 〈나에게〉 그렇게 느껴질 따름인 그런 감정이다. 즉 〈나에 기분 좋다든가 기분 나쁘다〉는 식으로 표출되어 나오는 신체적 통일의식의 감정이다.25) 그러므로 생명 감정은 신체의 전체에 대응해서 존립하는 감정이다.

생명 감정이 신체의 특정한 기관이나 부위에 대응해서 생기는 감정이 아니라 신체의 전체에 대응해서 생기는 감정이므로, 이 감정은 신체의 통일적 실태를 갖춘 감정이다.26) 이 통일적이라는 것은 양적인 종합이 아니라 질적으로 하나로 됨이라는 것이다. 그래서 통일적

---

22) Ebd.
23) a. a. O. S. 338.
24) a. a. O. S. 340.
25) Vgl. Ebd.
26) Vgl. a. a. O. S. 341.

실태를 갖춘 생명 감정이 특정한 신체 기관에 대응해서 생기는 감성적 감정으로 환원될 수 없으며, 감성적 감정들의 융합으로 생명 감정이 성립할 수 없다. "만약 Wundt의 생각처럼 생명 감정이 감성적 감정의 융합이라면, 감성적 감정들은 생명 감정에서 소진되어야 할 것이고 생명 감정과 나란히 존재할 수 없을 것이다."27) 그런데 생명 감정이 現前하는 경우에도 동시에 감성적 감정이 현전하는 것을 볼 수 있다. "예컨대 우리는 매우 강한 감성적 쾌감을 느끼는 중에도 우리 자신이 무력하거나 비참하다는 것을 느낄 수 있고, 심한 고통을 느끼면서도 우리 자신이 신선하고 활력에 차 있다는 것을 느낄 수 있다."28) 또 서로 구별되는 다양한 형태의 감성적 감정들이 동시에 존재할 수 있으나, 생명 감정은 서로 구별될 수 있는 여러 형태로 동시에 존재할 수 없다.29) 예컨대 우리는 눈을 통해서 장미꽃의 미각적 쾌감을 가지면서, 동시에 피부를 통해서 장미 가시에 찔림으로써 생기는 통각적 불쾌감을 가진다. 반면에 우리는 우리에게서 무력감의 생명 감정을 가지면서 동시에 활력감을 가질 수는 없고, 어떤 공간에서 우리가 우리의 신체 전체에 다가오는 유쾌의 가치를 감지하면서 동시에 우리의 신체 전체에 대응하는 다른 감정을 가질 수는 없다.

　감성적 감정이 상태적 측면이 강하고 지향적 기능의 측면이 약한 반면에, 생명 감정은 상태적 측면이 감성적 감정보다 약하고 지향적 기능의 측면이 이 감정보다 강하다.30) 지향적 기능의 면이 보다 강하다는 것은 감정이 단순히 일으켜진 것으로 존재하지 않고, 작용의 주체가 되어 감지 기능 등을 보다 적극적으로 행한다는 것을 뜻한다. "생명 감정은 감성적 감정의 경우보다 강한 지향적 기능으로 신체의 내부와 외부에서 일어나는 일들이나 과정들의 생명적 가치들을

---

27) Ebd.
28) a. a. O. S. 341f.
29) a. a. O. S. 341.
30) Vgl. a. a. O. S. 342.

명증적으로 제시할 수 있다. 그래서 이 감정은 어떤 것에 귀속하는 지적 의미를 전혀 파악하지 못한 상태에서도, 그것의 위험이나 이익을 파악할 수 있다."[31] 이처럼 생명 감정은 그의 지향적 성격으로 말미암아 생명과정에 대한 제1차적인 작용을 한다. "신체 내에 일어나든 환경세계에 일어나든 간에 실재적인 손상 또는 이익을 생명 감정은 근원적으로 인식 기능보다 앞서서 감지한다."[32] 이러한 일차적 감지를 통해서 우리는 지적 판단 없이도 저 손상을 피하고 저 이익을 획득할 수 있다. 이런 사실을 통찰하지 못하고 "생명 감정을 근원적으로 유기체에 있어서 유익한 또는 유해한 일들의 동시적 수반현상으로만 생각하고, 다만 이차적으로 知的으로 계산가능한 또는 어떤 방식으로 기대할 수 있는 일의 단순한 지표로 생각한다면, 이것은 생명 감정에 대한 경험주의의 오해라고"[33] 하겠다. 오히려 이것은 생명 감정의 상태적 성질이다. 이상과 같이 생명 감정은 대상 지향적 작용을 감성적 감정보다 더 빈번히 하므로, 감성적 감정보다 더 적극적 감정이고 인간의 의지에 덜 종속되는 감정이라 하겠다.

생명 감정보다 더 높은 단계의 감정이 바로 심적 감정이다. 이 감정은 생명 감정과는 분명히 구별된다. 이 감정은 신체의 所與性을 통해 획득되는 다시 말해서 신체를 자아에 속하는 것으로 파악함에 의해 획득되는 자아의 상태 내지 기능이 아니다. 이 감정은 인간의 존재 구조 중 心 또는 자아 자체의 성질(Ichqualität)이다.[34] 또는 이 감정은 심적 자아에 존립해 있는 감정이다. 그러므로 이 감정은 신체의 어느 한 부분과도, 신체적 통일체와도 아무런 관련이 없다. 그래서 깊은 기쁨 혹은 깊은 슬픔의 심적 감정은 건강 혹은 병고에 막연히 나타나 있는 것이라 할 수 없다.

---

31) a. a. O. S. 343.
32) Ebd.
33) Ebd.
34) Vgl. a. a. O. S. 344.

심적 감정의 층에서도 이 감정은 여러 가지로 다른 〈자아에의 가까움〉과 〈자아로부터의 멂〉을 가질 수 있다. 예컨대 〈나는 내 자신을 슬프다고 느낀다〉(ich fühle mich traurig), 〈나는 슬픔을 느낀다〉(ich fühle Trauer), 〈나는 슬프다〉(ich bin traurig)는 진술들이 있다. 우리들은 첫 번째 진술에서 슬픔이 나 자신에 연장되어 있다고 생각하고, 두 번째 진술에서 슬픔이 나의 그 무엇에 연장되어 있다고 생각하고, 세 번째 진술에서 슬픔이 나의 통일체에 연장되어 있다고 생각할 수 있겠는가? 만약 그렇게 생각할 수 있다면, 그 슬픔이란 감정이 연장되어 있는 곳 즉 내 자신, 나의 그 무엇, 나의 통일체들이 무슨 차이를 보여 줄까? 심적 감정은 감성적 감정과 생명 감정들과는 달리 연장되어 있지 않고[35] 바로 그 자체가 심적 자아의 성질이기 때문에, 그 슬픔이 연장되어 있다고 생각하기보다는 오히려 그 슬픔이란 심적 감정이 자아에 더 가깝게 다가오거나 더 멀리 떨어져 있다고 생각하는 것이 합당할 것이다. 그래서 첫 번째 진술의 슬픔보다는 두 번째 진술의 슬픔이 자아에 더 가깝게 다가와 있고, 두 번째 진술의 슬픔보다는 세 번째 진술의 슬픔이 자아에 더 가깝게 다가와 있다. 그러므로 첫 번째 진술의 슬픔보다 두 번째 진술의 슬픔이, 두 번째 진술의 슬픔보다 세 번째 진술의 슬픔이 더 절실할 것이다. 이처럼 심적 감정은 연장되어 있지는 않지만, 깊이의 차이를 보이고 있다.[36]

"심적 감정은 깊이의 정도에 따라 그의 지속성과 강렬성의 차이를 보이고 있다."[37] 더 깊은 심적 감정은 덜 깊은 심적 감정보다 더 지속적이고 심적 자아에 더 오랫동안 남고, 더 깊은 심적 감정은 덜 깊은 심적 감정보다 더 강렬하다. 그러므로 더 깊은 심적 감정은 덜 깊은 심적 감정보다 자의적인 억압에 의해서든 주의를 딴 데로 돌리는 억제에 의해서든 간에 영향을 덜 받는다고 할 수 있을 것이다. 이

---

35) Vgl. a. a. O. S. 335 u. 340.
36) Vgl. a. a. O. S. 344.
37) a. a. O. S. 338.

감정이 영향을 받는다고 해서 그 영향으로 말미암아 이 감정이 본질적으로 변질되는 것은 아니다. 다만 이 감정의 내적 소여성이 덮여질 따름이다.38) 바로 이 점에 있어서는 감성적 감정과 생명 감정도 마찬가지다. 그러나 이러한 영향을 감성적 감정은 물론이고 생명 감정보다 훨씬 덜 받기 때문에, 심적 감정은 저 감정들보다도 의지에 훨씬 덜 지배된다.39) 그러므로 심적 감정은 그 깊이에 따라 차이는 있을지라도 실제적·임의적으로 변화되는 것이 한층 더 어려운 감정이다.

심적 감정이 저 두 감정들보다 의지의 지배로부터 벗어날 수 있는 근본적 원인은 앞에서 잠깐 언급했듯이 두 감정들보다 강렬한 그 감정의 지향성 내지 적극성에 있다. 심적 감정이 상태적 감정으로 존재하기도 하지만, 그런 경우는 저 두 감정들보다 흔하지 않다. 심적 감정은 자아 자체의 성질로서 항상 그 무엇에 대한 지향작용을 하고자 하고, 적극적으로 그 무엇을 느끼고 감지하고자 한다.40) 이러한 지향적 감지작용을 할 때도 심적 감정은 다른 감정들처럼 그 작용의 법칙에 따른다. 이 법칙에 따라 그런 작용을 할 때 심적 감정은 자아와 관련의 정도에 따라 적극성의 차이를 보이지만, 그렇다고 해서 그 작용의 고유성을 상실하거나 충실시키는 것은 아니다. 그럼에도 불구하고 심적 감정이 신체 감정과 생명 감정들이 경험하는 대상을―그 경험의 방식은 다르지만―경험한다고 할 때, 우리는 감정층에 대해 착각을 일으키는 다소 병적인 변덕이 그 사람에게 있다고 하겠다.41)

정신적 감정은 인간의 존재 구조 중 인격 자체에 대응해 있는 감정이다.42) 그런데 인격은 그 본질상 결코 대상화될 수 없고, 사물로서 더 나아가 자체적 존재로서 사고될 수 없다.43) 인격은 작용의 구

---

38) Vgl. a. a. O. S. 344.
39) Vgl. a. a. O. S. 338f.
40) Vgl. a. a. O. S. 263.
41) Vgl. a. a. O. S. 344.
42) Vgl. a. a. O. S. 345.
43) Vgl. a. a. O. S. 371.

체적이고 그 자체 본질적인 통일체이기 때문에, 그것은 그의 고유한 작용을 하는 가운데 존재하게 된다.[44) 따라서 이러한 인격 존재에 대응해 있는 정신적 감정도 그 본질상 대상화될 수 있는 것도 아니요, 무엇에 관해서 생겨나는 것도 아니다. 그것은 다만 인격이 작용을 수행할 때 성립하는 감정이다. 또 인격은 그 밖의 인간의 존재층들보다 그 위계질서상 더 높은 것이다. 즉 인격은 신체의 각 부위, 신체의 전체뿐만 아니라 심적 자아보다도 그 위계질서상 더 높은 것이다. 그러므로 인격에 대응해 있는 이 감정은 다른 세 종류의 감정들보다 그 본질상 더 높은 감정이다.

정신적 감정은 그 본질상 대상화될 수 없는 것이므로 결코 상태적일 수 없다. 심적 감정은 흔하지 않더라도 상태적 감정으로 남을 수 있지만, 정신적 감정 예컨대 淨福과 절망에 있어서 모든 상태적인 것은 이미 소멸되어 있다. 오히려 "이 감정들은 정신적 작용의 원천으로부터 용솟음쳐 나와서, 이 작용으로 주어진 모든 것들에 그 빛과 어두움을 퍼붓는 역할을 한다."[45) 그러므로 우리는 〈어떤 것에 관해서〉 기뻐한다든지 또는 행복하다든지 할 수 있을지라도, 〈어떤 것에 관해서〉 절망한다든지 정복한다든지 할 수 없다. 다시 말해서 정복하고 절망적인 어떤 것이 주어져 있고 그럼으로써 우리가 그렇게 표현할 수 있을 때는, 우리는 진정으로 정복하거나 절망하지 못한다.[46)

따라서 일단 정신적 감정이 현존케 되면, 그 감정의 본성에 의해 인격의 깊은 곳으로부터 우리는 정복하거나 절망한다. 이때 이 감정은 그의 동기들의 연쇄로부터 해방되고, 인격의 중심부로부터 우리의 실존과 우리의 세계 전체를 충실시킨다.[47) 그러므로 우리는 정신적 감정 즉 정복과 절망을 엄밀한 의미에서 〈느낀다〉할 수 없고, 〈甘受

---

44) Vgl. a. a. O. S. 382.
45) a. a. O. S. 344.
46) Vgl. a. a. O. S. 344f.
47) Vgl. a. a. O. S. 345.

한다〉할 수 있을 것이다. 이처럼 정신적 감정은 우리의 인격 내부로 부터 적극적으로 작용하는 감정이다. 이 작용의 모습은 인격 존재와 인격 가치 외의 그 무엇에 의해서도 영향받지 않고 자발적으로, 그 무엇을 그 감정의 고유 법칙에 따라 지향 감지하는 것으로 나타난다.[48]

이처럼 적극적이고 자발적인 정신적 감정은 인격 자체의 가치 중 종교적 가치에도 관련되어 있기 때문에, 그것은 경우에 따라 종교적 감정이라 하기도 한다.[49] 이 종교적 감정의 역할은 종교적 가치 즉 聖的 가치를 적극적으로 지향하여 감지하고, 그 가치를 실현하는 것이다. 그리고 정신적 감정은 인격 자체의 존재와 가치가 아닌 것 예컨대 신체의 어느 한 부위, 신체 전체, 심적 자아뿐만 아니라 그 어떤 존재 분야 예컨대 사회, 친구, 직장, 국가 등에도 관련되어 있지 않은 절대적인 감정이다.[50] 따라서 우리는 어떠한 事態나 價値態에서도 정신적 감정 상태를 감지할 수 없고, 다만 정신적 감정이 자발적으로 작용할 때 우리는 그 감정이 지향하는 가치를 감수할 수 있다.

제3절 감정의 작용

앞 절에서 살펴보았듯이, 감정은 그 종류에 따라 상이한 적극적인 면을 보여주고 있다. 감정의 적극적인 면이란 소극적인 상태 감정을 넘어서서 동적으로 기능하는 성향을 의미한다. 이 기능[51]에는 그 무엇에 대한 지향적 感知作用(Fühlen)과 選好·輕視作用(Vorziehen,

---

48) Vgl. Ebd.
49) Vgl. Ebd.
50) Vgl. Ebd.
51) 여기서 의미하는 기능은 보고 듣고 하는 등의 신체에 결부되어 있고 환경에 결속되어 있는 또는 자아에 속해 있는 그런 기능이 아니라, 세계 전체에 대립하고 있으면서 그것에 대해서 자발적으로 지향하는 정신적 작용이다.

Nachsetzen)52) 그리고 사랑·증오가 있다. 감정이 이러한 기능을 이행한다는 생각은 셸러가 감정에 대한 깊은 통찰로 얻게 된 독창적인 것이다. 여기서는 윤리학의 문제만 취급하므로 감정 작용의 영역을 좁혀 가치들과 가치들의 본질연관 그리고 가치계에 대한 감정 작용만 다루겠다.

먼저 감정의 감지작용에 관해 언급한다면, "감정이 가치를 지향하여 감지작용하는 것이 본질적이라"53)는 것이다. 감정은 그 본성상 작용의 주체로서 가치를 감지한다는 것이다. 이 감지작용은 대상을 지각하거나 표상하는 작용이 아니다. 원래 가치는 선천적인 것이며 현상계에 가치질로서만 나타나 있기 때문에, 그것은 지각되거나 표상될 수 있는 것들이 아니다. 단지 그것은 지향적인 감지작용을 통해서 우리에게 주어질 따름이다. 가치 감지작용 없이는 우리는 가치를 만날 수도 인식할 수도 없다.

이 감지작용은 정신 활동의 중심에서 나오는 활동이 아니라 하더라도 또한 시간적 연장을 가진 운동이 아니라 하더라도, 聯想的으로 결합되거나 관련되지 않는 확고한 작용이다.54) 사정에 따라 대상에 향해지는 또는 자아에 접근해 오는 감지 운동이 문제되는데, 이러한 경우도 그 운동을 통해서 그 무엇이 나에게 주어지고 나타나는 것이다. 그러므로 이 감지작용은 표상이 그의 대상에 대해 갖고 있는 것과 똑같은 지향관계를 가치 상관자에 대해 갖고 있다. 그러나 "이 감지작용의 지향관계는 직접적으로 대상 또는 표상을 통하여 간접적으로 대상과 外的으로 결합되어 있는 것이 아니고, 근원적으로 가치와 관련되어 있다."55) 그런데 감지작용과는 다른 분노의 情動(Affekt)을

---

52) 일본 윤리학계에서는 이 작용을 先取·後置作用이라고 번역하고 있는데, 어쨌든 이 작용에는 어떤 자의성이나 주관성이 개입되어지지 않고, 순수 논리학의 법칙과 같은 본질적인 고유한 논리 혹은 법칙이 있다.
53) materiale Wertethik, S. 263.
54) Vgl. Ebd.
55) Ebd.

예로 들어보자. 그것은 그 속성상 〈내 안에서 일어나서 내 안에서 사라진다〉. 그러므로 노하는 것과 〈그것에 대해〉 내가 노하고 있는 것과의 결합은 지향적인 것도 근원적인 것도 아니다. 오히려 그것은 먼저 지각하고, 표상하고, 사고한 표상이나 事象 또는 이런 것들 속에 주어져 있는 대상에 의해서 일어났을 것이고, 그 후에 비로소 우리는 표상을 통해 분노를 이 대상에 관련시킬 것이다.56) 따라서 감지작용은 본래적 존재로서의 가치를 향해서 확실하게 지향하는 것이라 할 수 있다.

이러한 지향성으로 말미암아 감지작용은 다른 어떠한 매개도 없이 직접적으로 그리고 자립적으로 가치를 감지한다. 만약 감지작용이 표상, 판단 등과 같은 객관화 작용의 기초 위에서 수행된다면, 그 감지작용은 가치를 감지할 수 없다.57) 왜냐하면 가치는 원래 선천적으로 고유하게 존재해 있는 것이기 때문이다. 상태적 감정은 그런 객관화 작용의 매개를 통해서 성립하게 되지만, 적극적 감정은 그런 것 없이 직접적으로 감지작용을 한다. 이런 감지작용의 수행에서 비로소 가치가 우리에게 감지되고 근원적인 본질 영역이 우리에게 개방되어진다. 그래서 "자연적 知覺이나 세계관의 형성, 幼兒語에 있어서 意味成立의 일반적 법칙, 거대한 語族들에 있어서 意味分節의 相違, 기성언어에 있어서 말의 의미의 변천과정이나 말의 統辭論的 조직 등을 연구해 보면, 감지요소와 가치요소를 지향하는 감지작용이 각 언어 속에서 세계관을 형성할 때 주도적이고 기초적인 역할을 한다"58)는 것을 알 수 있다.

둘째로 감정은 選好作用과 輕視作用을 한다. 이들 작용은 정서적·지향적 삶의 보다 높은 단계로서 지향적 감지작용 위에 성립하는 것이다.59) 일차적으로 감지작용을 통해서 가치를 감지하고 난 후,

---

56) Vgl. a. a. O. S. 263f.
57) Vgl. a. a. O. S. 264.
58) a. a. O. S. 265.

그 가치들 사이에 본질적으로 존재해 있는 연관관계 내지 위계질서를 감정의 선호·경시작용으로 파악하는 것이다.60) 그래서 우리는 여러 가치들 가운데서 더 높은 가치를 감정의 선호작용을 통해 선호하고, 더 낮은 가치를 경시작용을 통해 경시할 수 있다. 감정의 이러한 본성적 기능에도 불구하고, 낮은 가치를 선호하고 높은 가치를 경시할 때는 그 감정에 기능적 착란이 일어났기 때문일 것이다. 감정의 본성적 기능인 "선호작용과 경시작용은 예컨대 〈선택〉과 같은 노력활동이 아니다. 선택활동에는 언제나 이미 선호작용이 그 기초에 놓여 있다."61) 선호작용에 의해서 보다 높은 가치를 선호하든가 경시작용에 의해서 보다 낮은 가치를 경시함으로써, 그 선호된 가치 혹은 경시된 가치를 추구할 의욕이 생겨나게 되고, 그 의욕들에 상응해서 선택활동이 일어난다. 이와 같은 작용의 측면뿐만 아니라 존재 영역의 측면에서도 선호작용이 선택작용과는 다르다. 선호작용은 감정 작용의 한 부류이기 때문에 선택활동과는 그 존재영역을 달리하고 있다. 선택활동은 우리의 행위들간에 있을 수 있지만, 선호작용은 우리의 감정 작용들의 하나로서 가치들의 위계질서를 상대로 해서 일어나는 것이다.

감정의 모든 작용들이 다 그렇겠지만, "선호·경시작용은 가치를 담지하고 있는 사물들 자체에 대해서 이뤄지지는 않는다. 그 작용은 가치들 자체에 대해서 이뤄진다."62) 우리들은 어떤 財를 다른 財에 대해서 선호할 수 없다. 좋은 날씨를 궂은 날씨에 대해서 그리고 어떤 음식을 다른 음식에 대해서 선호할 수 있다고 할 수 없고, 다만 어떤 財에 담지되어 있는 가치를 다른 財에 담지되어 있는 가치에 대해서 선호할 수 있고, 좋은 날씨에 담지되어 있는 愉快의 가치를

---

59) Vgl. Ebd.
60) Vgl. Ebd.
61) a. a. O. S. 265.
62) Ebd.

궂은 날씨에 담지되어 있는 불유쾌에 대해서 선호할 수 있고, 어떤 음식의 쾌적의 가치를 다른 음식의 덜 쾌적한 가치에 대해서 선호할 수 있을 따름이다. 또한 "그 작용들은 선택활동처럼 心像的 목표내용도 목표내용 자체도 전제하고 있지 않다."[63] 선택활동들은 가치의 영역 밖에 있는 것이고, 선호·경시작용은 그의 본성상 가치의 위계질서에 착안하여 높은 가치를 선호하고 낮은 가치를 경시하므로 가치들의 영역 안에서 작용하는 것이다. 그러므로 이 작용들은 어떤 목표내용과는 무관하게 이뤄진다. 오히려 "목표내용은 선호작용의 제약하에서 형성되어질 것이다."[64]

감정의 작용으로서 또한 사랑과 증오가 있다. 이것들은 인간의 지향적 정서 생활의 최고 단계를 이루고 있다. 그런데 오늘날 사랑에 대한 그릇된 편견에 빠져 있는 사람들이 많이 있다. "이들은 대체로 사랑은 통찰력이 있다기보다 오히려 '맹목'이게 한다. 따라서 세계에 대한 일체의 순수 인식은 다만 감정 작용을 최대한 배제함으로써만, 즉 ……대상들의 가치적 차이들을 도외시함으로써만 가능하다는 항간에 유포되는 그리고-내가 보기에는-특히 근대 부르주아적인 사고를 하고 있다."[65] 다행히도 막스 셸러는 사랑과 증오에 관해서 깊은 통찰을 한 결과 그것의 지향적 작용성을 간파했었다. 그래서 그것들은 셸러에게는 더 이상 상태적 감정이 아니었다. 사랑은 그 작용 자체와 작용의 대상적 측면으로 봐도 수동적으로 조성되는 상태적 감정이 아니다. 예컨대 상태적 감정의 하나인 분노의 情動은 그 무엇에 대하여 일으켜진 감정이다. 그래서 우리는 그 무엇에 대해서 분노를 느낀다 혹은 그 무엇에 분노를 느낀다고 말한다. 그러나 사랑과 증오는 그 무엇에 대해 적극적으로 지향작용을 하는 것이므로, "우리는 그 무엇에 대해서(über etwas) 또는 그 무엇에(an etwas) 사랑한

---

63) Ebd.
64) a. a. O. S. 265f.
65) M. Scheler, *Liebe und Erkenntis*, S. 77.

다 또는 미워한다고 말하지 않고, 그 무엇을 사랑한다 또는 미워한다
고 말한다."66) 사랑과 증오에 관한 이런 '선험적 의식'을 갖지 못한
이른바 자연주의가 그것들을 한낱 정태적인 감정으로 본 것은 우리
시대의 독특한 沒敎養과 이러한 문제들에 대한 현상학적 연구의 완
전한 결여 때문일 것이다.67)

사랑과 증오란 감정 작용은 특정한 가치 혹은 가치들의 위계질서
에 대한 감정 작용이 아니다. 그것은 주체적인 감정의 자발적인 작용
으로서 아직 우리에게 열려져 있지 않은 가치계에 대해서 지향작용
을 하는 것이다. 그래서 가능적 존재로서의 가치를 현실적인 존재로
우리 인간에게 이끌어 낸다.68) 현학적으로 표현하자면 사랑은 신의
영원한 사랑과 영원한 의지에 귀속되어 있는 이념, 가치들을 우리 인
간으로 하여금 실재적 존재로 산출하도록 한다는 것이다.69) 다시 말
해서 원래 가치계는 현상계에 내재해 있으면서 우리 인간에게 개방
되어 있는 것이 아니다. 우리 인간의 인지 능력의 발달 정도에 따라
가치계가 더 개방되어 있을 수 있고 덜 개방되어 있을 수 있다. 역사
적으로도 우리는 이러한 사실을 입증할 수 있다. 어떤 시대에 살인
행위로 인정되지 않던 행위가 그 후의 어느 시대에 살인 행위로 인
정된다. 이러한 까닭은 가치계가 더 개방되어 인격 가치에 대한 이해
가 앞 시대보다 뒤 시대에서 더 발전되어 있기 때문이다. 그럼에도
불구하고 가치는 역사적으로 변천하는 것이고 가치의 변천에 따라
살인 개념도 변화한다는 상대주의 윤리학자들의 주장은 가치계에 대
한 이해의 결여에 기인한 것이다. 이처럼 객관적으로 존재해 있으면
서 우리 인간에게 개방되어질 수 있는 가치계는 엄연히 존재하고 있

---

66) materiale Wertethik, S. 266.
67) Vgl. a. a. O. S. 207 u. 266.
68) Vgl. M. Scheler, *Wesen und Formen der Sympathie* 6. Auf., Bern: A.
Francke AG., 1973(이하 Sympathie로 약기함), S. 166, u. 171.
69) Vgl. N. Hartmann, *Kleinere Schriften Bd. III*(Berlin: Walter De Gruyter,
1958), S. 155.

다. 그런데 그런 가치계가 어떻게 우리 인간에게 개방되어지는가 하면, 셸러에 의하면 사랑이란 감정 작용에 의해서 우리 인간에게 개방되어진다는 것이다.[70]

그러면 사랑과 미움이란 감정 작용이 어떤 일을 하는지 알아보자. "선호작용과 경시작용은 가치 위계질서의 인식영역에서 활동하지만, 사랑과 증오는 인식하는 작용을 하지 않는다. 그것들은 단순한 인식 기능이 아닌, 가치대상에 대한 고유한 태도를 나타낸다."[71] 다시 말해서 선호·경시작용은 가치들 가운데서 보다 높은 가치를 선호하든가 보다 낮은 가치를 경시하는 등의 가치에 대한 지향작용 내지 인식작용이다. 그러나 사랑과 증오는 기존 가치에 대한 그런 작용이 아니라 미지의 가치대상에 대한 태도 및 자세이다. 즉 가치대상에 대한 발견·상실의 태도이다. 사랑은 가치대상에 대한 발견의 태도이므로 그 작용 자체는 항상 가치있고, 증오는 가치대상에 대한 상실의 태도이므로 그 작용 자체는 항상 가치 없다. "사랑은 그의 발견적 태도로 보다 저급한 가치로부터 보다 높은 가치로 나아가는 활동이고, 때때로 대상과 인격의 보다 높은 가치를 문득 떠오르게 하는 활동이다. 반면에 증오는 그 반대의 활동이다."[72] 그러므로 "사랑은 더 높은 가치의 정립과 보존에 향해 있고, 더 낮은 가치의 지양에 향해 있다. 반면에 증오는 더 저급한 가치의 가능한 존립에 향해 있고, 더 높은 가치의 가능한 존립의 배제에 향해 있다."[73] 그래서 사랑은 가능한 더 높은 가치에 대한 적극적인 발견 활동을 하고, 증오는 가능한 더 저급한 가치에 대한 적극적인 발견 활동을 한다.[74] 그런데 증오의 감정이 더 저급한 가치를 발견하는 활동을 한다는 것은 반가치(Unwert)를 실행하는 것이고, 사실은 가치를 우리의 시야로부터 상

---

70) Vgl. materiale Wertethik, S. 266, u. 309.
71) Sympathie, S. 151.
72) a. a. O. S. 155.
73) Ebd.
74) Vgl. a. a. O. S. 156.

실케 하는 것이다. 사랑과 증오에 관한 셸러의 이러한 견해를 그가 가지게 된 계기를 그는 아래와 같이 기술하고 있다: "다만 아우구스티누스와 그의 학파에 있어서만 우리는 그리스도교적 체험 내용의 철학적 개념에로의 직접적 전환을 가능케 하는 강력한 단초들을 발견할 수 있었다."[75]

위의 두 단락에서 사랑과 미움이란 감정의 가치에 대한 태도 및 작용을 살펴본 결과, 우리는 사랑의 감정이 發露할 때 더 많은 가치가 우리에게 주어지고, 미움의 감정이 발로할 때 더 적은 가치가 우리에게 주어진다는 것을 알 수 있다. 그리고 또 사랑의 감정에 의해 더 높은 가치가 발견되어지고, 미움의 감정에 의해 더 높은 가치가 상실되어진다는 것을 알 수 있다. 이러한 사실로부터 우리는 "가치를 감지를 하거나 선호·경시작용을 행할 수 있는 가치계가 사랑과 증오에 의해 우리에게 확장되거나 축소된다"[76]는 것을 알 수 있다. 물론 가치계의 확장 또는 축소를 언급할 때, 사랑과 미움에 의해 가치가 창조되든가 없어지게 된다는 것을 의미하는 것은 아니다. 가치는 자체적 존재로서 정신적 존재자의 모든 유기적 기구뿐만 아니라 그의 정신적 작용으로부터도 독립해서 존립하는 것이다. 이렇게 고유하게 자립적으로 존재하는 가치를 발견 혹은 상실할 때도 "사랑의 활동은 이미 감지된 가치 또는 선호된 가치를 추후적으로 이 가치에 응답하면서 향하는 것이 아니라, 一次的으로 가치들에 향한다."[77] 그러므로 사랑의 활동이 진행됨에 따라 새로운 또는 보다 높은 즉 이때껏 그에게 전혀 알려지지 않았던 가치들이 現前하게 되고, 가치계가 그에게 보다 더 개방되어진다는 것이다.

이상과 같이 사랑과 증오는 어떤 가치에 대한 다른 감정 작용 이전에 그 가치를 발견해 내거나 상실케 하기 때문에, 그것들의 활동이

75) *Liebe und Erkenntnis*, S. 88.
76) materiale Wertethik, S. 266.
77) Ebd.

더 근원적이고 선행적이라 할 수 있다. 따라서 우리의 감정은 사랑과 미움에서 감지의 기능, 선호·경시의 기능보다 훨씬 더 높은 단계의 정서적 기능을 한다고 할 수 있다. 심지어 "Goethe는 이미 젊었을 때 '인간은 그가 사랑한 것 이상은 알 수 없다. 그러므로 인식이 더 깊고 더 완전하게 되고자 하면 할수록 사랑이 더 확고하고 강렬하고 그리고 더 활동적이어야 한다'고 했다."[78] 그리고 파스칼은 "사랑의 작용으로 말미암아 그 의미를 스스로 내보이고 그 후에 이성이 판단하는 대상들이 비로소 나타난다"[79]고 했다. 이처럼 사랑의 활동은 우리 인간에게 아직 알려지지 않았던 가치에 눈을 뜨게 해주고, 이념적인 가치계로 하여금 우리에게 열려지게 해준다. 그리고 또한 우리의 인식 영역도 확장해 준다. 모든 인식은 "한 존재자가 다른 존재자의 본질에 참여하되 이 본질 자체 내의 아무런 변화도 일으키지 않는 그런 참여 관계이다."[80] 그리고 철학은 "모든 가능한 사물들의 본질에 대한 참여의 사랑에 의해 규정된 작용"[81]으로 여겨진다. 이러한 일반적 배경에서 볼 때 셸러가 가치의 인식에 있어서 사랑의 중요한 역할을 강조한 것은 오히려 당연하다고 하겠다.

이상에서 지향적 감지작용, 선호·경시작용 그리고 사랑과 증오의 적극적인 감정 기능을 고찰해 본 결과, 가치를 지향하는 情意的 정신 생활이 가능함을 알 수 있다. 그런데 철학사에 있어서 그런 정신 생활의 가능성을 인정하지 않는 견해들이 많이 있다. 그런 견해들이 왜 정의적 정신 생활의 가능성을 인정하지 않았는지 살펴보기로 한다.

Descartes, Spinoza, Leibniz는 정의적 생활 전체를 단지 인간 내면에서 일어나는 因果的 운동 상태들의 흐름으로 보았다. 그래서 그

---

78) *Liebe und Erkenntnis*, S. 77.
79) Ebd.
80) M. Scheler, *Die Wissensformen und die Gesellschaft*—M. Schelers Ges. Werke Bd. 8, hrsg. v. Maria Scheler, 1960, S. 203.
81) M. Scheler, *Vom Ewigen im Menschen*—M. Schelers Ges. Werke Bd. 5, 2 Aufl., hrsg. v. Maria Scheler, 1968, S. 68.

들은 전 정서 생활에 어떠한 의미도 지향할 만한 내용도 없다고 생
각하고, 따라서 그들은 자립적인 정서 생활을 인정하지 않았다.82) 이
들은 높은 단계의 감정에 대한 깊은 통찰을 하지 못함으로써 높은
감정의 단계에서 보다 강렬하게 나타나는 감정의 고유한 작용에 대
한 이해가 없었다. 그래서 이들은 사랑, 증오의 활동뿐만 아니라 감
지작용 일반이 정신에 있어서 자립적이고 선천적인 것임을 알지 못
했다. 심지어 가치조차도 이들은 감정이 지향하는 자립적이고 근원적
인 대상이라는 것을 알지 못했다.83) "오히려 라이프니츠는 지향적
감정을 어두운 혼란된 思考라 생각하고, 사고의 대상들은 오직 인식
적·합리적 관계 내에만 존립하는 것으로 생각했다. 예컨대 모성애란
것은 지향적 감정이 아니라 〈아이들을 사랑하는 것이 좋다〉는 이성
적 판단에서 생겨난 것으로 생각했다."84)

  칸트 이래로 19세기 초기에는 정서 생활의 독자성과 근원성을 인
정하는 견해와 18세기의 主知主義的 입장을 그대로 물려받은 견해가
있었다. 전자의 견해는 "지향적 감지 일반이 존재한다는 올바른 통
찰, 즉 상태적 감정과는 다른 정서적 기능과 작용이 존재하고 이것을
통해서 그 무엇이 주어지며, 이것들은 나름대로 독자적인 의미법칙과
이해법칙에 따른다는 올바른 통찰을 갖고 있다."85) 그러나 "이 견해
는 감지를 오성에 환원시킬 수 있다고 생각하고, 이 양자간의 단계적
차이만을 인정하고 있다."86) 후자의 견해, 즉 주지주의적 입장을 고
수하는 견해는 "정서적인 것과 정서적 생활을 오성에 환원시킬 수
없다는 점에서는 옳지만, 지향적 감정을 인정하지 않고 기술적·인과
적 법칙을 연구하는 심리학에다 감정생활 전체를 맡겨버리는 흠이
있다."87) 지향적 감정의 존재를 인정하지 않는 후자의 견해는 감정

---

82) Vgl. materiale Wertethik, S. 267.
83) Vgl. Ebd.
84) a. a. O. S. 268.
85) a. a. O. S. 269.
86) Ebd.

이 단순히 생명 활동과 그것의 통제에 대해서 合目的的 성격을 갖고 촉진되어야 할 또는 피해야 할 어떤 상태에 대한 지표로서 기능하는 것(예컨대 여러 가지 통증, 피로감, 공복감, 공포감 등처럼)으로만 이해했다. 따라서 이 견해는 감정의 본질을 완전히 오인하고 감정의 고유한 작용을 인정하지 못하므로, 정의적 정신 생활의 가능성을 이해하지 못했었다. 전자의 견해는 감지의 기능이 감정의 고유한 기능이며, 감지의 작용이 표상작용, 사고작용과는 그 작용의 주체가 다르다는 것을 간과하고 있다. 따라서 전자의 견해는 감정의 작용과 이성의 작용을 뚜렷하게 구별할 줄 모름으로써, 정서적 정신 생활의 자립성을 인정하지 못했다.

제4절 감정과 가치

이상의 고찰에서 알 수 있듯이, 감정은 행복주의 윤리학자들이나 칸트의 생각처럼 한가지의 종류로 존재하는 것이 아니라 네 가지 종류로 존재한다. 그러면서 그것은 감성적 감정, 생명 감정, 심적 감정, 정신적 감정의 순으로 단계적 위계질서를 보여준다. 그러한 위계질서를 보여주는 것은 각 감정의 특성과 작용 그리고 인간의 각 존재 구조에 대한 대응 관계이다. 예컨대 감성적 감정은 다른 감정들보다 덜 지속적이고 의미연관성이 약하고, 기능적으로는 다른 감정들보다 지향성이 미약하다. 그리고 이 감정은 신체의 특정한 부위에 연장되어 있다. 생명 감정은 신체 전체에 연장되어 있으면서 감성적 감정보다 더 충실히 지향성을 갖추고 있다. 심적 감정은 인간의 존재 구조 중 마음(Seele)에 대응해 있으면서, 앞의 두 감정들보다 의지에 훨씬 덜

---

87) Ebd.

지배된다. 그리고 이 감정은 저 감정들보다 더 적극적인 감정으로서 지향성을 더 충실히 갖추고 있다. 정신적 감정은 인격 자체에 대응하는 감정이고 인격 작용이 행해질 때 성립하는 감정이다. 그리고 이 감정은 인격 작용의 원천으로부터 용솟음쳐 나오기 때문에 인간의 의지로부터 완전히 해방되어 있다. 또한 이 감정은 상태적인 요소가 전혀 없는 적극적인 감정이다.

이러한 면에서 서로들간에 높고 낮음의 위계질서를 갖추고 있는 감정들은 우리 인간의 심정에 공존해 있다. 이러한 사실은 감성적 감정을 통해 신체적 고통을 받으면서 동시에 정신적 감정을 통해 淨福을 감수하는 진정한 순교자의 심정에도 잘 나타나 있고, 심적 감정을 통해 극심한 불행을 감지하면서도 정신적 감정을 통해 명랑하고 평정한 사람의 심정에도 잘 나타나 있다.[88] 여러 종류의 감정들이 우리 인간의 심정에 공존하고 있으면서, 경우에 따라 어떤 감정이 다른 감정들보다 강하게 발로한다. 또한 어떤 경우에 두 감정이 비슷한 강도로 발로하기도 한다. 예컨대 감성적 감정이 다른 감정들보다 더 강렬히 발로하는 경우도 있고, 심적 감정이 다른 감정들보다 더 강렬히 발로하는 경우도 있다. 또 정신적 감정과 생명 감정이 비슷하게 발로하여 있는 경우도 있고, 심적 감정과 감성적 감정이 비슷하게 발로하여 있는 경우도 있다. 그래서 감성적 감정이 보다 강렬히 발로해 있는 경우에는 우리들의 주의가 신체적 고통에 집중되어 있을 수 있고, 심적 감정이 보다 강렬히 발로해 있는 경우에는 우리들이 행복감에 사로잡혀 있을 수 있다. 또 두 가지 종류의 감정이 비슷한 강도로 발로해 있을 때, 우리들은 예컨대 유쾌감을 소유하고 있으면서 비슷한 강도로 절망해 있을 수 있고, 우리들이 행복하면서 비슷한 강도로 신체적 고통을 느낄 수 있다.[89]

그런데 어떤 감정이 다른 감정들보다 더 강렬하게 발로하여 우리

---

88) Vgl. a. a. O. S. 333.
89) Vgl. a. a. O. S. 348.

가 신체적 고통을 느끼든가, 유쾌하든가, 행복하든가, 정복할 때는 이미 바로 그 감정이 감성적 가치, 생명 가치, 심적 가치, 정신적 가치 혹은 聖的 가치들 중 어느 하나를 지향하여 감지한 결과이다. 다시 말해서 감성적 감정이 발로하여 불쾌적의 가치를 지향 감지함으로써 우리는 신체적 고통을 느끼고, 생명 감정이 발로해서 유쾌의 가치를 지향 감지함으로써 우리는 유쾌해진다. 또 심적 감정이 발로하여 행복의 가치를 감지함으로써 우리는 행복해지고, 정신적 감정이 발로하여 聖的 가치를 감지함으로써 우리는 정복해진다.90) 단순히 감정이 발함으로써 우리가 신체적 고통을 느끼던가, 유쾌·행복·정복해지는 것이 아니다. 감정이 발하여 그에 대응하는 특정한 가치를 감지함으로써 우리가 그렇게 되는 것이다. 감정이 발해도 그에 대응하는 가치가 그때에 없거나 우리에게 개방되어 있지 않을 경우 그 감정은 지향적 감지작용을 하지 못한다. 또한 어떤 가치가 가치질로서 현실적으로 나타나 있거나 가치계로부터 우리에게 개방되어 있을지라도 그 가치에 대응하는 감정이 발하지 않으면 우리는 그 가치를 감지하지 못한다. 왜냐하면 제3절에서 살펴봤듯이 감정은 그 작용에 있어서 고유한 법칙성을 갖고 있기 때문이다.

   감정의 이러한 고유한 법칙 내지 논리를 알지 못하고, 낮은 단계의 감정이 높은 가치의 실현을 위한 필연적 조건이라는 견해가 있다. 이런 견해를 갖고 있는 사람들은 '곤궁할 때 신을 찾게 된다'든가 '필요는 발명의 어머니'라는 표현을 사용하면서 낮은 단계의 감정이 가치를 추구하고자 하지 높은 단계의 감정이 가치를 추구하고자 하지 않는다는 것이다. 그 이유는 높은 단계의 감정은 그 무엇에 대한 만족의 상태이고, 낮은 단계의 감정은 그 무엇에 대한 불만족의 상태이기 때문이라는 것이다.91) 먼저 이들은 불만족 상태를 낮은 단계의 감정으로, 만족 상태를 높은 단계의 감정으로 알고 있고, 감정을 그

---

90) Vgl. Ebd.
91) Vgl. a. a. O. S. 351.

무엇에 의해서 일으켜진 상태 감정으로만 이해하고 있다. 또 가치의 추구를 통해서 만족감을 얻을 수 있다고 확신하고 있다. 그런데 위에서 고찰한 바와 같이 가치는 그런 상태와는 상관없이 본래 높고 낮은 단계의 네 가지 종류로 존립한다. 그리고 감정은 상태적일 뿐만 아니라 적극적으로 작용도 한다. 또 가치의 추구를 통해서 오직 만족만 얻는 것도 아니다. 그러므로 저 견해는 옳지 못하다.

감정은 오직 그의 고유한 법칙에 의해서 혹은 그 자체의 논리에 따라 그에 대응하는 가치를 지향하여 감지한다. 더 정확히 말하면 감성적 감정은 감성적 가치, 물질적 가치를 지향하여 감지하고,[92] 생명 감정은 생명 가치를 지향하여 감지하고,[93] 심적 감정은 심적 가치를, 정신적 감정은 정신적 가치, 聖的 가치를 지향하여 감지한다.[94] 그러므로 우리가 감성적 감정을 발로할 때 우리는 감성적 가치 내지 물질적 가치를 감지하여 추구하게 되고, 생명 감정을 발로할 때 생명 가치를 감지하여 추구하게 된다. 그리고 우리가 심적 감정을 발로할 때는 심적 가치를, 정신적 감정을 발로할 때는 정신적 가치 내지 聖的 가치를 감지하여 추구하게 된다. 만약 아무런 감정도 발하여 작용하지 않는다면―아마 이런 경우는 잘 없겠지만―, 우리는 아무런 가치도 감지·추구하지 못한다. 또한 위계질서에 따라 분류될 수 있는 가치들은 그것들에 대응하는 감정이 발하거나 활동하지 않으면, 결코 감지되거나 추구되지 못한다.[95]

감정들 가운데 가장 낮은 단계의 감정이 감성적 감정인데, 이 감정이 활동할 때 우리들은 물질적 가치 즉 재화 가치, 관능적 가치를 추구하게 된다. 그래서 돈벌이에 전념하든가 마약 복용을 한다. 감성적 감정보다 더 높은 생명 감정이 활동할 때 우리들은 생명 가치를

---

92) Vgl. a. a. O. S. 122.
93) Vgl. a. a. O. S. 123f.
94) Vgl. a. a. O. S. 124 u. 126.
95) Vgl. a. a. O. S. 332.

추구하게 된다. 그래서 건강을 위해 신체단련을 한다든가 건강식을 한다. 생명 감정보다 더 높은 심적 감정이 활동할 때 우리들은 심적 가치를 추구하게 된다. 그래서 마음의 안락을 구하기 위해 참선을 하든가 심적 스트레스를 풀기 위해 여행을 한다. 마지막으로 가장 높은 단계의 감정, 즉 정신적 감정이 활동할 때 우리들은 정신적 가치 내지 聖的 가치를 추구하게 된다. 그래서 美를 향유하기 위해 아름다운 미술 작품 혹은 감미로운 음악을 감상한다든가, 선의 실행으로서 착한 행위를 하게 되고, 聖的 가치의 실현을 위해 진실한 종교생활을 하게 된다. 그러므로 우리가 더 높은 가치를 추구하여 보다 더 훌륭한 삶을 살기 위해서는 혹은 보다 더 고양된 삶을 살기 위해서는, 우리는 보다 더 높은 단계의 감정을 발로시키고 활동시켜야 한다. 이런 사고에 대한 적극적인 확신은 "가톨릭 정신과 그리고 가톨릭 교리 안에서 내면적으로 전제되어 있는 형이상학의 근본 방향이 셸러의 삶과 사상에 영향을 끼쳤던"[96] 까닭도 있었다.

그런데 칸트는 감정을 단 하나의 종류인 것으로 이해하고, 그것의 기능을 감각적 쾌락의 추구 활동과 물질적 가치의 욕구 활동으로 이해했다. 그리고 이성이 그런 감정을 억제하고 저지하는 것으로 생각했다. 이런 사고에 근거하여 그는 그의 도덕론에서 실천이성의 역할을 매우 과대평가했던 것이다. 불교에서는 우리 인간이 열반적정하기 위해서는, 즉 고요한 최고 행복의 경지에 이르기 위해서는 물질적 욕망, 욕구를 버려라 혹은 물질적 가치에 집착하지 말라고 했고,[97] 스토아학자들도 이와 비슷하게 우리 인간이 행복하기 위해서는 물욕, 정욕을 단절하라 했다. 이런 윤리설들은 모두가 인간의 삶을 소극적

---

96) D. V. Hilderbrand, "Max Schelers Stellung zur katholischen Gedankenwelt", Felix Hammer, *Theonome Anthropologie?* S. 6에서 재인용.
97) Vgl. a. a. O. S. 348.: 사실 불교가 인생의 苦를 사물의 본질에 근거해 있는 세계 일반의 苦의 필연적 귀결로서 혹은 부분으로 이해하는 한, 사물의 본질에서 苦의 근거를 인식한 것을 객관화하는 방법과 苦와의 忍從的 화해만을 알고 있었을 뿐이다.

이게 하고, 물질적인 것을 무조건 나쁜 것으로 배척하고자 했다. 실로 이 윤리설들은 우리 인간 생활을 어렵고 고통스럽게만 할 것이다.98) 이 윤리설들은 우리가 살고 있는 이 세계가 우리 인간에게는 너무나도 빈곤한 식탁이라는 假想에서 생겨났을 것이고, 빈곤한 생활과 물질적 결핍에 대한 원한의 감정에 사로잡혀 생겨난, 위안처를 제공하려는 이론일 것이다.99)

이상 두 종류의 윤리설들은 모두가 올바른 통찰을 결여했다. 칸트의 생각처럼 이성이 감정을 지배할 수 있는 것도 아니요, 불교나 스토아학파의 생각처럼 물욕과 정욕이 단절될 수 있는 것도 아니다. 그러므로 저급한 감정 활동을 무조건 억제하고 저지할 것이 아니라, 보다 높은 단계의 감정을 저급한 감정보다 더 강렬히 발하여 활동하도록 해야 한다는 것이다. 그러면 높은 단계의 감정이 저급한 감정이 지향하는 가치보다 더 높은 가치를 지향·추구하여 우리의 삶을 고양시키고 그 감정의 활동이 저급한 감정의 활동을 덮어버리게 된다는 것이다. 가령 우리가 알코올 중독자에게 경고와 설득에 의해 술을 끊도록 하는 것은 별 효과 없다. 오히려 그에게 보다 높은 감정을 일깨워 주어 새롭고 보다 가치있는 흥미거리를 갖도록 해 주는 것이 효과 있을 것이다.100) 그러므로 우리는 저급한 감정을 억누를 것이 아니라 그 감정보다 높은 감정을 더 강하게 발로시켜야 한다. 그 감정이 강하게 발로하면 우리는 그 감정에 대응하는 가치를 지향 감지하게 되고 실현시키게 된다. 그래서 우리 인간이 물질적 탐닉과 관능적 쾌락을 추구하는 저차원적 생활을 탈피하기 위해서는 그런 생활을 단지 억제하거나 저지하기 보다, 오히려 우리 실존의 보다 깊은 층을 의식하고 이 층에 들어가기 위해 보다 높은 감정을 개방해야 할 것이다.101) 성서에서도 욕망의 소멸 더 나아가 욕망을 일으키는

---

98) Vgl. Ebd.: '고통은 악이 아니다'는 스토아학파의 말을 상기해 보라.
99) Vgl. Ebd.
100) Vgl. a. a. O. S. 242.

현실 존재의 소멸에 의해 고통을 피해야 할 것이 아니라, 가장 높은 감정 즉 정신적 감정이 발하여 淨福하게 고통을 감수해야 하고, 이렇게 하는 것이 곧 '영혼을 구원하는 계기'가 된다는 것이다.102)

아마 칸트도 막스 셸러처럼 감정에 관한 깊은 통찰을 했더라면, 감정이 이성에 의해 지배되어야 하는 것으로 생각지 않았을 것이다. 4가지 종류의 감정과 그 각각의 감정의 고유한 법칙성에 관한 통찰의 결과로 막스 셸러는 위와 같은 탁월한 안목을 갖게 되었다. 또한 정서적 삶의 고귀성도 우리에게 알려주고 있다. 우리가 정신적 감정을 발로하면, 그 감정으로 인해 정신적 가치, 聖의 가치를 지향 감지하여 추구할 수 있고 더 나아가 사랑의 작용으로 우리에게 아직 알려지지 않은 가치계로 들어갈 수 있다. 이런 가치계로 들어가지 않고는 진리 탐구뿐만 아니라 인간의 모든 창조적 활동이 불가능하다. 파스칼은 정서적 법칙성 내지 사랑의 질서에 직관적으로 참여하고, 그것을 삶을 통해 적극적으로 실현하는 사람을 학문적 천재보다 더 위대하다 했다. 그리고 이런 사람이 학문적 천재들에 대해 갖는 위계상의 우위는 학문적 천재들이 범인들에 대해 갖는 위계상의 우위와 비슷하다고 했다.103) 아마 파스칼에 의하면 현재까지 지구상에서 살았던 사람들 가운데 그런 법칙성 내지 사랑의 질서를 가장 잘 파악하고 실현했던 인물은 바로 예수 그리스도일 것이다.

---

101) Vgl. a. a. O. S. 349.
102) Vgl. a. a. O. S. 348.
103) Vgl. a. a. O. S. 260.

제6장 가치실현과 의미부여의 주체로서 인간

본 장에서 '가치 실현'이란 개념은 이념계에 있는 객관적이고 자립적인 가치를 우리 인간이 실재 세계에 구현시킨다는 뜻이고, '의미부여'란 것도 원래 이념적 존재인 의미를 우리 인간에 대해서 존재케 한다는 뜻이다. '가치'와 '의미'가 비록 이념계에 객관적이며 자립적인 존재로 존재한다 할지라도, 그것을 우리 인간이 의식하지 못하고 그냥 놔두어 버린다면 우리 인간에게 아무런 의미도 없을 것이다. 어쨌든 그것과 우리 인간의 정신이 관계 맺음으로써 비로소 그것이 일상의 '가치'와 '의미'가 되는 것이다. 그리고 넓은 견지에서 볼 것 같으면 '의미'도 기실 '가치'의 범주에 속한다. 따라서 본 장에서는 그런 이념적 존재에 대한 인간의 역할을 취급해 본다.

제1절 이념적 존재로서 가치와 인간 정신

실상 우리 인간은 부단히 자신의 세계를 넓혀 간다. 동물이 자신의 세계에 몰입되어 살고 있다면, 인간은 자신의 세계에 몰입하지 않고 때로는 그로부터 일탈하고 개방되어 살고 있다. 동물은 그의 존재 구조상 생명층으로만 되어 있지만, 인간은 그의 존재 구조상 두 개의 층 즉 생명층과 정신층으로 구성되어 있다. 그리하여 동물은 생명적 삶밖에 살지 않지만, 인간은 정신적 삶도 산다. 동물이 생명적 삶만 삶으로써 그의 환경 세계에 구속되어 있지만, 인간은 정신적 삶도 삶으로써 정신층이 발휘하는 정신적 작용으로 말미암아 그의 환경 세계로부터 일탈하고 해방할 수 있다. 그래서 인간은 또 다른 더 넓은 세계를 소유하게 된다. 이러한 상황은 인간의 정신 활동이 건설적으로 지속되는 한 계속적으로 정지함이 없이 전개될 것이다.

이와 같이 세계를 확장할 수 있는 자는 정신 작용을 할 수 있는 바로 인간이라는 것이다. 그런데 인간이 그의 정신 작용을 하여 세계를 확장하는데, 아무런 방향 없이 임의적으로 그리고 그저 아무렇게 창조적 활동하는 것이 아니다. 실로 이념적 존재로서 그리고 실현되어야 할 존재로서 가치가 선천적으로 존재하고, 이런 가치들로 구성된 가치계가 엄연히 존재한다. 가치계를 구성하는 가치들을 우리 인간은 지향하여 정신 활동을 한다. 그래서 가치들이 현실계에 구체적으로 실현시켜지도록 하는 것이 바람직함을 알고, 우리 인간이 그의 고유한 정신적 작용으로써 이념적 가치를—이것이 진리의 가치이든 미적 가치이든 윤리적 가치이든지 간에—지향적으로 감지·의식하여, 그 가치를 현실계에 구체적으로 실현시키게 된다. 따라서 우리 인간을 '가치 실현의 주체'라 할 수 있을 것이다.

바로 이런 사실을 考證하기 위해서, 먼저 본 절에서는 우리 인간이 구체적으로 실현해야 할 바로 그런 가치란 도대체 어떤 존재인지, 그리고 그런 가치를 우리 인간이 어떻게 접할 수 있으며 받아들일 수 있는지 고찰해 본다. 그리고 다음 절에서는 우리 인간이 왜 그런 가치를 실현하며, 또 과연 그런 가치를 실현할 수 있는지 더 나아가 가치 실현의 주체로서 우리 인간이 세계에서 어떤 역할을 하는지 살펴본다.

'가치가 어떤 것인지'에 관한 논란이 끊임없이 야기되어 왔음은 이미 알려진 사실이다. 또한 장래에는 그것에 관한 논란이 없어지리라는 확신도 없다. 이러한 가치 문제는 아마 확증적인 방법으로 해결될 수 있는 것이 아니지만, 비록 그런 방법으로 해결할 수 있다 하더라도 완전히 해결할 때까지는 여전히 가치의 정의에 관한 논란은 지속할 것이다. 이러한 사정을 고려한다면 가치에 관한 자신의 견해를 제시하는 일은 줄곧 조심스러울 것이다. 그럼에도 불구하고 필자는 나름대로 확신하는 바의 가치에 관한 셸러의 견해를 받아들여 논의해 보겠다.

실로 가치 상대주의는 가치의 객관적인 존재를 부정할 뿐만 아니라 가치의 객관성도 부정한다. 가치는 그저 상대적이고 주관적일 뿐이라고 생각하고 보편타당한 가치 및 가치판단은 없다고 주장한다. 따라서 "가치 상대주의는 가치판단에 대해서 일체의 올바른 타당성을 부정하고 있으므로,"1) 이러한 상대주의를 근본적으로 고려해 볼 때 가치 회의론임을 알 수 있다. 그런데 논리적 회의론을 논박할 때처럼 단지 자기 모순을 지적해서 가치 회의론을 논박하지 않아도, 우리는 가치 회의론의 부당성을 찾을 수 있다. 당장이라도 "어떤 가치가 어떻게 우리들에 의해서 체험되고 우리들에게 주어지는가 하는 방식·방법을 성찰하면, 우리들은 결코 가치를 단지 주관적인 어떤 것 즉 우리들의 주관적인 의욕이나 願望에 의존하는 어떤 것으로서가 아니고, 객관적인 어떤 것으로서 즉 우리들에 의해서 승인되어야 한다는 요구를 갖고 우리들에게 나타나는 어떤 것임을 곧장 분명히 알게 된다."2)

그러면 가치란 도대체 어떤 것인가? 필자의 안목으로는 가치란 인간의 의식과는 아무런 상관없이 본래 고유하게 존재해 있는 것이다. 가치는 우리 인간의 의욕, 의지, 욕구의 방향에 따라 산출되어지는 것도 아니요, 어떤 이념, 규범, 척도가 먼저 존재하여 그것에 의거해

---

1) Johannes Hessen, 『현대에 있어서 삶의 의미』, 허재윤 역(대구: 이문출판사, 1984), 35쪽.
2) 같은 책, 37~38쪽.

서 결정되어지는 것도 아니요, 순수 실천이성의 지상명령에 대한 준 칙의 합당 여부에 따라 성립되어지는 것도 아니다. 가치는 플라톤의 Idea처럼 이념적인 것이면서도 결코 이데아와 같은 것이 아니다. 이 데아는 이념계에만 존재해 있고 현상계에 존재하는 모든 것의 원형 으로서 그 역할을 한다. 그런데 가치는 이념계에 존재하면서도 그의 본질적인 완전성을 조금도 훼손됨이 없이 동시에 현상계에 내재하고 있다.3) 이처럼 가치가 현상계에도 존재하고 있기 때문에, 우리는 예 컨대 선의 의미를 주목하지 못하고도 하나의 행위에서 선의 가치를 직관하게 된다. 또 "가치가 관계하고 있는 대상이 아직 불명료할 때 도 가치는 우리에게 명확할 수 있다."4) 따라서 우리는 가치가 이념 적인 것이면서 동시에 현상계에 나타나 있는 선천적인 어떤 것임을 알 수 있다.

좀더 상세히 설명한다면 "가치는 사물들의 단순한 성질로 환원될 수 있는 것이 아니다."5) 예컨대 붉음이 사물들의 단순한 성질로 환 원될 수 없고 순수 스펙트럼 색으로 인정될 수 있는 것처럼, 쾌적함, 매혹적임, 사랑스러움, 다정함, 고상함, 고귀함 등의 가치들도 그 자 체 선천적으로 존재하는 것이지 결코 사물, 사람의 성질들로 주어지 는 것이 아니다. 또한 미각적 쾌적의 가치가 맛좋은 음식물에 실질적 으로 주어져 있는 것이지 미각, 시각 혹은 촉각 등의 여러 감각들의 복합으로 만들어진 것도 아니다.6) 둘째, 가치는 사태들의 복합으로 만들어지는 것도 아니다. 예컨대 포도주의 가치는 결코 이 포도와 저 포도의 합성과 생산지, 포도 즙기류에 의해 결정되지 않는다.7) 셋째, 가치는 쾌·불쾌의 체험에 대한 일종의 관계라고 생각할 수 있는데,

---

3) Vgl. materiale Wertethik, S. 175.
4) Manfred S. Frings, *Max Scheler*—A Concise Introduction into the World of a Great Thinker, p. 111.
5) materiale Wertethik, S. 35.
6) Vgl. Ebd.
7) Vgl. a. a. O. S. 40.

이것도 그릇된 생각이다. 왜냐하면 "우리들은 당장에는 어떠한 쾌도 불쾌도 일으키지 않는 사물, 행위 등을 종종 적극적 가치를 가진 것으로 또는 소극적 가치를 가진 것으로 파악한다. 그리고 이 경우에 그 사태 자체가 그런 가치 체험들을 일으킬 능력, 소질 또는 힘을 가지고 있음을 알게 된다."8) 따라서 우리는 가치가 어떤 관계의 기초를 이룰 수는 있으나, 그 자체는 붉음과 푸름이 관계의 결과가 아닌 것처럼 관계에 의해 성립하는 것이 아님을 알 수 있다.

다음은 가치가 실질성을 갖추고 있음을 입증해 보자. 먼저 實質이란 것이 어떤 것인가 하면, 소위 혼돈된 감각 상태에서 이끌어내지지 않고, 사실에 앞서 사고에 의해 企投, 구성되지 않고, 우리들에게 직접적으로 나타나고 다가오는 것이다.9) 일상적으로 볼 때 관계, 형식, 형태, 가치, 공간, 시간, 운동, 대상성, 존재와 비존재, 사물성, 一, 多, 진리, 작용, 物的, 心的 등등이 실질이라 할 수 있다.10) 실질은 감각적으로 인식할 수 있는 것이 아니다. 가령 "주사위는 시각 작용을 통해서 현존하는 그대로 나타날 수 있는 것이 아니다. 그것의 〈事物性〉은 나타나지 않고 〈주사위가 내부를 가지고 있다〉는 것은 나타나지 않고, 다만 일정한 형태와 색채를 가지고 빛과 그림자를 가진 사물의 시각적 대상만이 나타날 뿐이다."11) 이처럼 감각적 지각과 같은 우리들의 모든 인식 작용과는 상관없이 또는 그런 인식 작용들에 앞서 그 자체로 주어져 있는 사물성 등이 바로 여기서 취급하는 실질인 것이다. 따라서 "사물 자체에 내재해 있는 것으로 생각되는 진리는…… 존재 자체에 귀속되어 있는 질서이다"12)는 요셉 피퍼의 말은 진리가 그 자체로 존재해 있는 것이지 우리 인간에 의해 만들어지거나 발명되어지는 것이 아닌 실질적인 것임을 뜻한다.

---

8) a. a. O. S. 248f.
9) Vgl. a. a. O. S. 71.
10) Vgl. a. a. O. S. 74.
11) a. a. O. S. 75.
12) Josef Pieper, 『존재의 진리』, 허재윤 역(대구: 이문출판사, 1986), 125쪽.

가치도 이와 같은 실질적인 것이기 때문에 우리가 어떤 공간에 들어갔을 때 그 공간에 무엇이 들어 있으며 그 공간의 공기 상태가 어떠한지 지각하지 못한 상태에서도, 우리는 그 공간에서 安樂의 가치를 감지한다. 우리가 귀찮음, 지긋지긋함의 가치가 어디에 놓여 있는지 알지 못하고서도 그 가치를 감지하고, 한 수의 시 혹은 하나의 예술 작품의 아름다움, 추함, 고상함, 비천함을 이것이 당해의 작품 내용의 어디에 놓여 있는지 알지 못하고서도 느낀다.13) 그리고 윤리적 가치 영역에서도 그런 사실을 확인할 수 있다. 예컨대 우리는 어떤 인간이나 행위를 평가하기도 전에 혹은 그들의 항상적 특징을 고려하기도 전에, 그 인간이나 행위가 고귀하다 혹은 비천하다, 용감하다 혹은 비겁하다, 순결하다 혹은 불순하다, 선하다 혹은 악하다는 것을 직관한다.14) 그리고 우리가 만난 사람이 일견에 그것도 다음의 감정을 유발시키는 원인을 의식 못한 채 동정적이다, 냉정하다, 다정하다 혹은 무정하다는 것을 느끼는 것도 일상적인 일이다.15) 뿐만 아니라 어떤 인간과 행위의 용감함과 비겁함, 선함과 악함은 사정에 따라 유비관계를 떠나서 단 하나의 행위 혹은 단 한 사람의 인간에게서도 충분히 인정된다.16)

이상의 고찰로부터 우리는 가치가 자립적 존재임과 동시에 현상계에 실질로서 존재하는 것임을 알 수 있다.

가치가 현상계에 실질로서 존재한다고 할 때, 우리는 선뜻 이해되지 않는 점이 있을 것이다. 이념적 존재인 가치가 어떻게 실질이 될 수 있으며, 이념계에 존재한다는 가치가 어떻게 현상계에 동시에 존재할 수 있겠는가? 이념적인 것은 비물질적인 정신적인 것이다. 그리고 이념계에 존재한다면 오직 거기에만 존재할 뿐이지 어떻게 현상

---

13) Vgl. materiale Wertethik, S. 40.
14) Vgl. a. a. O. S. 36.
15) Cf. Manfred S. Frings, *Max Scheler*, p. 111.
16) Vgl. materiale Wertethik, S. 36.

계에 존재한단 말인가. 결코 납득할 만한 설명을 할 수 없는 것처럼
보일 것이다. 그런데 이념적인 것도 그 자체 스스로 어떤 質을 발한
다는 것이다. 그래서 이념적인 것은 그 자신을 스스로 표현한다는 것
이다. 신도 그 자신을 스스로 표현하고, 진리, 가치, 인격도 그 자신
을 스스로 표현한다. 이념적인 것이 그 자신 스스로 표현하지 않으
면, 그것은 결코 우리 인간에게 알려질 수 없다. 물론 우리 인간은
그 자신을 스스로 표현하지 않는 것으로 혼자의 힘으로 능동적으로
나아갈 수 있는 능력은 없다. 이념적인 것은 그런 표현을 그들 자체
의 순수한 성질을 통하여 한다는 것이다. 그래서 우리 인간은 이념적
인 것이 현상계에 그 자신을 표현하기 위하여 발하는 그 질을 통해
서 바로 그 이념적인 것을 만나게 되고 알게 된다.

　　이념적 존재의 한 부류인 가치도 가치 자체의 순수한 성질인 價値
質(Wertqualität)을 통해서 그 자신을 현상계에 표현하고 나타낸다.
따라서 우리는 가치 자체와 가치질을 엄밀히 따로 구별해서 언급하
지 않을 때는 그저 가치는 항상 가치질로서 현상계에 나타난다 혹은
존재한다17)고 말한다. 다시 말해서 가치가 이념계에 존재할 때는 항
상 이념적 존재로서 존재하다가, 그것이 현상계에 나타날 때 항상 그
의 고유한 질을 나타내면서 존재한다는 것이다.

　　가치가 가치질로서 현상계에 나타난다고 해서, 우리들이 모두 똑
같이 가치를 만나고 감지할 수 있는 것은 아니다. 예컨대 어떤 사물
의 內實이 우리에게 먼저 주어져 있지 않고 오히려 그 사물을 인식
하는 만큼 그것이 우리에게 주어져 있는 것처럼, 가치 경험에서 가치
질이 우리에게 먼저 주어져 있지 않고 오히려 그것을 우리가 인식하
는 만큼 우리에게 주어져 있다. 따라서 한 가치질은 그의 同一性에도
불구하고 우리의 감지 능력의 정도에 따라 우리에게 상이하게 나타
난다.18) 뿐만 아니라 모든 가치질을 우리가 수적으로 전부 감지하거

---

17) Vgl. a. a. O. S. 35.
18) Vgl. a. a. O. S. 42.

나 만날 수 있는 것도 아니다. 그리고 "가치와 가치담지자 사이에는 선천적인 연관이 존재하므로,"[19] 우리는 어떤 가치를 아무런 때나 아무런 곳에서 만나거나 감지할 수 있는 것이 아니다. A란 가치는 그에 고유한 가치 담지자에게 담지되어 있기 때문에, 그 담지자에게 서만 우리는 그 가치를 만날 수 있다. 예컨대 쾌적과 유용의 가치는 특정의 사물, 사건에 담지되어 있으면서 그 사물, 사건에서 쾌적과 유용의 가치질을 나타내므로,[20] 우리는 그 사물, 사건에서 그 가치들 을 만날 수 있고, 또 선·악 등의 윤리적 가치는 인격과 인격 작용에 담지되어 있으면서 거기서 선·악 등의 가치질을 나타내므로,[21] 우 리는 그 인격과 인격 작용에서 그 가치를 만날 수 있다. 그리고 바로 그때 그 가치가 그러한 담지자에게 담지되어 있지 않다면 우리는 그 것에서도 그 가치를 만날 수 없다. 이처럼 우리가 어떤 가치를 만나 고 감지하는 데는 먼저 당해의 가치가 현상계에 스스로를 표현해야 하고, 그 가치가 가치질로서 현상하는 가치 담지자를 우리가 지향해 야 하고, 또 그런 가치에 대한 감지 능력의 정도가 갖추어져야 하는 등의 여러 상황이 합당하게 이뤄져 있어야 한다.

이상에서 고찰한 바, 가치는 우리 인간의 의식과는 하등의 상관없 이 본래 고유하게 존재하면서 현상계에도 나타나는 것이다. 이런 가 치를 우리 인간이 어떻게 의식하고, 그 가치의 존재적 의의를 우리 인간에게 어떻게 갖다 줄 수 있는지는 당장 논의꺼리 될 수 있을 것 이다.

우리 인간이 무엇을 의식하거나 인식하는 것은 정신이 작용함으로 써 가능한 일이다. 그런데 17세기 이성 시대의 영향이 아직 남아 있 어서 그런지 모르지만, 정신에 있어 이성의 역할을 과대평가하여 정 신 작용이 곧 이성 작용이라 생각하고 감정의 역할을 간과해 왔다.

---

19) a. a. O. S. 103.
20) Vgl. Ebd.
21) Vgl. Ebd.

그런데 실인즉 정신 작용에 있어서 감정 작용이 차지하는 부분은 결코 간과할 만한 것이 아니고 오히려 이 작용은 다른 작용보다 더 일차적인 것이고 근원적인 것이다. 정신 작용에는 사고하는 것, 추리하는 것, 표상하는 것, 감지하는 것, 직관하는 것, 사랑·증오하는 것, 의욕하는 것 등이 있다. 사고·추리하는 것은 그 무엇이 주어져 있지 아니한 가운데서 이뤄질 수 없는 정신 작용이다. 물론 감각소여를 바탕으로 한 오성의 구상 이론과 귀납적 경험론은 현상학적 관점에서 인정되지 않는다. 그런 정신 작용은 이미 주어진 감정 작용의 결과를 토대로 해서 이차적으로 이뤄지는 작용이다. 그리고 의욕하는 것도 무엇을 의욕하기 위한 대상이 주어져 있는 가운데서 이뤄지는 정신 작용이다. 반면에 나머지의 정신 작용은 그 작용이 이뤄지기 위해, 먼저 다른 정신 작용이 선행해 있어야 할 필요가 없다. 다른 정신 작용이 이뤄져 있지 아니한 가운데서 그 정신 작용이 이뤄진다. 따라서 우리는 바로 이런 정신 작용을 보다 근원적이고 일차적인 정신 작용이라 한다.

방금 언급한 사고·추리하는 것은 정신 작용 가운데 이성 작용이라 할 수 있고, 의욕하는 것은 의지 작용이라 할 수 있고 나머지의 것은 감정 작용이라 할 수 있다. 그런데 우리는 일상적으로 감정이라 하면, 그저 감각들의 복합체 또는 무질서하고 저급한 마음의 상태로만 알아 왔다. 그래서 감정이란 아무런 작용을 하지 않는 상태 감정일 뿐이라 생각하고 고유한 작용을 하는 정신적인 면을 간과했다. 이런 까닭은 감정을 심신적 유기체의 기능 또는 생명 기능으로만 보고, 감정에 선천적인 법칙성이 있는지 없는지 살펴보지 않았기 때문이다.22) 우리들이 여기서 취급하는 "감정은 사실 어떤 인과 규칙에 따라 이른바 심적 현상들과 결합하거나 교체되는 맹목적인 감정 상태의 카오스가 아니라, 그 자체 모든 사랑할 만한 것들의 세계에 상응

---

22) Vgl. a. a. O. S. 259.

하고 대립해 있는 질서를 갖춘 것이다."23) 따라서 Blaise Pascal이
심정에도 질서가 있고 논리가 있다고 말한 것에서 엿볼 수 있는 것
처럼,24) 감정에 그 자신의 고유한 논리와 법칙이 있다는 것이다.

감정의 고유한 논리와 법칙이란 바로 다음의 사실이다. 먼저 우리
는 "감정 생활에 대한 현상학적 연구에 앞서서, 행동 현상학적인 감
정들의 깊이의 차이로부터 존재적인, '우리의 전 인간적 실존의 구조
'에 상응하는 단계구조 측면에서도 네 가지의 서로 환원할 수 없는
감정층을 확정할 수 있다."25) 이 네 단계의 감정층은 서로들간에 높
고 낮음의 위계질서를 갖추면서, 그 종류에 따른 고유한 논리와 법칙
을 가지고 있다. 예컨대 감성적 감정은 감성적 가치들만을 지향하고,
생명 감정은 생명 가치들만 지향하고, 심적 감정은 심적 가치들만 그
리고 정신적 감정은 정신적 가치들만 지향한다.26)

더 나아가 이들 감정들은 그들에 대응하는 가치를 지향하여 감지
작용, 선호·경시작용 그리고 사랑·증오의 활동을 한다. 따라서 감
성적 감정은 감성적 가치, 물적 가치들만을 지향하여 감지하고, 생명
감정은 생명 가치를 지향하여 감지하고, 정신적 감정은 정신적 가치
를 지향하여 감지한다. 그리하여 생명 감정이 발로하여 있지 않는 경
우에는 생명 가치가 감지될 수 없고, 정신적 감정이 발하여 있지 않
는 경우에는 정신적 가치가 감지될 수 없다. 생명 가치가 감지되지
않는 경우에는 비록 생명 가치가 목전에 현상해 있다 하더라도 우리
는 그 가치를 의식할 수 없다. 정신적 가치 등도 그와 마찬가지다.

---

23) M. Scheler, *Schriften aus dem Nachlaß I*, S. 361.
24) Vgl. Johannes Hessen, *Lehrbuch der Philosophie zweiter Band*- Wertle-
    hre-, S. 169; 파스칼이 그의 저서에서 〈심정의 질서〉(ordre du coeur), 〈심
    정의 논리〉(logigue du coeur)란 말을 자주 사용하는 것을 볼 때, 위와 같이
    서술해도 허물이 되지 않을 것이다.
25) Felix Hammer, *Theonome Anthropologie?*-Max Schelers Menschenbild
    und seine Grenzen, S. 159f.
26) Vgl. materiale Wertethik, S. 122~124.

감정의 고유한 작용으로서 또한 선호작용과 경시작용을 들 수 있는데, 두 가지 종류의 감정이 발하여 두 가지 종류의 가치를 동시에 감지하였을 때, 더 높은 가치를 선호하고 더 낮은 가치를 경시하는 경우도 있고 더 낮은 가치를 선호하고 더 높은 가치를 경시하는 경우도 있다. 감정 자신이 위와 같이 행하는 것을 우리는 선호작용, 경시작용이라 한다.

마지막으로 사랑, 증오의 작용을 논의할 수 있는데, 사랑의 작용으로 말미암아 여태껏 우리 자신에게 알려지지 않았던 가치가 보여지게 되고, 우리 자신에게 나타나지 않았던 가치가 나타나게 되고 그리고 더 나아가 가치들로 구성된 가치계가 우리에게 점점 개방되어진다. 우리가 증오를 하면, 우리에게 알려져 있던 가치들도 우리의 시야에서 사라져 가고, 우리의 목전에 나타나 있던 가치들도 의식되지 않고, 객관적으로 존재해 있는 가치계가 우리에게 점점 폐쇄되어진다.27)

이상과 같이 이제까지 간과되어 왔던 감정의 고유한 작용과 그의 논리를 살펴 볼 때, 그리고 그 밖의 어떤 정신 작용도 가치를 상대해서 일차적으로 작용할 수 없음을 알게 될 때, 우리는 감정이란 정신이 가치를 상대로 해서 적극적으로 작용함을 인정하지 않을 수 없다. 뿐만 아니라 앞에서 고찰했듯이 가치는 현상계에 항상 가치질로서 나타나 있기 때문에, 그것은 지각되거나 표상될 수 있는 것이 아니다. 단지 그것은 감지작용을 통해서 우리에게 주어질 따름이다. 가치 감지작용 없이는 우리는 가치를 만날 수도 인식할 수도 없다. 그러므로 오직 감정이 가치를 상대해서 지향적 작용을 함으로써 우리 인간과는 하등의 상관없이 객관적으로 존재하는 가치로 하여금 우리 인간에게 의식되게 하고, 그럼으로써 가치 실현－이에 대해서는 다음 절에서 고찰한다－의 가능적 조건을 구비토록 한다.

---

27) Vgl. M. Scheler, *Wesen und Formen der Sympathie*, S. 155.

제2절 '가치실현'의 주체로서의 인간

다른 존재들과는 달리 인간은 존재 구조상 정신층을 소지하고 있기 때문에, 정신적 활동을 한다는 것은 잘 알려진 사실이다. 정신 활동 가운데 감정 작용을 앞절에서 고찰해 보았는데, 그 결과로 우리 인간은 감정 작용을 통하여 가치 담지자에서 현상하는 가치를 비로소 파악할 수 있음을 확신할 수 있다. 그렇게 해서 파악된 가치를 우리 인간이 스스로 실현시킴으로써 이념적 가치를 현상계에 구현시키고 현상계를 더욱더 완성해 갈 수 있다. 본 절에서는 이를 구체적으로 논의해 본다.

막스 셸러는 인간과 동물 간에는 정도상의 차이가 아니라 본질적인 차이가 있는데, 이 차이는 생명층에서는 찾을 수 없다고 한다. 오직 이 차이는 정신층에서 찾을 수 있는데, 동물에게는 정신층이 없는 반면에 인간에게는 이 층이 있다. 그러므로 인간은 그의 정신층으로 말미암아 동물들과는 본질적으로 다르고, 동물들과는 달리 그의 고유한 정신 활동을 할 수 있다.

이 정신 활동은 우리가 좁은 의미에서 '삶'이라고 부를 수 있는 생명적 삶을 벗어나 있다. 인간으로 하여금 '인간'이 되게 하는 유일한 것은 삶의 한 새로운 단계가 아니라 ……일체의 생명에 또한 인간의 생명에도 대립하고 있는 정신이다.[28] 알다시피 생명적 삶이란 인간의 총체적 활동을 의미하는 것이 아니라, 생명적 활동만을 의미하는 혹은 더 나아가 정신 활동을 제외한 모든 활동을 의미한다. 셸러에 있어서 정신이란 것은 생명적인 것 전반으로부터 벗어나 있는 것이다. 생명적 존재인 동물은 철두철미하게 충동에 그리고 환경

---

28) Vgl. M. Scheler, *Die Stellung des Menschen im Kosmos*, 7. Auf., Bern, 1966(이하에서는 Stellung으로 약기함), S. 37f.

에 구속되어 있는 반면, 정신층을 소유하고 있는 인간은 환경으로부
터 자유롭고(umweltfrei) 세계를 향해 개방되어 있다(weltoffen).29)

그러면 먼저 정신이 어떤 일을 행하는지 알아보자. 정신은 그의
본질 직관에 의해 대상들을 그 순수 본질(Sosein)에서 파악하여, 인
간에게 대상의식(Gegenstandsbewußtsein)을 갖추도록 한다.30) 만일
우리 인간이 정신을 가지지 않는다면 우리는 대상의식을 갖추지 못
할 것이며, 그러므로 우리 밖에 있는 모든 사물, 사건 즉 환경 세계
를 단지 우리들의 삶의 단순한 저항체로만 만날 것이다. 단지 삶에게
만 필요한 정도의 저항체로만 말이다. 예컨대 자신의 먹이로 의식하든
가 자신에게 두려운 존재로 의식하든가 등등의 정도로 만날 것이다.

또 우리 인간은 정신을 갖고 있음으로써, "우리 자신의 생리학적
및 심리학적 제 성질과 개개의 심리적 체험들 그리고 개개의 생명적
기능들 일체를 다시금 대상화할 수 있다. 즉 자기 자신에 관한 의식
(Selbstbewußtsein)을 갖추고 있다."31) 동물들은 자기 자신을 의식하
고, 자기 자신에게로 의식을 반향하는 활동을 하지 못하는 반면에 우
리 인간은 자기 자신에게도 의식을 반향하는, 대상의식보다 더 높은
정신 활동을 한다.

그리고 또 우리 인간의 의식은 자신의 삶의 궤도에 몰입되어 있지
않고, 자신의 환경 세계에 몰입되어 있지도 않다. 인간의 의식은 세
계를 향하여 개방되어 있다. 정신의 세계 개방성의 덕택으로 우리 인
간의 시야는 동물과는 달리 자신의 삶에 꼭 적합한 영역을 넘어서
더 멀리 확장하게 된다. 예컨대 동물은 배가 고프면 먹이를 구하여
배를 채우고, 잠이 오면 잠을 자고, 자기에게 위험이 닥치면 그 위험
을 피하기 위한 행동을 하고, 생식기가 되면 생식 활동을 하는 등의

---

29) 허재윤, 『인간이란 무엇인가?』-철학적 인간학에 관한 연구-(대구: 이문출
   판사, 1986), 21쪽 참조.
30) 같은 책, 21~22쪽 참조.
31) M. Scheler, Stellung, S. 41f.

그야 말로 삶에 꼭 필요한 활동 혹은 合本能的인 활동만 한다. 반면에 인간은 자신의 삶에 꼭 필요하지 않은 활동도 한다. 비록 배가 부를지라도 나중을 생각해서 먹이를 구하여 비축하고, 잠이 올지라도 잠을 자지 않기 위해 노력하고, 꼭 생식기 아닐지라도 생식 활동을 한다. 그리고 자신의 삶에 꼭 필요하지 않는 유희 활동, 취미 활동, 가치추구 활동도 한다.

이처럼 인간은 자신의 삶에 몰입되어 있지 않음으로써, 자신을 멀찌감치 떨어져서 바라볼 수 있고 따라서 자신을 대상화할 수 있다. 또 "자신의 삶이라고 부를 수 있는 일체의 것의 바깥에 있으므로, 그 삶에 속하는 일체의 것을 대상으로 삼을 수 있다."[32] 물론 이런 활동을 하는 데는 인간이 정신층이란 고유한 존재 구조를 가지고 있기 때문에 가능한 것이다. 셸러에 의하면 "정신은 그것으로부터 그의 외부에 있는 일체의 것을 현상학적 환원과 본질 직관을 통하여, 그 본질형상과 본질구조를 파악할 수 있는 〈선험적 점〉과도 같은 것이라 한다."[33] 이러한 정신의 덕택에 인간은 동물과는 달리 자신의 생명적 삶으로부터 벗어날 수 있고, 따라서 세계를 향하여 개방되어 있고 모든 존재자들을 대상화할 수 있다.

그리하여 인간은 충동적 삶, 생명적 삶만 살아가는 것이 아니라, 그 자체 고유한 권리를 갖고 있는 사태연관과 가치연관 등을 지향하고 있는 정신적 삶도 살아가는 것이다. 그래서 때로는 일체의 충동적인 삶을 부정하기도 한다. 바로 이것이 "언제나 삶에 관련된 현실을 긍정하고 그것으로부터 거리를 취할 수 없는 동물로부터 인간을 구별시켜 주는 바의 것이다."[34] 다시 말해서 그의 정신적 삶으로 말미암아 "인간은 그를 강력한 힘으로 휘어잡고 있는 그의 삶에 대해 …… 원천적으로 금욕적 태도를 취할 수 있는 생명체이다! 현실에

---

32) 허재윤, 『인간이란 무엇인가?』, 23쪽.
33) 같은 책, 같은 쪽.
34) 같은 책, 24쪽.

대해 언제나 긍정만 하는—그것이 싫어하거나 도망칠 때도 역시 그 러한데—동물과 비교할 때, 인간은 '부정을 할 수 있는 자'(Nein-sagen-könner)요, '삶의 금욕자'(Asket des Lebens)요, 모든 단순한 현실에 대한 영원한 저항자이다."35)

현실을 부정한다는 것은 현실에 안주하거나 멈춰 서 있는 것이 아 니라, 더 나은 現實像을 구현하기 위한 준비과정이다. 삶의 금욕자란 감성적 생명 단계의 가치에 집착하지 않는 자란 의미이기도 하다. 그 리고 단순한 현실에 대한 영원한 저항자란 생명적 삶으로부터 부단 히 해방하려 하기도 하고, 현실보다 더 높은 데로 부단히 나아가기 위하여 노력하는 자로 해석해도 괜찮을 것이다. 그런데 우리 인간이 지향하는 아무런 원형도 없이 단순히 무방향으로 맹목적으로 현실로 부터 탈피 그리고 현실에 대한 금욕, 저항하는 것이 아니다. 물론 여 기서 정신 활동 그 자체가 그가 지향하는 원형을 자의적으로 설정한 다거나 그의 고유한 논리로 형성시킨다는 것은 결코 인정할 수 없는 것이다.36) 그러면 도대체 우리 인간이 지향하는 더 정확히 말해서 정신 활동이 지향하는 원형이 무엇인가? 막스 셸러에 의하면 그것은 바로 저 객관적으로 존재하는 가치, 이념이라는 것이다. 앞에서 필자 는 가치의 객관적 선천성에 관해 이미 논의한 바 있다.

그런 가치를 원형으로 삼아 우리 인간은 끊임없이 정신 활동을 한 다. 그 정신 활동이란 가치 실현 활동이고, 본래 고유하게 존재하는 가치를 현상계에 실현시키는 활동이다. 그래서 "인간이야말로 가치 왕국의 돌파구이고 가치에의 침입문이다. 이것은 그 본질상 자유를 가지고 있는 존재인 인간의 정신에 의한 것이다. 말하자면 인간의 정 신을 통하여 가치 세계가 실재 세계 속으로 흘러들어가는 것이다. 인

---

35) M. Scheler, Stellung, S. 55.
36) N. Hartmann도 그의 저서 『Metaphysik der Erkenntnis』에서 '인식은 대상 의 창조, 생산, 출산이 아니라 모든 인식에 앞서서 벌써 인식으로부터 독립하 여 존재하는 어떤 것의 파악이라'고 했다.

간의 정신―이 현실적 존재가 이상적인 가치를 포착한다. 가치는 이
상적 질서로부터 현실적 질서 안으로 들어온다."37) 인간이 아닌 다
른 어떤 존재도 가치를 이상적 질서로부터 현실적 질서 안으로 끌어
들이지 못한다. 정신적 존재인 인간만이 그렇게 할 수 있다. 예컨대
인간이 정신적 활동의 하나인 사랑을 통하여 저 하늘의 반짝이는 별
처럼 우리 인간과는 아무런 상관없이 객관적으로 존재하는 가치를
점점 우리의 시야에 들어오게 하고, 정신 활동의 하나인 감지작용을
통하여 그 가치를 감지하게 된다. 그래서 그 가치를 원형으로 하여
우리는 예술 활동을 하고, 진리 가치를 원형으로 하여 우리는 학문
활동을 하고, 윤리적 가치를 원형으로 하여 우리는 윤리적 실행을 한
다. 이러한 창작, 창조의 모든 활동이 이상적인 가치를 현상계에 끌
어내려 실현하는 활동이라 할 수 있다.

　그러면 인간이 가치를 실현할 수 있는 바탕은 도대체 어떻게 짜여
져 있는지 살펴보자. 그러고 난 뒤 가치를 실현함으로써 우리 인간은
세계에 있어서 어떤 역할자가 되는지 알아보자.

　인간은 그의 존재 구조상 두 개의 층, 즉 생명층과 정신층으로 이
뤄져 있다. "그의 본질적인 二層性에 의해서 인간은 〈두 세계 사이의
방랑자〉이다. 그는 생명의 저급한 부분과 더불어 자연계에 속해 있
고, 고급의 정신적 부분과 더불어 정신계, 즉 이념과 가치의 영역 속
으로 치솟고 있다. 그는 그의 자유의지에서 이상을 현실화하고 가치
를 실현하는 힘을 갖고 있다."38) 인간이 그런 힘을 갖고 있다 해서
본성적으로 혹은 자연적으로 이상을 현실화하고 가치를 실현하는 것
은 아니다. 이상을 현실화하고 가치를 실현할 의지가 있어야 한다.
그런 의지가 없고 생명적 삶에만 안주하거나 몰입되어 있는 인간에
게는 그런 것을 결코 기대할 수 없다. 이런 사람들이 얼마든지 많이

37) 요하네스 헤센 저,『현대에 있어서 삶의 의미』, 허재윤 역(대구: 이문출판사,
　　1984), 47쪽.
38) 같은 책, 같은 쪽.

있다. 사람들 가운데는 그들의 가슴 속에서 '더 높은 인간이 되어라
'는 소리를 들을 수 있는 기관을 가지지 못한 자가 많이 있다. 그들
은 깊이가 없는 인간이고, 표면적인 생존을, 내면적 핵과 내용이 없
는 인생을 살아가는 인간들이다. 그들은 일상의 근심, 걱정과 향락에
몰두하고 있다. 그리하여 그들의 본래의 임무는 그들에게는 의식되어
있지 않다. 그들은 그들의 생존 목적을 돈벌이나 될 수 있는 빛나는
지위를 얻는 일이나 보다 많은 쾌락을 맛보는 일에서 찾고 있다.39)
이처럼 가치를 실현할 의지 없이 생명적 삶에 안주해 있다면, 그는
더 이상 인간으로서의 본연의 모습을 잃어버리게 된다. 즉, 정신층의
역할이 퇴색되어지고 생명층만 활동하는 존재로 전락할 수 있기 때
문이다.

생명적 존재로 전락하지 않기 위해서 또는 더 높은 존재로 고양되
기 위해서 우리 인간은 부단히 가치를 추구하여 실현하는 정신적 삶
을 등한시해서는 안 될 것이다. 인간은 "생명적 존재로서는 분명히
자연의 막다른 골목이요 그 종말이다. 그러나 가능한 정신적 존재로
서는 즉 신적 정신의 가능적인 자기 현시로서는 다시 말해서 세계
정신의 정신적 작용과의 활동적인 공동 수행을 통하여 자기 자신을
神化할 수 있는 존재로서는 이 막다른 골목 이외의 어떤 다른 것이
다."40) 인간은 그의 정신 활동을 통해서 이 막다른 골목으로부터 탈
출하고, 그렇게 하는 가운데 근원적으로 자기 자신을 인식하고 파악
하고 자기 자신을 구제하기 시작한다. 어쩌면 그 정신 활동을 통한 "
가치 실현은-인간 아래의 자연의 편에서 볼 때-인간화로서의 교양
형성이요 동시에 동일한 과정에 있어서-인간과 모든 유한한 사물
위에서 敬畏感을 불러일으키며 존재하고 생성되고 있는 존재의 편에
서 볼 때-진전되어 가는 自己 神化일 수 있다."41) 따라서 바람직한

---

39) 같은 책, 25쪽 참조.
40) 막스 셸러 저, 『철학적 세계관』-박영문고 153-: 지식의 형태와 교양, 허재
　　윤 역(서울: 박영사, 1977), 96~97쪽.

우리 인생의 의미는 객관적으로 존재해 있는 가치와 관계하여 그것의 실현에 봉사하고 그것을 실현하여 우리의 삶을 보다 고양시키는데 있다.42)

우리 인간은 본래 자아를 부단히 실현해야 할 존재이다. 인간의 본성은 항상 그 무엇을 향하여 부단히 갈등하고 싸우고 발전하려는 성향을 소지하고 있다. 그의 내부이든지 외부이든지 간에 그것에 놓여 있는 그 무엇을 지향하고 성취하기 위해 끊임없이 노력한다. 왜냐하면 "본래 인간이나 인격은 처음부터 이미 주어져 있는 것이 아니고 비로소 형성되어야 할 어떤 것이기 때문이다. 상술한다면 인간의 정신적 생성 즉 우리들이 이미 명칭을 붙였다시피 〈인간으로 됨〉(Menschwerdung)이 인간 생존의 본래적인 수행이기43) 때문이다.

그 본래적 수행이 어떻게 이뤄지는가? 인간은 존재 구조상 두 개의 층으로 구성되어 있다. 그 층들은 생명층과 정신층이다. 생명층은 감정 충박적이고 본능적인, 그리고 단순한 지능적 활동이 이뤄지는 영역이고, 정신층은 환경 세계에 구속되지 않고 본래적으로 존재하는 세계 그대로를 향한 지향적 감지작용, 인식작용 그리고 사랑 등의 활동이 이뤄지는 영역이다. 그런데 생명층에는 사실 이상을 구현할 소지가 없는 반면에 무방향적인 무한한 힘이 있다. 정신층에는 무엇을 하기에 필요로 하는 힘이 없는 반면에 이념, 가치를 의식하고 그것을 구현할 소지가 있다. 본래적으로 이념계에만 고유하게 존재해 있는 이념, 가치를 정신층에서 하는 대로 그냥 가만히 놔두어 버리면, 그것들은 그저 우리들에게 알려질 뿐 그대로 이념계에 머물러 있고 우리 인간에게 아무런 기여도 인간의 문화 발전에 아무런 도움도 되지 않을 것이다.

---

41) 같은 책, 87~88쪽.
42) 요하네스 헤센, 『현대에 있어서 삶의 의미』, 17쪽 참조.
43) 같은 책, 147쪽; 또 인간 현존재의 의미는 인간의 '인간으로 됨'에 있다-J. Hessen, *Wertlehre*, S. 97.

  그런데 우리 인간에서는 이렇게 될 염려가 없을 것이다. 우리 인간은 그 자신 내에 서로 조정, 보완, 침투하는 두개의 층 즉 생명층과 정신층으로 구성되어 있는 아주 독특한 존재이기 때문이다. 생명층에서는 이념, 가치를 실현할 힘을 발휘하고, 정신층에서는 이념, 가치를 지향적 감지·의식하고 또 더 나아가 그런 것들이 속해 있는 이념계 내지 가치계가 우리의 시야에 점점 다가오도록 한다.44) 그래서 정신층에서 의식한 이념, 가치를 생명층의 힘으로 현상계에 구체적으로 실현시킨다. 이러한 일은 인간 자체 내에서 긴밀하게 일어난다. 그래서 우리는 일상적으로 다음과 같이 인간을 통해 이념적으로 존재해 있는 가치, 이념이 실현된다고 할 수 있다. 원래 무력했던 정신이 충박으로부터 힘과 세력을 얻게 되고 원래 이념과 가치에 대해 맹목적이었던 충박이 이념과 가치를 그의 앞에 가질 때, 이들의 상호 보완 작용에 의해 이념, 가치의 실현이 구체적으로 가능하게 된다. 충박과 가치, 이념의 상호 침투 또는 상호 보완 과정이 바로 인간에서 일어난다. 따라서 인간에 의해서 가치, 이념이 현실적으로 실현되어지고 그럼으로써 현실적 세계가 이념적 세계로부터 많은 것을 부여받아 점점 다양화되고 완성되어진다.45) 이러한 세계의 완성에 바로 인간이 이바지한다. 다시 말해서 "세계를 완성해 가는 자가 바로 인간이다."46) 바로 인간이 세계완성의 역할자라는 것을 생각하면, 가치를 실현하는 주체로서의 우리 인간이 또한 위대한 자이고 고귀한 자임을 알 수 있을 것이다.

---

44) 막스 셸러 저, 『우주에 있어서 인간의 지위』-敎育學과 人間學-, 허재윤 역 (대구: 이문출판사, 1982), 195쪽; 이러한 사고는 본 저서의 여러 곳에서도 발견되어진다.

45) 허재윤 저, 『인간이란 무엇인가?』, 34~35쪽 참조.

46) M. Scheler, Stellung, S. 91f.

제3절 '의미' 존재에 관한 견해들

'의미'란 도대체 무엇인가? 그 개념 자체로서 그것이 의미하는
바가 있단 말인가? 우리는 이처럼 물을 수 있다. 본래 '의미'는 '의
미하다'란 동사가 쑈切된 명사이다. 우리 한글 활용에서처럼, 영어와
독일어 활용에서도 그렇다. 영어의 'mean'에서 'meaning'이 파생되
어 나왔고, 독일어의 'sinnen'에서 'Sinn'이, 'bedeuten'에서 'Bedeu-
tung'이 파생되어 나왔다.[47] 이와 같이 우리가 일상 언어 활용의 측
면으로는 그것도 얼핏 봐서는 '의미'란 개념 그 자체는 어떠한 정의
체(definiens)[48]도 가지지 않은 것처럼 보인다.

그래서 '의미' 문제에 관해서 언급한다면 그것은 곧장 언어에 대
한 이해, 언어의 본성, 구조, 의미 및 사용 양태를 연구하는 언어학의
일인 것처럼 생각되어질 수 있을 것이다. 실제로 이런 영역의 의미
문제를 철학에서도 연구하고 있다. 특히 러셀과 비트겐슈타인이 철학
에서 그런 성격의 의미 문제를 다루기 시작하여, 영미 분석철학의 인
공 언어학파와 일상 언어학파들이 그 문제를 본격적으로 취급한다.[49]

---

47) G. Frege가 'Sinn'과 'Bedeutung'을 구별하였다. 예컨대 'Sinn'은 표현하
는 진술의 진리치를 결정하는 표현 의미이고, 'Bedeutung'은 그런 진리치와
는 상관없이 표현하는 의미라는 것이다. 다시 말해서 전자는 이해적 의미이
고, 후자는 지시적 의미라는 것이다. 그래서 'Sinn'은 영어의 'sense'에 해
당하고, 'Bedeutung'은 'reference'에 해당된다는 것이다. 그러나 후설에서
는 이 양자가 크게 구별되지 않고 사용되고 있다. 이는 후설의 '의미' 문제
에 대한 관심이 그런 구별을 필요로 하지 않기 때문일 것이다. '의미'가 이
해적인 것이든 지시적인 것이든지 간에 상관없이, 인간 의식일반의 지향 관
계를 통해서 생겨나는 '의미'가 명증적인가가 그의 관심일 따름이다. 이와
같이 본 본의에서도 그의 노선상 그 구별이 필요치 않기 때문에, 구별하지
않기로 한다.

48) 논리학의 용어상으로는 '정의하기 위하여 사용되는 기호들이나 단어들'을
일컫는 것이지만, 여기서는 '정의하는 바의 것'을 일컫는다.

49) 이들 분석철학자들은 '철학이란 의미에 관한 탐구이어야 하며, 철학의 역할

물론 이들보다 훨씬 이전에 수리 철학자인 G. Frege가 의미 문제를 취급하였다. 그는 그의 저서 『Über Sinn und Bedeutung』(1892)를 통하여 논리학의 기초를 위한 언어 활용상의 의미에 관한 관심을 보여준다.

그러나 프레게의 영향을 받은 후설도 언어 활용상의 그런 문제도 취급을 하나, 조금 방향을 달리하여 '우리 인간의 의식 활동에 의해서 대상에 관한 명증적인 의미를 구성할 수 있는가'50) 하는 문제를 더 관심있게 취급한다. 그리고 더 나아가 가치 철학자들 특히 하르트만에 이르러서는 의미에 대한 존재론적 사고를 하게 된다. 의미의 객관적 존재 문제에 관한 사고를 하게 된다. 따라서 본문에서는 바로 이 문제의 방향에서 논의해 보고자 한다. 그래서 본문에서 사용하는 '의미' 개념은 위에서 언급한 '의미' 개념의 차원을 넘어서 좀더 의미심장화된 것이다.

바로 이런 '의미' 개념은 정의체를 갖고 있다. 이런 '의미'를 철학사적으로 고찰해서, 그때마다의 '의미'의 존재적 본성을 밝혀 본다. 예컨대 '의미'는 우리 인간의 의식과는 완전히 독립적으로 존재하는 초월적인 것인가? 아니면 전적으로 우리 인간의 의식에 의해서 존재하게 되는 의식의 산물인가?

그 다음 니콜라이 하르트만을 위시로 한 현상학자들의 '의미' 존재에 관한 견해를 고찰해 본다. 여기서는 '의미'는 과연 플라톤의 이데아처럼 존재하는 이념적인 것이면서 또한 이데아와는 달리 우리 인간의 정신과 관계함으로써 비로소 존재하게 되는 더 정확히 말해서 우리 인간에 대해서 존재하게 되는 그런 존재인가를 알아본다.

은 언어의 논리적 분석의 방법에 국한되어야 한다'고 선언한다.

50) 후설에 의하면 '순수 의식이 의미부여를 실행하거나 실행해야 하고, 의미를 확정하게 된다. 순수 의식의 이 일을 통해서 존재 자체와 진리 자체가 인식하는 주관에게 현상하게 된다'는 것이다. Vgl. E. Husserl, *Erste Philosophie I. Teil*(Haag: M. Nijhoff, 1956), S. 169.

먼저 우리는 플라톤의 '의미'에 관해서 말할 수 있다. 그는 모든 존재들 가운데 '의미'의 존재를 가장 우월시하고, 그것이 가장 높은 것이라고 생각한다. 의미에 관한 그의 형이상학적 근본 명제를 현대적 용어법으로 표현한다면, "모든 존재자들은 의미를 지향해 있다. 그리고 존재하는 모든 것들은 의미의 원리에 의해 지탱되고 보존되며, 존재로의 모든 생성은 동시에 의미의 실현이기도 하다."51) 이 근본 명제에서 진술하고 있는 의미는 사실상 이데아이다. 플라톤의 철학에서 모든 존재자들은 이데아에 의해서 존재하게 되고 지탱·보존되며, 모든 존재자의 생성은 현상계 내에로의 이데아의 불완전한 나타남이고, 따라서 모든 존재자들이 이데아를 지향하는 것이 마땅하다는 것은 이미 알려져 있다.

그러면 이데아는 어떤 것인가? 그것은 현상계에는 존재하지 않는 것이다. 현상계 외의 다른 어떠한 세계도 단순한 경험과학의 차원에서 볼 때 존재한다고 인정할 수 없으므로, 이데아가 존재할 세계가 실재로 없을 것이다. 따라서 이데아는 실재하는 것이 아니고 단지 우리 인간의 관념적 산물이 아닌지 생각해 볼 수 있다. 그러나 이런 사고는 너무나도 원시적인 것이다. 이것을 자연과학주의적 사고라고 하기에도 부족한 점이 있을 것이다. 왜냐하면 현대의 양자역학도 우리 인간이 만져 볼 수도 없고 볼 수도 없는 원자의 미크로 세계의 존재를 확인해 주고 있기 때문이다. 현상계 외에 미크로 세계뿐만 아니라 우리 인간의 의식 세계, 그리고 저 하늘에 있는 별의 세계처럼 객관적으로 존재하는 이념계도 있는 것이다. 플라톤에 의하면 이데아는 현상계에도 존재하지 않고, 우리 인간의 의식 속에도 존재하지 않는 것이다. 그러면서도 그것은 그 자체적으로 존재하고 완전성을 보존하면서 존재하는 것이다. 따라서 우리는 그것들로 구성된 하나의 세계를 인정하지 않을 수 없다. 즉 이데아 세계라고 할 수 있는 이념계를

---

51) Nicolai Hartmann, "Sinngebung und Sinnerfüllung", *Kleinere Schriften* Bd. I, (Berlin: Walter de Gruyter & Co, 1955), S. 247.

말이다. 그러므로 이데아는 이념계에 존재하고 실재하는 것이라 할
수 있다.

이데아의 이러한 존재 즉 이념계에만 있음은 곧 이데아의 초월성
을 의미하고 있다. 플라톤 철학의 그 어디에서도 이데아 그 자체의
현실계에로의 실현은 말해지고 있지 않다. 이데아는 그의 온전성을
훼손한다 해도 현실계로 출현할 수 없다. 오히려 이데아는 현실계에
그의 그림자만 비추어 준다고 함이 옳을 것이다. 뿐만 아니라 이데아
에게는 우리 인간의 정신도 아무런 역할을 가하지 못한다. 인간의 정
신이 관계함으로써 이념계에 있는 이데아가 움직이거나 변화하는 것
도 아니고, 현상계에 내려오는 것도 아니다. 그야말로 이데아는 그
무엇으로부터도 간섭을 받지 않는 자존자족하고 영구불변의 부동하
는 존재인 것이다. 플라톤에 있어서 의미는 바로 이러한 이데아인 것
이다. 따라서 플라톤에서는 의미의 '초월성'을 읽을 수 있을 것이다.

오히려 플라톤은 이데아라 할 수 있는 의미가 사물들을 자신에게
로 이끌어 올린다고 생각한다. 뒤에 아리스토텔레스는 의미의 이런
성격을 고려하여, 의미를 '부동의 원동자'라고 말했다.[52] 의미가 이
념계에 존재하면서 다른 모든 존재로 하여금 그에게로 향하고 그를
모방하고 그를 위하여 존재하도록 한다는 것이다. 바로 여기에 그 당
시의 목적론적 사고가 싹텄던 동기가 있는 것이다.

이제 '의미' 존재에 관한 칸트의 견해를 살펴 보자. 의미에 관한
칸트의 견해를 고찰하기 위해, 우리는 먼저 당위에 관한 그의 사고부
터 서술해 보자. "당위는 인간에게 외적으로 강제된 것이 아니고, 그
자신의 것, 그의 본질에서 나온 것, 그의 의지에 적합한 그런 것이다.
실천이성은 개인의 이성은 아니지만 신의 이성도 아니다. 그것은 類
로서의 인간의 이성, 즉 그의 본질에 속해 있고 그의 본질을 이루는
그러한 이성이다."[53] 당위는 인간의 내면에서부터 우러러 나오는 것

---

52) Vgl. Ebd.
53) a. a. O. S. 252.

이다. 양심의 소리이다. 어떤 사태 혹은 상황의 바람직하지 못함을 알고 바람직한 그 무엇을 요구하는 것이 곧 당위라 할 수 있고, 또 실천이성에 의해 내려지는 무상명령이 당위라고 할 수 있다. 물론 실천이성은 전 인류 개개인에게 한결같이 공통적으로 주어져 있고 보편타당한 척도를 갖고 있는 것이다. 당위는 인간에게 세계 내에서 실현해야 할 과제를 부여하고, 인간이 이뤄내야 할 사명과 지향해야 할 목표를 부여한다. 따라서 그러한 것들로 형성된 목적 왕국을 措定할 수 있겠는데, 이러한 목적 왕국은 바로 인간의 것이라 할 수 있다. 방금 언급했듯이 목적 왕국을 형성하는 인간의 과제, 사명, 목표는 인간의 내적 세계에 존재하는 어떤 것들에 의해서 결정되어지는 것이기 때문이다. 그래서 심지어 "칸트는 인간 생활에 의미를 부여하는 원리를 내세적인 세계로부터 다시 되찾아 와서, 그것을 인간의 고유한 것으로 되돌려 놓았다. 이것은 곧 이성의 자율적 원리로서의 도덕률의 발견을 의미하고 있다"[54]는 것이다.

다른 한편으로 우리는 다음과 같이 생각할 수 있다. 목적 왕국은 원래 세계 내에 현실적으로 존재하는 것이 아니다. 그리고 그것은 인간의 행위없이는 실현되는 것도 아니다. 그것이 무엇인지, 그것의 본질이 어떠한지를 우리 인간은 경험으로부터는 결코 알 수 없다. 그것이 현실 세계에 존재하지 않는다면 어디에 존재한단 말인가? 그리고 우리 인간의 행위가 아닌 다른 그 무엇이 그것을 실현할 수 있을까? 자연 현상들이 그것을 실현할까? 또 그것을 우리 인간이 경험세계로부터 알아 낼 수 있을까? 결코 그럴 수 없을 것이다. 이러한 사실로부터도 우리들은 "목적 왕국이 인간 자신으로부터만 순수 선천적으로 창조되어지는 것임을 확신할 수 있고, 인간 밖의 세계의 어떤 힘에 의해서도 실현될 수 없는 것임을 확신할 수 있다."[55]

이상의 두 가지 측면으로 볼 때, 우리는 목적 왕국이 우리 인간

---

54) Ebd.
55) Ebd.

자신으로부터 선천적으로 창조되어지는 것임을 알 수 있다. 그러면 목적 왕국이란 것은 어떤 것인가? "실천이성은 도덕 법칙을 통해서 자유의 실재성을 명시하고, 동시에 이 법칙으로 사변 이성이 지시만 할 수 있고 그 개념을 규정할 수는 없는 바로 그 가상계의 법칙을 명시한다"56)는 칸트의 사고로부터, 우리는 자유, 영혼 불멸, 신의 존재와 같은 것을 인식 이론적 측면에서는 아니지만 실천 이론적 측면에서 措定하지 않을 수 없음을 그가 생각했다는 것을 알 수 있다. 따라서 그에 의하면 우리 인간은 인식 이론적 측면에서는 결코 인정할 수 없는 가상계의 존재를 실천 이론적 측면에서는 인정하지 않을 수 없다는 것이다. 그 이유는 가상계 또는 Noumena는 인간의 순수이성 가운데서 사고되지 않으면, 그 존재의 성립이 불가능한 것들이기 때문이다.57)

특히 칸트는 자유와 도덕성 등의 실천적 분야에 대해 사고할 때, 비로소 그런 세계를 생각하게 되었던 것이다. 인간 자신이 그 자신의 도덕적 능력으로 말미암아 그런 세계를 구축하게 된다는 것이다. 이런 일은 인간 자신의 사명이요, 이런 세계를 지향하여 살아가는 것은 인간의 삶의 의미라는 것이다. 바로 이런 의미에 있어서 꼭 실천적인 측면의 세계만은 아니지만 바로 그런 세계를 우리는 목적 왕국이라고 하지 않을 수 없을 것이다.

이상의 고찰을 토대로 하여 우리는 다음과 같이 칸트의 '의미' 존재에 관해서 말할 수 있다. 우리가 인식 이론적 측면에서 고찰해 볼 때, 목적 왕국은 존재하지 않는다. 그러나 실천 이론적 측면으로 고려할 때 목적 왕국이 존재하지 않을 수 없다. 우리가 이것의 존재를 확신하는 바는 우리 인간사에는 자연 현상계의 변화와는 달리 인과 필연성만이 아닌 자의성 또는 자유가 성립하고, 그러므로써 자연법칙

---

56) I. Kant, *Kritik der praktischen Vernunft*, Erster Teil, II. Buch, 2. Hauptstück. VI.
57) Vgl. a. a. O. Vorrede.

만이 아닌 도덕법칙이 통용된다는 것에 있다. 인간사에 자유가 있고
그럼으로써 그 자유가 허용하는 인간 자신의 자율성이 확보된다. 이
자율성에 따라 우리 인간은 무엇이든지 할 수 있다. 그런데 칸트에
의하면 우리 인간은 그의 내면의 세계로부터 우러러 나오는 '당위'
또는 '의무감'에 의해서 자율성을 규제하게 된다. 그러면 현상계에서
는 없던 그것이 어째서 내면의 세계에 있게 되는가? 아니면 그것은
본래 내면의 세계에 있는 것인가? 아닌 것이다. 그것들은 우리 인간
의 실천이성에 의해서 우리 내면의 세계에 부여한 것이고, 혹은 실천
이성의 입법에 의거해 생겨난 것이다. 여기서의 이 내면의 세계 또는
가상계 혹은 실천이성의 입법계가 바로 우리가 논의하고 있는 '의미
'의 세계인 것이다. 그러므로 우리는 칸트에 있어서 '의미'의 존재
는 우리 인간의 실천이성에 의해서 존재하게 되는 것, 쉽게 말해서
우리 인간의 정신이 관계하여 존재하게 되는 것임을 알 수 있다. 따
라서 그에게는 '의미'의 내재성이 인정될 것이다.

　　니콜라이 하르트만을 위시한 가치 철학자들은 '의미'의 존재 문제
에 있어서 플라톤의 '의미' 초월성, 칸트의 '의미' 내재성이라는 견
해들과는 다른 견해를 가지고 있다. '의미'는 플라톤이 생각하고 있
는 것처럼 전적으로 이념적인 것으로만 존재하는 것도 아니요, 칸트
가 생각하고 있는 것처럼 전적으로 인간 정신의 창조물만인 것도 아
니다. 그렇다고 해서 그것을 이념적으로도 존재하면서 우리 인간에게
는 그것에 관계하는 정신를 통하여 비로소 비춰지는 바로 그러한 존
재라고 간단하게 정의해 버릴 수도 없는 것이다. 그러면 과연 그것의
존재는 어떤 것인가?

　　'의미'는 이념적 존재로서는 우리 인간의 의식과 상관없이 선천
적으로 존재하고 있는 것이다. 이런 의미는 현상계에서는 결코 찾아
볼 수 없는 것이고, 그러므로 경험적으로 접할 수 없는 것이다. 이런
의미는 우리 인간에게는 우리 인간이 지향해야 할 목표, 그의 삶이
아니 그의 삶의 모든 것이 우러러 향해야 할 목표이므로, 우리는 그

것을 이념이라고 할 수 있다. 이때의 이념은 플라톤의 이데아와 같은 이념, 즉 그와 같은 본성과 존재방식을 갖춘 이념인 것이다. 그리고 이런 의미는 E. 후설이 이념 통일체라고 명명하는 의미들임을 알 수 있다.58)

　그런데 실사적 존재로서의 '의미'는 이념적인 '의미'에 대해서 우리 인간의 정신이 관계를 함으로써 비로소 존재하게 된다. 후설에 의하면, 그 의미는 인간의 의식 작용 즉 의식의 지향 작용에 의해서 형성되어지는 것이라고 하는데, 의식이라는 것은 반드시 그 무엇에 대한 의식일 것이다. 따라서 그 의미는 이념적인 의미에 대한 지향적 직관 작용을 필연적 토대로서 삼아서 인간이 의미화하여 존재하게 되는 것이라고 할 수 있다.59) 그래서 이런 "의미는 원초적인 어떤 하나의 것, 어떤 보편적인 것, 즉 우리가 현실적으로 주어져 있는 것들의 배후에 상정해야 할 어떤 보편적 존재 속에 놓여 있는 것이 아니다."60) 이런 의미는 경험세계에 주어져 있고, 우리 인간이 일상생활에서 만날 수 있는 것들이다. 이런 의미는 "인간에 대한 존재"61)의 형식을 취한다. 따라서 이런 의미는 자체적 존재의 방식을 갖고 있지는 않다. 그것은 이념적인 의미 즉 자체적 존재의 방식을 취하고 있는 의미에 대해서 인간 정신이 관계하여 비로소 존재하게 된 것이다.

　그래서 어쩌면 의미에도 두 가지의 종류가 있을 것이다. 이념적 존재로서의 의미와 실사적 존재로서의 의미가 있을 것이다. 후설도 이념적 존재로서의 의미 자체와 의식 작용의 결과로서의 의미를 구별하고 있다. 이념적 존재로서의 의미 자체는 의식이 지향하는 바의

58) Vgl. E. Husserl, *Logische Untersuchungen 2 Bd.* 1 Teil., (Tübingen: M. Niemeyer Verlag, 1968), S. 92.
59) Vgl. a. a. O. S. 76.
60) N. Hartmann, "Sinngebung und Sinnerfüllung", S. 265.
61) a. a. O. S. 271.

대상이고, 의식 작용의 결과로서의 의미는 의식이 이미 지향한 결과로 획득된 대상이라는 것이다.62) 전자는 플라톤적 의미일 것이다. 현대 독일 가치철학은 물론 전자에 관해서도 많은 논의를 하지만, 특히 후자에 관해서 더욱더 많은 논의를 한다. 따라서 그 가치철학이 의미에 관해 어떤 견해를 갖고 있느냐고 묻는다면, 의미 초월성, 의미 내재성의 견해처럼 한 마디로 대답할 수 없다. 먼저 가치철학의 '의미'에 관한 견해가 그러하다는 것을 말하고, 이제부터 그들의 '의미'에 관한 견해를 서술해 보기로 한다.

하르트만에 의하면 "현실 세계로부터의 도피가 최후의 해결책이 아니다. 이데아의 직관까지 상승해 간 자는 단지 거기에 머물러 있어서는 안되고, 다시 지상계로 돌아 와서 진리의 빛을 그것이 비치지 않은 곳에서 밝혀야 한다. 최종적 목표는 이데아를 보게 된 자에 의해서 무의미한 현실이 의미를 부여받게 하는 것이다."63) 인간이 그의 정신을 통해서 직관한 이념적 의미를 다시 현상계에 끌어내려야 한다. 그래서 무의미한 현실에 의미를 채워야 한다. 이것은 인간의 역할이고 권리이다. 그런데 바로 이렇게 해서 현상계에 존재하게 되는 '의미' 바로 그 의미가 문제가 된다. 이런 의미는 항상 우리 인간으로 말미암아 존재하게 되고, 바로 우리 인간의 정신으로 말미암아 존재하게 되는 것이다. 우리 인간이 관계하지 않는 이상 그런 의미는 현상계에 존재할 수 없다. 그래서 심지어 이념적 의미에 대한 우리 인간의 주관 관계성이 그런 의미를 결정하게 된다고 할 수도 있다.

자연현상의 변화에서 성립하는 자연 법칙 또는 존재 법칙 일반은

---

62) Vgl. *Logische Untersuchungen 2. Bd*. I. Teil, S. 77 u. 400. 사실 이념적 의미에 대한 우리 인간의 의식 작용이 있는 그대로를 드러내는지 다시 말해서 그 작용이 충전적인지, 더 나아가 이념적 의미와 인간의 의식 작용의 결과로 부여하게 되는 의미가 일치하는지 다시 말해서 자아 의식의 지향적 활동이 명증성을 확보하고 있는지가 선험 현상학의 주요 관심꺼리 중의 하나일 것이다.

63) "Sinngebung und Sinnerfüllung", S. 247.

필연적으로 예외를 용납하지 않는 방식으로 결정되어 있는 반면에, 인간의 현실 세계에서 성립하는 도덕 법칙, 역사 법칙, 사회학 이론, 경제 법칙 등은 그런 방식으로 결정되어 있지 않다. 이런 법칙들은 그 작용에 있어서 자연 법칙처럼 그렇게 엄밀하고 인과 필연적이지 않다. 개연적일 수 있다. 이런 법칙이 이러할 수 있는 이유를 인간의 현실 세계를 주도적으로 이끌어 가는 인간 그 자신의 '인격'[64] 활동에서 찾을 수 있다. 인격의 활동은 自意 혹은 隨意적일 수 있다. 인격의 활동이 그러하기 때문에 인간의 주도 하에 이루어지는 인간의 현실 세계에는 필연성만이 아니라 임의성도 존재케 되고, 그 세계를 설명하는 여러 법칙들은 인과필연성의 논리 뿐만 아니라 개연성의 논리도 갖게 되는 것이다. 다시 본 논의로 돌아가면, 인간의 현실 세계에 있어서는 가치있는 것도 있지만 반가치적인 것도 많이 있으며 또 인간의 행위는 때로는 선하기도 하지만 때로는 악하기도 하다는 것은 사실이다. 그런데 이왕 인간이 행위하기 위해서는 또는 이 세계를 주도적으로 이루어 나갈 바에는 보다 훌륭하게 해야 할 것이다. 그러하기 위해서는 우리 인간이 목표로 혹은 전형으로 삼을 그 무엇가가 필요할 것이다. 그것이 진리이든, 가치이든, 이념이든지 간에 말이다. 바로 이러한 것들을 구하기 위해서 우리는 이념계에 있는 이념적 의미를 현실화할 필요가 있게 되는 것이다.

그리고 또 의미를 현실화하기 위한 중재자가 필요할 것이다. 중재자는 그 스스로가 실재 세계 속에 실재적으로 존재해야 할 것이며, 목적을 설정하고 목적을 실현할 그 특유한 힘을 가져야 할 것이다. 그 중재자는 의미를 목적으로 설정하고 그 의미를 현실화하여야 할

---

64) 이 개념은 가치 윤리학에서는 좀더 의미심장하게 사용되어진다. 이 개념상의 '인격'은 단지 윤리학적 용어로서 사용되어져서 "인격적"이라는 형용사에서 풍겨지는 인간됨이만을 의미하는 것이 아니라, 인간 '정신 활동의 중심체'이면서 모든 정신 활동이 거기에서부터 연원하는 바로 그것을 의미한다.

것이다. 그런데 이 지상에서 그런 중재자가 과연 누구일 수 있겠는
가? 바로 인간이라는 것이다. 어쩌면 바로 이러한 일을 할 수 있다는
것이 세계 내에서의 인간의 고유한 지위일 것이다.[65] 이념적 의미
세계에 있는 의미를 직관하고, 그런 의미가 이 지상의 세계에 없음을
아쉬워하면서 그 의미를 끌어내려 존재케 해, 이 세계를 의미있게 하
는 바로 그 일은 인간의 고유한 권리일 것이다. 바로 인간의 이 고유
한 권리에 의해 '의미'는 현상계에도 존재하는 것이다. 그러므로 현
대 독일 가치론자들에 의하면, '의미'는 이념적 존재로서 객관적으로
존재하지만, 또한 우리 인간의 정신활동에 의해 현상계에도 존재하게
되는 것이다.

제4절 '의미부여'의 주체로서 인간

우리는 이제까지 '의미'의 존재에 관해서 고찰해 보았다. 의미의
존재를 플라톤은 이데아계와 같은 순수 이념적인 곳에서 찾으므로
우리는 그가 의미 초월성의 사고를 했음을 알 수 있었고, 칸트는 그
존재를 인간의 내면적 세계에서 찾으므로 우리는 그가 의미 내재성
의 사고를 했음을 알 수 있었다. 그리고 하르트만을 중심으로 하는
가치 철학자들은 그 존재를 이념적인 세계와 현실 세계, 그 양자에서
찾는다는 것을 우리는 알 수 있었다. 전자의 두 사고들을 비판적으로
음미하면서, 후자의 사고를 바탕으로 하여 '의미부여'의 원리를 먼저
논의해 본다.

앞 절에서 이념적[66] 존재인 '의미'에게 인간 정신이 관계함으로

---

65) Vgl. a. a. O. S. 261.
66) 이하 가치철학의 진술에서 나타나는 '이념'이라는 것은 인간의 정신을 통해
서 존재하게 되는 것 또는 정신적 산물이 결코 아니다. 따라서 '이념'은 정

써 비로소 그 존재가 우리 인간에게 의의가 있게 된다는 것이 밝혀지므로 우리는 다음과 생각할 수 있다. 즉, 머나먼 선험적 세계에서 잠자고 있던 '의미'가 우리 인간에 의해 비로소 현실계에서 일깨워지고 빛을 발하게 된다. 그래서 그 '의미'가 우리 인간에게 제구실을 하게 되는 것이다. 그러면 과연 우리 인간이 '의미'가 그렇게 되도록 할 수 있는지, 다시 말해 우리 인간의 정신이 이념적인 '의미'를 현실계로 등장시킬 수 있고, 더 나아가 그 일을 정당하고 보편타당하게 할 수 있는지 살펴본다. 만약 그런 능력이 우리 인간에게서 인정된다면, 그때는 바로 우리 인간을 현실계 내에서 '의미'를 부여하는 주체라고 할 수 있지 않는가?

먼저 우리는 현상 세계 내에 의미를 부여하는 것이 필요하고 마땅하다는 것을 익히 느끼고 있다. "플라톤『국가론』의 동굴의 비유도 현실 세계로부터의 도피가 최후의 해결책이 아님을 보여주고 있다."[67] 플라톤이 우리 인간의 바람직한 삶은 이데아계에 있는 이데아를 관조하고 지향하는 삶이라고 말할 때, 그는 그저 현실 세계를 버리고 이데아계만을 염두에 두는 것은 아니다. 이데아계를 原型으로 삼아 현실 세계를 보다 훌륭하게 이루어 가야 한다는 것이 그의 윤리학적 사고이다. 또한 칸트도 우리 인간의 이성이 무질서한 현상 세계에 대해 입법자로서의 역할을 해야 함을 역설하고 있다.[68] 따라서 현실 세계에 의미를 부여하는 바로 그 의미의 원천이 어디에 있든지 간에, 그 의미의 원천으로부터 현상계에 의미가 끌어내겨야 한다는 것이다.

신을 전제로 하는 것도 아니며, 정신이 없다고 해서 그것이 존재하지 않는 것도 아니다. 이것은 마치 플라톤의 '이데아'와 비슷한 것이다. 그것은 자체적 존재로서 객관적으로 존재해 있는 것이다. 그러면서 다만 인간 정신을 통하여 인간에게 의식되어질 뿐인 것이다.

67) a. a. O. S. 247.
68) 인식활동에 있어서는 오성이 그의 사유형식에 따라 주어진 감각소여를 구성하고, 도덕 실행에 있어서는 실천이성이 그의 내적 세계로부터 즉 자율적으로 무상명령을 내린다는 그의 사고에서 착안했다.

그리고 또 현실 세계 내에는 이미 존재하고 있는 모든 것에 대립해서 그 세계 안에 아직 현실적으로 존재하지 않는 것, 그리고 인간의 활동 없이는 존재하지 않는 것이 있다. 오직 인간 자신으로부터 순수 선험적으로 성립되어야만 하는 것이 있다. 인간 밖의 세계의 어떤 힘에 의해서도 존재하게 되리라고 기대할 수 없는 것이 있다.69) 그것이 개념이든 논리이든 규범, 규칙이든 좋음, 나쁨이든 옳음, 그름이든지 간에 말이다. 이런 것들이 있다는 것은 분명하다. 이러한 사실로 미뤄 보아, 추호도 우리 인간이 개입할 수 없는 인과필연적으로 움직여 가는 자연 현상계와는 달리, 인문 현실계 내에서는 우리 인간의 의미부여 활동이 이뤄짐을 알 수 있을 것이다. 이러한 사실은 칸트가 처음으로 파악했던 것이다. 그는 이런 사실을 토대로 하여 그의 실천철학에서 '의지 자유'의 위대한 힘을 과시코자 했다.

칸트만이 인간의 그런 활동을 들추어 낸 것은 아니다. 독일 관념론자들도 그렇게 하였던 것이다. 특히 그들은 역사철학의 영역에서 그런 사고를 계승하고 있음을 알 수 있다. 비록 셸링이 인간으로부터 자신의 삶에 스스로 의미를 부여하는 자기규정 능력을 박탈하여 선의 섭리에 위양하였다고 할지라도, 그는 인간이 세계 내의 사건들의 진행의 필연성의 사슬 속에 너무나도 꽉 얽매여 있어서 의미를 역사 과정 속에 부여할 자유를 갖고 있지 않다고는 생각하지 않았다. 오히려 그는 이 자유로 말미암아 인간이 그의 삶의 통일성과 목적성을 보장받을 수 없게 된다고 하였다.70) 인간의 의미부여 능력을 과소평가할지라도, 그도 인간에 있어서의 그 능력의 있음을 인정하고 있다.

따라서 우리는 결국 다음과 같이 '의미부여'의 원리를 정리할 수 있을 것이다. 하르트만에 의하면, "그리스트교에서는 발견되지 못했던 다른 종류의 많은 인간적인 가치들이 인간의 가치의식 안으로 들어오게 되는데, 그것들은 예컨대 힘, 의지, 권력, 미, 생명의 충만성,

---

69) Vgl. a. a. O. S. 252.
70) Vgl. a. a. O. S. 253.

기쁜 감정, 기꺼이 책임을 떠맡으려는 마음 등등이다"71)는 것이다.
적어도 그런 인간적인 가치가 우리 인간에게 의식되려면, 이미 존재
함에 틀림없다. 또 신에 의해서 존재케 된 것이 아니라면, 인간이 아
닌 그 무엇에 의해서 존재케 되겠는가? 그리고 그런 것들이 인간적
인 것이라면, 인간에 의해서 이미 의미부여되어진 것이 아니겠는가.
실로 "니체에 의해 인간에게 행해진 명령, 즉 '지상의 의미가 되라'
"72)는 것은 우리 인간이 이때까지 초인간적인 어떤 힘에서 헛되이
찾아왔던 삶의 의미가 오히려 인간에 의한 의미부여 활동으로 말미
암아 비로소 존재케 됨을 암시해 준다.

위의 진술을 통하여 지상의 의미만을 우리 인간이 부여한다는 것
이지, 이념계에 존재하는 이념적 의미까지 부여한다는 것은 아님을
알 수 있다. 그러면 지상의 의미를 부여할 때, 우리 인간은 어떻게
그것을 가능케 하는가? 앞에서 우리는 이념적 의미에 우리 인간의
정신이 관계함으로써 비로소 현상계에 의미부여의 가능적 조건을 갖
추게 된다는 것을 알아보았다. 그러면 먼저 인간의 정신이 어떻게 이
념적 의미에 관계하게 되는지 알아보고, 다음으로 그 관계를 통해서
인간이 어떻게 현상계에 의미를 부여하게 되는지 알아본다.

우리 인간 정신의 근본 특성으로 지향성이란 것이 있다. 이 지향
성은 대상을 향하여 나아가고, 우리 의식을 그 대상에 조명하는 것을
의미한다. 다시 말하면 그것은 대상에게 인간의 의식을 내비침을 의
미한다. 이런 지향성을 통하여 인간 정신은 비로소 대상과 관계를 맺
게 된다. 대상과 관계를 맺게 됨으로써 그 대상에 관한 의식 활동이
일어나게 된다. 즉 그 대상을 감지하거나, 표상하거나, 지각하거나,
인식하게 된다. 그런 의식 활동을 할 때, 그 활동 결과의 타당성은
어떻게 보장되느냐고 묻는다면, 다음과 같이 대답할 수도 있을 것이
다. 대상 세계 자체 속에 진리와 법칙성이 놓여 있는 것처럼, 인간

---

71) a. a. O. S. 259.
72) Ebd.

정신 속에도 진리와 법칙성이 놓여 있다. 인간 정신에도 그의 고유한 질서와 논리가 있다는 것을 아우구스티누스뿐만 아니라 파스칼도 그의 저술『팡세』에서 말하고 있다. 후설은 그의 선험현상학을 통해서 인간 의식작용의 타당성의 근거를 찾기 위해, 의식 구조 분석에 그의 대부분의 시간을 보냈다는 점을 봐도 그런 사고가 의미심장한 것임에는 틀림없을 것이다.

그런데 인간 의식의 명증성이 확보된다고 할지라도 또한 다음의 것이 문제가 된다. 인간의 의식이 현실적 사물·사건 등의 대상을 지향할 수도 있고, 혹은 물체적 존재가 아닌 정신적 존재 내지 정신적 산물 등의 대상을 지향할 수 있다. 전자의 대상들은 의식이 지향되어 관계를 맺을 때, 감각 표상의 도움을 받아 쉽게 인간의 의식 속으로 들어온다. 그러나 후자의 대상들은 의식이 지향되어 관계를 맺을 때, 그와 같은 도움을 받지 못하기 때문에 인간의 의식 속으로 들어오기가 어렵다고 생각할 수 있을 것이다. 그러나 결코 그렇지 않을 것이다. 인간의 의식이 지향되는 데에는 그 대상이 물체적인 것이든지 혹은 정신적인 것이든지 간에 아무런 상관이 없을 것이다. 즉, 아무런 상관이 없이 의식은 지향되어 대상과 관계를 맺고 그것을 의식 속으로 들여올 것이다. 따라서 우리 인간이 정신적 존재인 이념적 의미에게로 나아가는 길이 확보된 셈이다.

이념적 의미에게로 나아가는 길을 좀더 상세하게 밝혀 보자. 후설에 의하면, 우리 인간은 논리·이념적 진리를 감성적 직관을 토대로 한 본질 직관에 의해서 파악하게 된다. 즉 이념적 진리의 파악 더 나아가 명증적 진술은 그 진리 자체에 대한 원본적 소여 의식을 통하여 이뤄지는 것이다.[73] 이념적인 존재로 나아가는 길로는 본질 직관 다시 말해서 현상학적 경험이 있을 뿐이며, 그것도 이념적인 존재에 대한 원본적 소여 의식만을 통한 본질 직관이 있을 뿐이다. 따라서

---

73) Vgl. E. Husserl, *Logische Untersuchungen Bd. I*(Halle: Max Niemeyer, 1922), S. 129 u. 190.

우리는 결국 이념적 의미로 나아가는 길은 그 의미에 대한 원본적 소여 의식을 통한 순수 본질 직관 또는 순수 현상학적 경험임을 밝힐 수 있다.

이제 우리 인간이 그런 직관을 통해서 간파한 이념적 의미의 의식을 토대로 하여, 현상 세계에 어떻게 의미를 부여하게 되는지 알아보자. 후설의 저술인 『논리 연구』는 처음부터 주도적인 원리에 따라 온갖 이념적 대상성 특히 형상적 대상, 개념적 본질 및 본질 법칙 등의 소여성의 근원적 권리를, 직접적인 직관에 의해 자아에게 주어지는 모든 것에게 인정하지 않을 수 없을 때, 우리는 그것들에게 개념적 파악의 근원적인 권리를 인정하려고 한다는 것이다.74) 다시 말해서 현상학적 경험에 의해 우리에게 주어지는 모든 것에게서 개념적 본질 및 본질 법칙 등의 소여의 원천을 인정하지 않을 수 없을 때, 그것들이 개념적 의미부여의 원리를 갖고 있음을 인정할 수 있다는 것이다. 그런데 앞에서 개념적 본질 및 본질 법칙 등의 소여의 원천이, 이념적인 것의 현상학적 경험에 의한 우리의 의식에 이미 있음을 고찰했다. 따라서 과연 이념적인 것의 현상학적 경험에 의한 우리의 의식이 개념, 명사, 본질 등의 의미부여의 원리를 갖고 있는지 알아보자.

먼저 우리는 다음과 같이 생각해 볼 수 있다. 우리는 현상학적 경험을 통한 이념적 의미의 간파 없이 단지 순전히 우리 인간의 머리에 의해서 현상 세계에 의미를 부여한다. 혹은 아니다. 우리는 현상 세계에 의미를 부여할 때, 이미 간파한 이념적 의미를 토대로 하여 비로소 그러할 따름이다. 전자의 사고는 인간의 순수한 창의력을 너무 과신하는 소박한 사고이거나, 아니면 조야한 관념주의적 발상일 것이다. 심지어 우리는 칸트의 사고에도 그러한 면이 없지 않다고 할

---

74) Vgl. E. Husserl, *Ideen zu einer reinen Phänomenologie und phäno-menologischen Philosophie 1. Buch*(Den Haag: Martinus Nijhoff, 1976), S. 215~216.

수 있다. 후자는 막스 셸러, 하르트만 등의 현상학자들의 사고이다.
플라톤은 객관적으로 존재하는 이념적 의미를 직관하고 알아야 한다
고는 했으나, 그 의미를 토대로 우리 인간이 적극적으로 현상계에 의
미를 부여하거나 해야 한다고는 하지 않았다. 그는 의미를 현상계에
부여하는 우리 인간 정신의 위대성은 간과하고 있었던 것이다.

현상학자들의 사고를 분석해 보면서, 그들의 사고에서 인간의 의
미부여 원리가 나타나는지 고찰해 보자. 후설의 "『논리 연구』는 사
태 자체를 呈示해 주는 직접적인 직관에게 모든 이성적 인식의 궁극
적인 권리 원천을 두고자 한다"75)는 것은 이미 알려진 사실이다. 이
성적 인식의 권리란 것은 개념을 부여하고 본질을 명명하고, 직관된
것을 진술하고 유비 추리하고 사고하는 것 등을 일컫는다. 이러한 것
들은 모두가 사태 자체에 의미를 부여하는 일들이다. 이러한 일들은
정신 활동의 일부이고, 그 활동은 후설의 생각을 첨가한다면 사태 자
체를 직관한 의식에 그의 원천을 두고 있다. 다시 말하면 이러한 의
식에 의미부여의 원리가 있다는 것이다.

다음으로 우리는 인간의 의미부여 활동이 어떻게 일어나는지 알아
보자. 인간이 어떤 대상을 향하여 그것을 대상화한다는 것은, 혹은
그것을 지향하여 의식화한다는 것은 곧 그 대상과 인간 정신이 관계
를 맺는다는 것이다. 이 관계 맺음은 정신과 사물 간의 단순한 관계
맺음이 아니다. 오히려 그것은 사물을 대상화하는 정신 활동을 일컫
는다. 그 대상화하는 활동은 어떤 사물에 의미를 부여함으로써 인식
주체를 위한 그 대상의 대상성을 획득한다. 따라서 이러한 활동은 다
른 모든 종류의 의식작용의 기반이 된다.76) 그래서 우리는 의미부여
활동이 정신과 대상간의 관계 맺음, 즉 대상화하는 정신 활동에 의해

---

75) 윤명로, "후설에 있어서의 현상학의 構想과 지향적 含蓄"－〈현상학이란 무
    엇인가〉(한국 현상학회 편)(서울: 심설당, 1990), 24~25쪽.
76) 차인석, "현상학에 있어서의 지향성과 구성"－〈현상학이란 무엇인가〉(한국
    현상학회 편)(서울: 심설당, 1990), 45쪽 참조.

서 일어나게 되는 것임을 알 수 있다. 그래서 심지어 대상화 활동을
통해서 존재하게 되는 대상성은 항상 인간 정신에 대해서만 존재한
다는 말도 있지 않는가.

그런 대상성을 향한 인식이 시작되면서 "그 대상성은 또한 그 자
신이 정신이 없이도 존재해 왔던 모든 것에 의거해 있음을 깨닫게
된다. 전 존재층이 그 자체로 있지만 그것이 밝혀지기는 정신에 의해
서 이다. 그런데 이러한 조명은 인식에만 있는 것이 아니다. 인간의
목적, 즉 이념에 의한 일체의 의미부여 작용과 인간의 창조 행위에
의한 일체의 실현 작용이 그런 조명에 함께 기여한다."77) 이러한 모
든 작용을 통해서 세계를 조명하는 정신이 현상 세계로 하여금 왜
이렇게 복잡하게 현상하도록 하느냐고 주장하는 것도 이런 측면에서
일리 있는 말일 것이다. 이처럼 정신이 현상 세계에서 행하는 일은
세계의 객관화의 기능으로써 이 세계를 밝히는 일인 것이다.78) 그리
고 이 세계 내의 모든 존재가 밝혀지는 데는 의미부여 작용이 한 몫을
한다는 것은 위의 사실을 통해서도 우리는 인정할 수 있을 것이다.

그런데 의미부여 작용이 인간에 의해서 이뤄지는데, 그 작용이 진
짜 신의 눈으로 볼 때 정말 이념적 의미 그대로를 현실 세계에 실현
시킬 수 있는가? 그렇지는 못하다는 것이다. 우리 인간이 의미를 부
여할 때도, 항상 우리 인간이 그 당시에 갖고 있는 에토스79)에 의존
하게 된다. "의미부여 작용의 모든 핵심은 사실은 에토스에 있게 되
는 것이다. 이러한 것을 칸트와 헤겔은 잘 알고 있었다."80) 그러므로

---

77) N. Hartmann, "Die Erkenntnis im der Ontologie" - *Kleinere Schriften
    Bd I,* S. 140.
78) N. 하르트만, 「정신철학원론」, 하기락 · 이종후 역(대구: 이문출판사, 1990),
    156쪽 참조.
79) 이것은 단순히 시대 정신사조 혹은 관습 등으로 이해해서는 안 될 것이다.
    오히려 이것은 우리 인간의 그때그때의 정신 발달의 정도 혹은 본질 직관의
    완전성의 정도, 이념계에 대한 인간 정신의 참여의 정도로 이해해야 할 것
    이다.
80) "Sinngebung und Sinnerfüllung", S. 258.

이념계에 있는 '의미' 그대로를 우리 인간이 현실 세계에 옮겨 놓거나, 그것을 원형으로 삼아 바로 그대로를 현실 세계에 부여하지는 못할 것이다.

그러나 어쨌든 우리 인간이 그 의미를 현실 세계에 부여한다는 것만은 부정할 수 없을 것이다. 심지어 "인간은 의미부여 작용을 세계에 대한 그의 권리로서 또 세계 내에서의 그의 사명으로서 파악한다"81)는 것이다. 왜냐하면 그 이유는 다음과 같을 것이다. 의미부여가 인간에 의해서 이루어지지 않고 세계의 근원으로부터 나온다면, 자유와 창조적 능력, 의미실현을 향한 노력 등의 능력을 갖춘 인간은 세계의 진행과정 앞에서 아무런 힘도 써 보지 못하는 무용지물이 될 것이기 때문이다.82) 칸트도 세계에 대한 인간의 이러한 역할을 이미 말하고 있다. 세계 내에서의 새로운 영역의 확장과 더불어 삶의 의미의 내재화와 피안으로부터의 재탈환이 인간에 의해서 이루어진다. 그리고 이것은 인간의 과제이고 사명이라는 것이다. 바로 이러한 확장과 내재화와 재탈환이 인간에게 세계 내에서 활동할 여지를 마련해 주는 것이라 하겠다.83) 그래서 인간은 의미부여 활동을 그의 과제로 삼고 이 과제를 실행하는 가운데, 세계 내에서의 그의 있음의 의의를 찾게 되는 것이다.

이상의 고찰들을 종합해 보면, 현실 세계에 존재해 있는 모든 의미는 우리 인간이 부여한 것이다. 우리 인간이 저 객관적으로 존재해 있는 '이념적 의미'를 순수 현상학적 경험으로 직관하고, 그 직관된 것을 현상 세계에 구현시킨 것이 바로 그 '의미'라는 것이다. 이러한 직관과 더불어 그 구현 작용도 바로 인간의 정신이 이행한다는 것이다. 인간 정신이 그런 일을 할 수 있다는 것은 매우 중요한 논의거리임을 본 논의에서 충분히 감지했을 것이다. 물론 인간 정신이 그런

---

81) a. a. O. S. 270.
82) Vgl. Ebd.
83) Vgl. a. a. O. S. 253.

일을 완전하게 한다는 것은 결코 아니다. 우리 인간 정신의 능력은 신의 정신 능력에 비하면, 매우 열등할 것이다.84) 그러나 그렇다고 할지라도 인간 정신이 밝혀내는 의미가 본래의 의미와 완전히 딴판인 것은 아닐 것이다. 비록 그 의미가 불완전하고 불명확한 것이기는 할지라도 말이다.

이러한 인간의 정신 활동을 통하여 '의미'가 현상계에 부여되므로, 현상계에 있는 의미는 항상 우리 인간에 의해 존재하게 되는 것이다. 우리 인간에 의해 존재하게 되는 것이라고 해서, 의미가—칸트의 생각처럼—인간의 창작물이 아니라는 것은 이미 앞에서 밝혀졌다. 이렇게 하여 존재하게 되는 의미들이 세계 내에 차츰차츰 채워지게 되는 것이다. 때로는 불완전하게 밝혀져 부여된 의미가 좀더 완전하게 밝혀진 의미로 대치되기도 하면서 말이다. 이러한 일들은 인간의 의미부여 활동으로 말미암아 다양하고 지속적으로 이루어질 것이다. 그래서 이 세계는 인간의 이런 활동의 덕택에 무의미의 상태에서 유의미의 상태로 전진하게 된다. 인간의 역사가 진행됨에 따라 이런 일은 계속될 것이다.

이런 관점에서 볼 때, 확실히 세계는 인간에 의한 '이념적 의미'의 실현의 장소이고, 인간에 의해 이념계로 고양되어지는 것이라고 할 수 있을 것이다. 그래서 우리는 세계의 역사는 확실히 이념적 의미에 의해서 이끌려지는 과정이요, 그 의미 내용이라고 일컬을 수 있는 것의 전개요 실현이라고85) 말할 수 있을 것이다. 이처럼 우리 인간이 '의미'를 부여하는 일을 수행하여서, 이 세계를 훌륭하게 형성시켜 나간다는 것을 알 때, 우리는 '의미부여'의 주체로서의 우리 인

---

84) 중세의 철학사상에 의하면, 신이 그의 고유한 능력인 이성 바로 그 이성의 조그마한 부분을 우리 인간에게 투사시켜 주었다는 것이다. 이런 사상을 그의 토대로 깔고서야 비로소 대륙의 합리론이 성립할 수 있었고, 그의 전통이 지속될 수 있었다는 것은 명백할 것이다.

85) Vgl. a. a. O. S. 273.

간의 역할이 얼마나 위대한가를 짐작할 수 있을 것이다. 인간의 이러한 위대성을 간파한 막스 셸러는 "이 세계 근거(Weltgrund)의 自己神化의 장소가 바로 인간이며, 인간의 자아라고"[86] 하질 않았는가!

---

86) M. Scheler, *Die Stellung des Menschen im Kosmos*-M. Schelers Ges. Werke Bd. 9, S. 70. 막스 셸러는 이곳에서 인간이 '세계 근거'를 완성시켜 나간다고 했는데, 필자는 그 '세계 근거'를 그가 생각하고 있는 '신'이라는 의미의 영역에만 국한시키지 않고, '세계'라는 의미로도 받아들인다. 왜냐하면 그는 때로는 이 세계가 인간에 의해서 점점 더 완성되어져야 할 어떤 것이라는 말도 하고 있기 때문이다.

제7장 가치와 윤리

본 장에서는 윤리학에 있어서 중요한 문제인 당위, 인격, 의지, 행위를 막스 셸러의 관점에서 정리해 보고자 한다. 그리고 그의 관점에서 하나의 새로운 윤리적 의미를 찾을 수 있는지, 더 나아가 그의 가치론에 근거한 실질적 가치윤리학이 성립가능한지 음미해 보고자 한다.

제1절 가치와 당위

칸트와 셸러는 가치와 당위의 연관관계에 대해서 서로들 견해를 달리하고 있다. 칸트는 마땅히 해야 할 일을 하는 것이 善이고, 마땅히 하지 말아야 할 일을 하는 것이 惡이라 하는데, 이것은 당위가 가치의 근거가 된다는 것을 의미한다. 이에 반해 셸러는 선은 마땅히 행해야 하는 것이고 악은 마땅히 행해서는 안 되는 것이기 때문에, 선·악 등의 가치가 당위의 근거라고 한다. 칸트의 견해처럼 가치가 당위에 근거한다면 그 당위란 무엇인가, 그리고 그 당위가 선천적으로 고유하게 존재하는 것인가, 만약 당위가 그렇게 존재하는 것이 아니라면 어떻게 그것이 가치 근거가 될 수 있는가 하는 문제들이 대두하기 때문에, 현상학적 가치론은 칸트를 비롯하여 신칸트학파에 의

해 진술되었던 당위 이론을 단호히 거부한다.1)

칸트는 선의지란 우리 인간이 순수 실천이성을 갖고 있음으로써 인간에게 천부적으로 갖춰진 것이라 하고, 이 善意志에 의해 至上命 令으로서 부과된 것이 당위라 주장한다. 그런데 과연 도덕원리로서 선의지가 근원적이고 본래적으로 인간에게 주어져 있는 것인지, 또 선의지에 의해 여러 구체적인 상황에 적용될 수 있는 보편타당한 당 위를 산출시킬 수 있는지, 가치론자들은 칸트의 단정적인 주장만으로 는 인정할 수 없다는 것이다. 그래서 가치론자 특히 셸러는 당위 존 재의 근거를 다른 곳, 즉 가치에서 찾았다.2) 그는 당위를 이념적 당 위(ideales Sollen)와 규범적 당위(normatives Sollen)로 구분하여, 전 자를 존재당위(Seinsollen)라 하고 후자를 행위당위(Tunsollen)라 했 다.3) 이 양자간의 본질적인 차이는 이념적 당위가 행위주체와 하등 관계가 없는 반면에, 규범적 당위는 반드시 행위주체를 전제하는 점 에 있다. 이념적 당위는 그 누구에 대해 명령하는 것이 아니지만 규 범적 당위는 반드시 그 누구에 대해 명령하는 것이다. "만일 이념적 당위가 도덕적 주체에게 그것을 실현하도록 노력하기를 명령할 때, 그 이념적 당위는 곧 규범적 당위로 변이한다."4)

먼저 이념적 당위와 가치의 연관관계를 밝혀본다. "모든 당위들은 가치들에 기초하고 있음에 틀림없다"5)는 명제는 당위와 가치의 본질 연관에 관한 제일 명제이다. 당위란 〈마땅히 ……이어야 한다〉는 의 미인데, 칸트는 이것을 도덕적 가치 평가의 기준으로 보았다. 그리고 그는 선·악의 가치를 이런 당위가 실현되든가 실행될 때 성립하는 것으로 보았다.6) 예컨대 〈너의 행위 준칙이 항상 보편타당한 입법원

1) Vgl. Johannes Hessen, *Lehrbuch der Philosophie Bd. 2 —Wertlehre—*, S. 61.
2) Vgl. materiale Wertethik, S. 214.
3) Vgl. a. a. O. S. 218.
4) a. a. O. S. 225.
5) a. a. O. S. 79 u. S. 214.
6) Vgl. I. Kant, *Kritik der praktischen Vernunft*, hrsg. v. Karl Vorländer

리에 합당하도록 하라〉는 짧은 격률에서 나타나듯이, 행위가 보편타
당한 입법원리에 성립하고 있는 당위에 합치할 때 그 행위는 선하고
상반할 때 그 행위는 악하다는 것이다. 그러나 사실은 가치의 비존재
에 대해 아쉬워하고 그 가치를 적극적으로 지향하고 희망하는 것이
곧 당위를 초래하는 것이므로, 가치에 근거해서 비로소 당위가 생겨
난다는 것이 타당할 것이다.

이 연관관계는 원칙적으로 다음의 공리로 정리될 수 있다. 즉 "모
든 적극적으로 가치있는 것은 마땅히 있어야 하고, 모든 소극적으로
가치있는 것은 마땅히 없어야 한다."7) 환언하면 적극적인 가치는 존
재당위적이고 소극적인 가치는 비존재당위적이다. 적극적인 가치는
마땅히 있어야 할 것으로 희망할 수 있는 것이고, 소극적인 가치는
마땅히 있어서는 안 될 것으로 희망할 수 있는 것이다. A란 사람에
게 돈 주는 것을 예로 들어 보자. A에게 돈 주는 것이 A로 하여금
생사의 갈림길에서 기근을 해결하도록 하여 생명을 되찾도록 하는
적극적으로 가치있는 일이라면, 그것은 그러한 돈이 있는 사람이 마
땅히 해야 할 일이고, A에게 돈 주는 것이 A로 하여금 건강에 해로
운 마약을 복용하도록 하는 소극적으로 가치있는 일이라면, 그것은
그러한 돈이 있는 사람이 마땅히 해서는 안될 일인 것이다. 적극적으
로 가치있는 일은 마땅히 있어야 할 일이고, 소극적으로 가치있는 일
은 마땅히 있어서는 안 될 일이다. 그러므로 생명을 되찾게 하는 일
은 적극적으로 가치있는 일이므로 마땅히 있어야 하고, 마약을 복용
하여 생명 가치를 상실케 하는 일은 소극적으로 가치있는 일이므로
마땅히 있어서는 안 될 일이다. 이처럼 당위는 적극적 가치의 非存在
와 소극적 가치의 존재에 관계하여, 적극적 가치의 없음에 대해 생겨
나고, 소극적 가치의 있음에 대해 생겨난다. 당위는 결코 적극적 가
치가 존립해 있거나 소극적 가치가 존립해 있지 않을 경우 생겨나지

(Hamburg: Felix Meiner Verlag, 1974), S. 82.
7) materiale Wertethik, S. 214.

않는다. 이런 경우에 당위가 생겨날 하등의 이유도 없고, 당위가 없어도 바람직한 가치 추구활동이 잘 이뤄진다. 물론 이때 A에게 돈 주는 것 자체가 가치있는 일이 아니다. 적극적 가치와 소극적 가치 자체는 따로 존재한다. A에게 돈 주는 것이 적극적 가치를 質로서 담지·소지하고 있을 때 그 행위는 가치로운 것이고, 소극적 가치를 質로서 담지·소지하고 있을 때 그 행위는 가치롭지 않는 것이다. 그래서 정확히 말해 행위에 담지되어 있는 적극적 가치를 지향하는 일이 마땅히 있어야 할 일이고, 행위에 담지되어 있는 소극적 가치를 지향하는 일이 마땅히 있어서는 안 될 일인 것이다.

따라서 가치는 원칙적으로 존재와 비존재에 대해 무관하나 당위는 반드시 가치의 존재 또는 비존재에 관련되어 있다. 이런 사실은 이미 언어에도 나타나 있다. 우리는 '이 경우 그렇게 행동한 것은 좋은 것이었다'고 말할 수 있으나 '이것은 반드시 그랬어야 했다'(dies hatte so sein sollen)라 할 수는 없고, 다만 '이것은 마땅히 그랬어야 했을 것이다'(dies hätte so sein sollen)고 할 수 있을 따름이다.[8] '이 경우 그렇게 행동하는 것'은 선호작용 혹은 경시작용을 통해 적극적인 가치를 지향하여 실행하는 것이든가 소극적 가치를 배척하여 실행치 않도록 하는 것이므로, 그 행동은 인과적인 필연의 결과가 아니라 소망의 결과이어야 할 것이다. 다시 말해서 '이것은 반드시 그랬어야 했다'와 '이것은 마땅히 그랬어야 했을 것이다'의 두 문장에 있어, 앞 문장은 적극적 가치가 존재해야 한다는 소망·희구의 의향이 없는 반면에 뒤 문장은 그러한 소망·희구의 의향이 있다. 그래서 가치의 존재와 비존재에 관계하여 소원을 표시한 문장이 당위 문장임을 알 수 있다. 이와 같이 당위는 가치들처럼 그 무엇에도 상관없이 독자적으로 존립하는 것이 아니라, "어떤 것의 마땅히 있어야 함(Seinsollen von etwas)"[9]이다. 어떤 것의 마땅히 있어야 함이란 어

---

8) Vgl. Ebd.
9) Ebd.

떤 것이 존재하지 않음을 이미 전제로 하는 바람이다. 그러므로 우리
는 어떤 것이 마땅히 〈있어야 한다〉고 말할 때마다 이것이 〈존재하
지 않는 것〉으로 이해하고, 어떤 것이 마땅히 〈있어서는 안 된다〉고
할 때마다 이것이 〈존재하는 것〉으로 이해하는 것이 타당하다.

바로 이 어떤 것이란 적극적인 가치이거나 소극적인 가치이다. 적
극적인 가치가 없을 때 그 가치가 있어야 한다는 당위가 생겨나게
되고, 소극적인 가치가 있을 때 그 가치가 없어져야 한다는 당위가
생겨나게 된다. 따라서 자체적 존재로서 당위는 있을 수 없고, 언제
나 당위의 質로서 규정되어야 하는 존재당위(Seinsollen)와 이것에
대립하는 비존재당위(Nichtseinsollen)가 있을 뿐이다. 이때 존재니
비존재니 하는 규정어는 〈마땅히 있어야 함〉 혹은 〈마땅히 있어서는
안 됨〉의 實質이다. 그래서 "우리는 '이것은 善하고 또 이것은 마땅
히 善해야 한다'는 식으로 말할 수 없고, '그는 불행하므로 마땅히
불행으로부터 벗어나야 한다'는 식으로 말할 수 있다."10)

이처럼 "당위를 생겨나게 하는 가치의 비존재가 모든 존재당위의
명제들에 전제되어 있고, 반가치의 존재가 비존재당위의 명제들에 전
제되어 있다."11) 예컨대 '정의가 세계 내에 있어야 한다'든가 '피해
보상은 이루어져야 한다'는 명제에는 언제나 그리고 반드시 〈정의〉
혹은 〈피해 보상〉이 담지하고 있는 적극적 가치의 비존재에 대한 통
찰이 전제되어 있다.

지금까지 이념적 당위에 관해 고찰했다. 이제부터 규범적 당위에
관해 살펴보고자 한다. 이념적 당위가 행위 주체와 상관없이 가치에
근거해 생겨나는 것임에 반해, 규범적 당위는 이념적 당위와 노력의
가치방향에 의해 규정되어진다.12) 노력의 가치방향이 이념적 당위와
일치할 때는 규범적 당위가 생기지 않고, 노력의 가치방향이 이념적

---

10) a. a. O. S. 215.
11) a. a. O. S. 216.
12) Vgl. a. a. O. S. 222.

당위와 충돌할 때만 규범적 당위가 생긴다. 예컨대 노력의 방향이 '어떤 가치로운 일은 마땅히 있어야 한다'는 이념적 당위와 충돌하여 그 노력 방향이 그 가치로운 일을 있도록 하지 않을 경우, 규범적 당위가 생겨나서 그 노력 방향이 〈그 가치로운 일을 있게끔〉 한다는 것이다. 그러므로 규범적 당위가 성립하기 위해서는 가치에 근거해 있는 이념적 당위가 존재해야 하고 그 위에 그 당위와 충돌하는 노력 방향이 있어야 한다.

규범적 당위에 관한 고찰에 앞서 규범, 명령에 관해 살펴보기로 하자. 가치가 존재하지 않는 것으로 주어져 있을 때 비로소 이념적 당위가 언급될 수 있듯이, 규범, 명령은 노력 방향이 이념적 당위에 충돌할 때 생긴다. 노력이 이미 가치와 관련하고 있을 때 〈규범〉, 〈명령〉을 언급하는 것은 전혀 무의미하다.13) 이것은 모든 명령, 규범에는 그 근저에 어떤 노력의 비존재당위가 있음을 의미한다. 즉, 명령이 있기 위해서는 선행조건으로서 마땅히 있어서는 안 되는 노력이 있어야 한다는 것이다. 명령이 어떤 가치의 실현을 명령하는 경우에도, 그 명령은 그 가치의 실현에 상충하는 노력작용의 존재를 의식한 것에 근거해 있다. 엄밀한 의미에서 命令은 바로 禁令일 뿐이라는 말이 이러한 사실을 뒷받침해 준다.14)

또 모든 명령, 규범은 이념적 당위로 그리고 간접적으로 그 당위 속에 있는 가치로 환원될 때만, 그것들은 정당한 것이다. 명령, 규범들 자체는 당위 혹은 가치들에 의해서 옳다 또는 그릇되다로 평가된다.15) 사실 여기에 명령 또는 규범의 옳고 그름과 그것들이 행해지는 의욕 사이에 본질관계가 성립한다. 한 명령 또는 규범은 그것의 내용이 명령자에게 이념적으로 마땅히 있어야 할 것으로 주어져 있을 때, 비로소 참된 것이 된다. 명령의 옳음의 제일차적인 조건은 명

---

13) Vgl. a. a. O. S. 219.
14) Vgl. Ebd.
15) Vgl. a. a. O. S. 220.

령자에게 이념적으로 마땅히 있어야 할 것으로 주어져 있는 명령 내용이 역시 객관적으로 있어야 한다는 것이다.16) 제이차적인 조건은 명령자가 그의 상대방 안에 저 이상적으로 마땅히 있어야 할 것에 거슬리는 노력경향, 즉 저항경향이 현존해 있거나 혹은 이상적으로 마땅히 있어서는 안 될 것에 향해져 있는 노력경향이 현존해 있음을 알고 있어야 한다는 것이다.17) 그런데 그러한 경향이 없음을 알았음에도 불구하고 명령을 내릴 때는, 이상적으로 마땅히 있어야 할 것을 명령하는 경우에도 그 명령행위는 윤리적 비가치를 실행하게 된다. 그리고 명령을 받는 자는 이런 명령에 직면하게 될 때, 그 명령에 대한 〈윤리적 저항〉을 일으키게 된다.

이처럼 규범과 명령은 필연적으로 노력이 지향하는 방향이 이념적 당위에 상충할 때 생기므로, 규범과 명령의 실질인 규범적 당위는 이념적 당위에 상충하는 행위들이 일어나는 상황에서 생긴다. 예컨대 〈자식들은 마땅히 부모를 봉양해야 한다〉는 규범적 당위가 어떤 사회에 있다면, 자식들이 부모의 노후를 보살펴 주지 않는 분위기가 그 사회에 팽배해 있든가, 아니면 孝란 가치의 존재당위인 이념적 당위에 역행하는 행위들이 그 사회에 만연되어 있음에 틀림없다. 규범적 당위는 이념적 당위에 역행하는 사회적 분위기에서 생겨난다는 것을 W. Rathenau는 다음의 예로써 설명하고 있다. "神的 統一性이 이스라엘에게 그렇게도 빈번히 엄격하게 요구되었던 것은 그 민족이 끊임없이 우상숭배에 기울어졌었기 때문이다. 마찬가지로 고대 민족들의 과장된 양친존경의 규범으로부터 우리는 그 당시 노인들을 학대하고 제거하는 습속이 있었음을 알 수 있다."18) 어쨌든 어떤 규범적 당위가 있다면, 그 당위가 있게 된 원인은 이념적 당위에 충돌하는 행위들이 많이 있는 데 있다. 만약 어떤 민족에 그러한 규범적 당위

16) Vgl. Ebd.
17) Vgl. Ebd.
18) a. a. O. S. 223.

가 없다면, 그 민족 사회에서는 어차피 그런 규범이 될 수 있는 것이 지켜지고 있어서 그런 규범이 번거롭게 필요치 않기 때문일 것이다. "그러므로 규범과 명령이 자꾸 나타나는 것은 그것들이 귀착하는 가치들에 대한 직접적인 감정이 흐려졌거나 또는 적어도 노력이 이 가치감정과 상충하는 방향으로 나아갔다는 증거이다."[19] 예컨대 로마 말기의 인구 정책이 보여 주었던 자녀 출산에 관한 법령은 그 당시의 출산 감소경향을 證示하고 있고, 또 근대의 절제와 금욕에 관한 규범은 그 당시의 낭비와 탐욕의 경향을 증시하고 있다.

규범적 당위의 이러한 존재 법칙에 의해, 한 민족 안에서일지라도 그 민족의 집단들이 각기 상이한 노력방향을 가질 때는 상이한 규범적 당위들이 존재할 수 있음을 추리할 수 있다.[20] 다시 말해서 가치와 가치 위계질서의 동일성에도 불구하고 그들 집단의 노력방향이 상이할 때는 규범적 당위가 상이할 수 있다는 것이다. 예컨대 항상 자기 자신의 이익만을 생각하고 행동하는 이기주의가 팽배해 있는 집단에는 〈너 이웃을 네 자신보다 더 사랑하라〉는 규범적 당위가 있었는가 하면, 자기 자신의 이익은 아랑곳하지 않고 남을 위해 헌신하고자 하는 사람들에게는 〈네가 다른 사람들에게 무엇인가를 줄 수 있기 위해서 네 스스로가 훌륭한 자가 되도록 노력하라〉는 규범적 당위도 있었던 것이다.[21] 그런데 가치에 근거해 있는 불변적인 이념적 당위가 아니라, 임의적인 노력방향의 상이성에 따른 규범적 당위의 상이성 더 나아가 역사상의 규범의 변화, 한 민족 공동체 안에서의 규범의 차이 등을 주목하고, 윤리적 상대주의 내지 회의주의에 빠지는 것은 얼마나 통찰력 없는 일일까?[22] 이처럼 규범적 당위는 개개의 행위적 주체에 상관없이 존재하는 이념적 당위와는 다르게, 명

---

19) Ebd.
20) Vgl. Ebd.
21) Vgl. a. a. O. S. 222.
22) Vgl. a. a. O. S. 224.

령하는 의지와 그것이 향하는 노력에 따라 변전한다.23) 명령의 의지
와 그런 의지에 의한 노력방향은 시대적 사조와 사회적 상황에 따라
변전하는 것이므로, 결과적으로 규범적 당위는 시대적 사조와 사회적
상황에 따라 변전할 수 있는 것이다.

제2절 가치와 인격

가치와 가치들의 본질연관이 대상으로 주어져 있다면, 인격은 작
용으로 주어져 있다. 인격은 윤리학에 있어서 가치와 가치들의 연관
을 대상으로 하여 작용하는 것이다. 먼저 인격의 작용과 감각적 기능
을 구별해 보자. 보고 듣고 하는 등의 기능(Funktion)은 자아(Ich)에
속하는 데 반하여 지향 작용(Akt)은 인격(Person)에서 나오는 것이
다. "기능에는 반드시 신체가 결부되어 있고 또 ……환경(Umwelt)이
그에 관련되어 있으나 인격에 대응하는 것은 환경이 아니라 세계
(Welt)이다. 작용은 인격으로부터 나와서 시간으로(in die Zeit
hinein) 들어간다. 그러나 기능은 현상적 시간 영역 내의(in der phäno-
menalen Zeitsphäre) 사실이다. ……인격으로써 사념되는 것은 자아
에 대해서 자족적이며 전체적인 어떤 것이다."24) 그래서 가치가 대
상으로서 우리에게 문제될 때, 감각적 기능이 아니라 바로 인격의 작
용이 필요하고, 우리 인간이 인격을 통해서 가치를 올바로 대상화할
수 있는 것이다. 그러므로 또한 이념적 당위이든 규범적 당위이든 간
에 가치에 반드시 기초하는 실제적 당위(aktuales Sollen)가 문제될
때, 그 가치를 이념적 영역에서 실재적 영역(reale Sphäre)으로 도출
하는 것이 바로 인격이라는 것이다.25)

---

23) Vgl. Ebd.
24) a. a. O. S. 387~389.

그러면 인격이란 무엇이며, 그 본질은 어떤 것인지 알아보자. "이 성의 작용이라 할 수 있는 관념적 사유와 근원적인 현상 또는 본질 적 내용에 대한 직관 그리고 호의, 사랑, 후회, 외경, 정신적 경탄, 정 복과 절망, 자유로운 결단 등의 정의적 작용을 포괄하여 우리는 정신 이라 한다. 그리고 이 정신이 인간에서 현상하는 중심체를 우리는 인 격이라 한다."26) 인격은 곧 정신적 활동의 중심체라는 것이다. 그리 고 "인격은 오직 지향작용에서만 존재한다는 것이 그 본질에 속한다. 그것이 여하한 대상으로도 취급될 수 없다는 것이 그 본질이다."27) 왜냐하면 "……정신은 그 자신을 대상화할 수 없는 유일한 존재요 순수하고 순전한 활동성이며 오직 그의 작용의 자유로운 수행에 있 어서만 존재하는 것이다. 따라서 정신의 중심체인 인격은 대상적인 존재도 아니요 사물적인 존재도 아니며 다만 끊임없이 자기를 실현 하는 작용들의 본질에 의해서 규정된 하나의 질서 조직체일 따름이 다. 인격은 다만 그의 작용 속에서만 그리고 그의 작용을 통해서만 존재하기"28) 때문이다. 일상적으로 우리가 작용의 주체라 생각하는 자아 및 그 작용은 내적으로 지각될 수 있으나, 인격 및 그 작용은 지각될 수 없는 것이다.

그런데 "칸트는 모든 인과법칙에 독립하여 이념적 의미법칙에 따 르는 작용을 하는 것이 바로 인격의 본질이라는 것을 이해하지 못하 고, 인격을 이성적 법칙에 따르는 작용 활동의 논리적 주체로만 이해 했다."29) 따라서 인격의 정의적인 정신 작용을 간과하고, 인격을 도

---

25) Vgl. N. Hartmann, *Ethik* 4. Auf.(Berlin: Walter De Gruyter & Co, 1962), S. 227.
26) M. Scheler, *Die Stellung des Menschen im Kosmos*−M. Scheler Ges. Werke Bd. 9(Bern: A. Francke, 1976), S. 32.
27) materiale Wertethik, S. 389.
28) 막스 셸러 저, 『우주에 있어서 인간의 지위』−교육학과 인간학−, 허재윤 역, 154쪽.
29) materiale Wertethik, S. 370.

덕법칙에 따라야 할 주체자로 생각했다. 또 인격은 그 활동에 있어서 도덕법칙에 합법칙적이든가 반법칙적일 수 있고, 그럼으로써 인격이 선을 행하든가 악을 행하게 된다고 생각했다. 이런 오해는 인격의 이차적인 사고작용만 인정하고 일차적이고 적극적인 작용을 통찰하지 못한데서 생겨났고, 또 인격 그 자체는 결코 대상이 될 수 없음에도 불구하고 도덕법칙에 의거해 평가되는 것으로 짜맞춘 데서 생겨났다.

제5장 1절에서 간단히 밝혔듯이, 정신작용에는 이성작용, 감정작용 그리고 의지작용이 있다. 그리고 "인격이 ……여러 지향적 작용들을 …… 통일해 주는 것이고,"30) 인격이 이 모든 작용의 중심체이다. 다시 말해서 이들 작용은 인격에서 비로소 근원적으로 생겨난다. 그런데 가치의 영역에는 항상 감정작용과 의지작용이 관계한다. 그러므로 여기서 우리는 가치에 대한 감정작용과 의지작용을 통해서 인격이 가치와 그것들의 연관에 대해 어떤 역할을 하며, 나아가 윤리의 영역에 어떤 역할을 하는지 알아본다.

인격은 그의 감정작용을 통해서 즉자적 존재로서의 가치를 대상적으로 감지하고, 감지된 가치들을 그것들의 위계연관에 의거해 선호·경시한다. 그리고 또한 사랑과 증오를 통해 이념적인 가치들을 현실계로 끌어내리든가 다시 이념계로 환원시킨다. 인격은 일차적으로 이런 작용을 통해 윤리적 실행자가 아니라 객관적으로 존재하는 가치를 향한 작용자로서 역할을 한다.31) 그리고 인격은 그의 의지작용을 통해서 선호한 가치 혹은 경시한 가치를 실현하고자 하는 가운데, 선·악의 윤리적 가치를 실행하게 되고 윤리적 이행자로서 역할을 하게 된다.32)

이처럼 인격은 개인적 인격으로서뿐만 아니라 전체적 인격으로서

---

30) Wilhelm Mader, *Max Scheler*—Rowohlts monographien 290B—, hrsg. v. Kurt und Beate Kusenberg, Hamburg, 1980(이하 Ro ro ro로 약기함), S. 57.
31) Vgl. materiale Wertethik, S. 382f.
32) Vgl. a. a. O. S. 47.

도 그 역할을 다한다. 왜냐하면 인격은 개체적 존재에 국한되지 않고
사회적 통일체, 인격 공동체에로 확장되기 때문이다. 사실 셸러는 개
인적 인격(Einzelperson) 외에 또한 전인격(Gesamtperson)에 대해 언
급하고 있다. 그에 의하면 "사회와 그의 역사는 전체적인 가치 세계
의 상이한 부분 영역의 인격적 실현에 의해 서로 구별되는 통일체로
이해된다. 구체적 사회는 이리하여 언제나 하나의 전체적인 가치질서
의 부분적 세계일 따름이다. 또한 역사는 가치구조의 총체를 완성시
켜가는 과정 내지 운동으로 된다."33)

　이와 같이 어쨌든 가치 실현의 주체인 인격이 선호한 가치를 실현
하는 것이 선이고 경시한 가치를 실현하는 것이 악이므로, 인격이 선
호·경시작용에 의해서 파악한 보다 높은 가치를 실천적으로 실현하
는 것이 윤리적으로 선한 것이고 보다 낮은 가치를 실천적으로 실현
하는 것이 윤리적으로 악한 것이다. 따라서 선·악의 가치는 인격이
의지작용을 통해서 실행하는 가치이다. 이 가치는 물적 가치, 생명
가치, 심적 가치, 미적 가치, 진리 가치 그리고 聖的 가치와는 그 존
재 방식상 다르다. 이들 가치는 인격의 작용에 상관없이 존재하나,
선·악의 가치는 필연적으로 인격의 작용을 통해서 존재하게 된다.
그러므로 "善·惡의 가치를 인격 가치라 한다."34) 그런데 선·악의
가치가 인격에 의존해 존재하는 것이라 해서, 선·악의 가치가 본래
고유하게 존재하는 것이 아니라는 것은 아니다. 모든 가치는 이념계
에 본래적으로 존재하면서, 그것들이 현실계에 각자에 적합한 담지자
를 통해서 혹은 각자의 고유한 방식으로 나타난다. 물적 가치는 사물
을 통해, 생명 가치는 생명을 통해, 미적 가치는 경치나 회화를 통해,
선·악의 윤리적 가치는 인격 작용을 통해 현상계에 나타난다. 바로
이런 사실을 알지 못한 칸트는 선·악의 가치를 이념적 당위이든 명
법적 당위이든 간에 자립적이라 할 수 없는 당위 내용에 대한 행위

---

33) Ro ro ro, S. 57.
34) materiale Wertethik, S. 49.

의 합당성 여부로 결정짓고자 하고, 또는 이 가치를 객관적·선천적으로 결코 존재할 수 없는 도덕법칙에 대한 어떤 의지작용의 단순한 合法則性, 反法則性으로 환원시키고자 하는 오류를 범했다.35)

제3장 가치들의 선천적인 본질연관에서 고찰한 바와 같이, 가치들은 서로들 간에 위계질서를 갖추고 있다. 어떤 가치는 다른 가치보다 높은 가치이거나 더 낮은 가치이고, 어떤 가치는 다른 여러 가치들 가운데서 가장 높은 가치이고 어떤 가치는 그 가치들 가운데서 가장 저급한 가치이다. 가치의 이러한 존재양상에 착안해 볼 때, "절대적인 善은 인격이 가장 높은 가치를 실현할 때 본질법칙적으로 나타나는 가치이고, 다른 편으로 절대적인 惡은 인격이 가장 저급한 가치를 실현할 때 필연적으로 나타나는 가치이다."36) 그리고 "상대적인 善·惡은 인격이 그때 그때의 價值 基點(Wertausgangspunkt)에서 보다 높은 또는 보다 낮은 가치를 실행할 때 나타나는 가치이다."37) 또 "善은 인격이 보다 높은 가치단계의 내부에서 적극적 가치를 수행하는 가운데 생기는 가치이고, 惡은 소극적 가치를 수행하는 가운데 생기는 가치이다. 보다 저급한 가치단계의 내부에서는 선은 인격이 소극적 가치를 수행하는 가운데 생기는 가치이고, 악은 적극적 가치를 수행하는 가운데 생기는 가치이다."38) 이런 세 가지의 사실에서 우리는 善·惡이 다른 가치들과는 달리 인격 작용에서 나타나는 가치란 것을 알 수 있다.

그럼에도 불구하고 선·악이란 가치 자체가 하나의 노력목표 내지 행위목표가 될 수 있다고 생각하는 윤리학자들이 있다. 더 나아가 심지어 선·악의 가치를 행위 실행의 목표로 삼는 자들이 있다. "이들은 자기의 이웃에 善을 베풀려 하지 않고, 행위를 통해서 〈선하게 되

---

35) Vgl. a. a. O. S. 45f.
36) a. a. O. S. 47.
37) Ebd.
38) a. a. O. S. 47f.

는〉 또는 〈선행을 할〉 기회를 노리기만 하는 자들이다. 다시 말해서 이들은 善 자체만을 위해 행위하고자 하므로, 진정으로 선을 이행할 마음이 없고 남들의 앞에서 다만 善하게 나타나려는 위선자일 수도 있다."39) 그러므로 善·惡의 가치는 노력방향과 행위실행 이전에 가치들의 위계관계에 대한 인격 작용에서 결정되는 것이고 따라서 그 가치는 인격의 가치임을 알 수 있다.

제3절 가치와 의지

의지도 이성, 감정과 더불어 인간 정신의 일부이다. 의지는 항상 어떤 방향으로 인간 행위를 명령하고, 어떤 방향의 인간 행위를 저지한다. 그러므로 의지는 항상 인간의 실천적 영역에만 관계하는 정신이라 할 수 있다. 칸트도 의지를 순수 실천이성으로 생각한다.40) 그런데 그는 의지의 자율성을 높이 평가하면서, 의지를 선천적인 형식적 원리와 후천적인 실질적 동기의 중간에서 활동하는 것으로 생각한다. 그 결과 그는 의지가 선천적인 형식적 원리와 후천적인 실질적 동기를 연결시켜주는 윤리적 이행자로 이해했다. 칸트의 이런 이해는 먼저 실천적 영역에 관계하는 의지가 이론 영역에 관계하는 인식 기관과는 달리 필연성에 제약되지 않는다는 점과, 둘째 도덕원리로서 형식적인 보편타당한 원리가 있다는 확신에 기인해 있었다.

그런데 셸러는 의지가 인간의 실천적 영역에만 관계하고 윤리적 이행자임을 인정하나, 형식적 원리와 실질적 동기 사이의 매개자이라는 것을 인정하지 않는다. "칸트가 이론철학에서 모든 판단의 근거가

---

39) a. a. O. S. 48.
40) Vgl. I. Kant, *Grundlegung zur Metaphysik der Sitten*: Philosophische Bibliothek, Band 41, 3. Auf.(Hamburg: Felix Meiner Verlag, 1965), S. 34.

되는 직관내용이 아니라 판단기능으로부터 〈선천적인 것〉을 이끌어
내고자 하는 것처럼, 그의 실천철학에서도 도덕인식의 내용으로부터
가 아니라 의지기능으로부터 〈선천적인 것〉을 이끌어 내고자 한다."41)
실질적인 동기를 규제하는 의지기능에서 그는 그 기능이 저 동기를
규제하기 위해 의지하는 〈선천적인 것〉을 착상했던 것이다. 그래서
그는 의지의 도덕률을 확고히 인정하고, 의지가 개별적 상황에 보편
적 입법원리를 적용시키는 역할을 하는 것으로 보았다. 이 관점은 첫
째 의지가 정의적인 기능을 본질필연적으로 실행하고, 둘째, 도덕적
통찰의 대상이 객관적으로 존재하는 것이 아니고 그 대상의 자리에
의무의식이 나아갈 수 있고, 심지어 그 대상에 대한 도덕적 통찰이 결
여되어 있을 때도 의무의식이 존재해 있다는 신념에 근거하고 있다.42)

그런데 만약 칸트의 생각처럼 "도덕적 행위가 의지의 자율성에 따
라 행해진다면, 우리가 스스로 선하게 행동했는지 악하게 행동했는지
를 항상 알 수 있다는 것은 불가능하다."43) 의지의 자율성이란 개별
적 상황에 보편적 입법의 원리를 적용시킴에 있어서 자율성이므로,
그 적용에 있어서 정당했는지 부당했는지는 알 수 없는 것이다. 따라
서 의지의 自律에 의해 우리가 도덕적 행위를 할 수 있다 함은 당장
불합리하게 된다. 그래서 셸러는 의지의 자율성을 부정한다. 의지는
항상 도덕의식에 근거해서 활동하지, 구체적인 상황에서 실천이성에
의해서 의식된 도덕법칙에 대한 의지의 자율에 따라 도덕적 행위가
이뤄진다는 것이 아니다. 도덕의식이란 이미 인식된 가치들을 바탕으
로 해서 생겨나는 것이다. 의지는 그 자체로서 좋고 나쁨과 옳고 그
름을 알거나 평가할 수 없다. "윤리적 선천적인 것은 윤리적 인식의
영역에 놓여 있는 것이지, 의지 자체의 영역에 놓여 있는 것이 아니
기"44) 때문이다. 그래서 의지의 자발적인 자율성은 부정되고, 그것의

---

41) materiale Wertethik, S. 88f.
42) Vgl. a. a. O. S. 89.
43) Ebd.

정의적 기능도 부인된다.45)

그 다음 막스 셸러에 따르면 의지가 그때그때에 따라 적당한 도덕적 통찰을 하는 것이 아니라, 즉 "그것에 내재해 있는 형식적 법칙에 의해 방향지어지는 것이 아니라, 여러 가지 가치실질 중에서 선호·경시작용에 의해 주어진 가치에 의해 방향지어지는 것이다."46) 왜냐하면 의지가 의지할 수 있는 선천적인 도덕법칙이 어느 곳에서도 존재하지 않고, 오직 가치에 대한 선호·경시작용에 의해 획득되는 노력목표를 의지가 정립하거나 지향할 따름이기 때문이다. 그래서 의지가 여러 가치들 가운데 보다 높은 가치를 추구하는 노력목표를 지향할 때 그 의지는 善하다 할 것이고, 반대로 의지가 여러 가치들 가운데 보다 저급한 가치를 추구하는 노력목표를 지향할 때 그 의지는 악하다 할 것이다. 그런데 가치는 목적에 의존하는 것도 아니고 목적으로부터 추상된 것도 아니다. 오히려 그것은 이미 노력목표들의 근저에 놓여 있고 그 목표들에 근거하고 있는 목적들을 기초짓는다. 그러므로 목적의 정립에 가치가 기여했음이 확실하다. 따라서 어떤 목표내용을 목적으로 하는 의지는 실질적 가치, 더 나아가 가치연관에 의지하고 있음이 분명하다.47)

그러나 "칸트는 의지의 아래쪽에 있는 영역을 傾向性의 영역 또는 충동작용의 영역이라 하고 이런 영역은 도덕적으로 가치중립적 영역이라 했다. 그리고서 이론 철학에서 직관의 實質을 감각의 혼돈으로 보고 그 혼돈적인 것을 悟性이 그의 기능법칙에 따라 질서를 부여하는 것처럼, 실천철학에서 실천이성으로서 의지가 그 자신의 법칙에 따라 경향성의 영역 혹은 충동작용의 영역에 가치를 부여하는 것으

---

44) a. a. O. S. 99.
45) 여기서 자율성은 도덕적 가치를 부여하거나 형성시키는 자율성을 의미하고, 정의적 기능은 좋고 나쁨과 옳고 그름을 인지하거나 평가하는 기능을 의미한다.
46) a. a. O. S. 62.
47) Vgl. a. a. O. S. 61.

로 생각했다."48) 그래서 그는 의지 자체가 선천적인 법칙성을 가진 것으로 여기고, 의지작용의 산물이 가치판단과 도덕적 인식을 초래하는 것으로 생각한다.49) 이런 칸트의 견해는 실질적인 가치의 존재와 그런 가치에 대한 감정작용 그 양자에 관한 통찰의 결여 때문에 생겨난 것이다.

이런 통찰이 있었다면 "의지는 가치에 근거해서 형성되어진 노력목표의 내용과 실현되어야 함의 두 요소에 의해 작용하게 된다는 것을 알 수 있었을"50) 것이다. 이 두 요소 중 노력목표만 존재하는 경우는 단순한 所願만이 생길 수 있고, 실현되어야 한다는 요소만 존재하는 경우는 방향 없는 지향, 충동만이 있을 뿐이다. 이 양자의 경우에는 진정한 의지가 생길 수 없다. 노력목표는 가치에 근거해서 형성되어지므로 결코 표상되거나 사고되어 있지 않다. 다시 말해 그것은 지각, 표상, 사고 등의 방식으로 주어지는 것이 아니다. 그것은 가치에 대한 감정 작용에서 주어지게 된다. 예컨대 "우리들이 결코 그 어디에서도 미리 대상으로 지각·표상하지 못한 것을 우리는 부단히 추구하든가 저항한다. 이런 활동은 우리의 지성적인 표상 생활이나 사고 생활의 충실, 폭, 種別化에 一義的으로 의존하고 있지 않다. 오히려 이런 경우에 우리는 〈어떤 것에 관한 의식 일반〉의 가능한 모든 것들 중 가치질에 상응하는 의식에 의지하고 있다."51)

그리고 의지의 한 양상으로서 〈실현되어야 함〉은 노력목표로서 가치 내용이 구체적인 실행으로 現前하게 된다는 본질 요소이다. 이 〈실현되어야 함〉의 의식은 바로 행위가능(Tunkönnen)의 의식이다. "이것은 가치 내용에 대한 〈그것을 실현할 수 있다〉는 직접적인 의식이다. 이런 의식은 하나의 독자적인 현상으로서 어떤 것을 하는 또

---

48) a. a. O. S. 62.
49) Vgl. a. a. O. S. 88.
50) a. a. O. S. 61.
51) a. a. O. S. 60.

는 수행하는 성향과 능력의 단순한 현존과는 전혀 다른 것이다."52)
또 이것은 어떤 것을 전에 실행했고 그러므로 다시 그것을 능히 실
행할 수 있다는 확신이 결합된 의식도 아니다. 〈실현되어야 함〉의 행
위가능 의식은 이미 전에 행했던 행위나 행동에 결부되어 있는 의식
사실들의 模寫나 再現도 아니다. 왜냐하면 "우리는 〈나는 이것을 또
는 저것을 할 수 있다〉는 의식을 아직 결코 실행하지 않았던 내용에
대해서 그리고 전혀 새로운 상황에서 체험하기 때문이다."53) 오히려
반대로 실제적인 실행 그리고 이 실행을 위한 실재적 성향의 환기가
종종 행위가능 의식의 현존에 의존한다. 그러므로 " 〈할 수 있다〉는
의식을 학생들에게 불어넣고 스스로 그것을 증대시키도록 해야 한다
는 것이 교육자들에 의해 강조되는 것은 정당한 일이다."54) 실제로
많은 능력들이 〈할 수 있다〉는 의식을 가지지 못했기 때문에, 써먹지
못하고 잠재되어 있는 경우가 많다.

이상의 고찰에서 알 수 있듯이, 의지는 칸트의 견해처럼 도덕적
행위의 자유인으로서 역할을 하는 것이 아니다. 왜냐하면 아무리 고
찰해 봐도 무상명령될 수 있는 보편적 입법원리가 존재하지 않고, 그
다음 실천이성이 존재하여 칸트가 가치중립적이라 하는 경향성이나
충동작용 등에 어떤 질서 내지 가치를 부여한다는 것이 이해될 수
없기 때문이다. 그래서 셸러에 있어서 의지는 다만 정신의 한 부분으
로 가치 인식의 내용을 근거로 해서 획득된 노력목표를 자발적으로
실현코자 하는 자이다.

---

52) a. a. O. S. 239.
53) a. a. O. S. 240.
54) Ebd.

제4절   가치와 행위

의지는 가치를 근거로 노력목표를 자발적으로 정립하고, 그 목표를 행위로 하여금 실현하도록 한다. 따라서 "노력목표의 실현은 사실상 행위를 통해서 이뤄진다."[55] 행위가 가치에 근거해 설정된 노력목표를 실현하는 것이므로, 행위 내용이 과거의 기억이나 추리를 통해서 획득된 행위 결과에 의해 결정된다는 견해는 당장 그릇된 것으로 판명된다. 이런 사실을 알지 못한 칸트는 실질적 윤리학에서는 행위 결과를 산정하여 행위할 뿐이라고 생각하고, 실질적 윤리학은 보편적 도덕법칙을 인정하지 않고 다만 행위 결과를 의식하는 현실적 상황에서 도덕법칙을 찾으려 하는 것으로 이해했다.[56] 여기서 취급하는 행위는 적어도 의식적 행위를 말하는데, 그 행위는 과거의 경험에 의해 혹은 추리에 의해 바람직한 것으로 표상되었기 때문에 행해지는 것이 아니다. 그것은 그런 것들 이전에 의지에 의해 직접적으로 행해지는 것이다. 행위는 의지의 행위가능 의식의 發動에 의해서 이뤄진다. 이 행위가능 의식은 〈어떤 일을 할 수 있음〉의 의식이요, 〈어떤 일을 하는 성향과 능력의 있음〉의 의식을 의미하는 것이 아니다. 따라서 이 의식은 노력목표에 대해 자발적으로 생기고, "행위하고자 하는 특수한 종류의 기쁨, 쾌감, 만족 등으로 나타난다."[57] 물론 이 기쁨, 쾌감 등은 행위의 실행에서 기대하는 것과는 전혀 다르다. 예컨대 〈할 수 있다〉는 기쁨은 할 수 있었던 일의 실현의 기쁨과는 다른 것이고, 전자가 후자보다 훨씬 더 깊고 고상한 기쁨인 것이다. 이런 행위가능 의식의 발동에 의해 행위가 직접적으로 가능해지는 것이다. 그럼에도 불구하고 행위가 행위 결과에 대한 기대에 의

---

55) a. a. O. S. 137.
56) Vgl. Ebd.
57) a. a. O. S. 239.

해 실행되어진다는 견해는 그릇됨에 틀림없을 것이다.

더 자세히 서술하면, 칸트는 행위의 노력목표인 "의지 내용이 단순한 형식이 아닌 한 그것은 필연적으로 행위 결과에 근거할 것이고, 행위 결과의 내용으로부터 유래할 것이라"[58] 했다. 그는 이 주장을 다음의 예로서 보증하고자 한다. "순수 반사적인 운동들의 결과가 그런 운동의 의지를 야기한다. 예컨대 어머니의 젖꼭지에서 유아의 흡입운동을 통해서 실현되고 이 운동을 통해서 입 속과 위 속에 흐르는 모유에 의해 실현되는 유아의 쾌감이 흡입운동의 의지를 야기하고, 그 흡입운동의 결과들을 상기함으로써 가능한 실태가 그 의지를 야기한다. 그러므로 흡입운동의 의지는 그런 경험 결과에 근거할 것이다."[59] 그런데 사실은 유아가 흡입운동의 결과로 그러한 쾌감을 얻지 못할지라도, 유아는 배가 고프면 그 흡입운동을 실행할 것이다. "의지 내용은 여기서 예로 든 쾌감을 일으키는 작용 혹은 반작용이 형성하는 표상으로 생기지 않는다."[60] 앞 절에서 논술했듯이 의지는 대상적 경험 즉 지각, 표상, 사고 등의 방식으로 주어지는 것이 아니다. 그러므로 행위는 결코 지각, 표상, 사고될 수 없는 목표내용을 갖고, 그것을 행위가능 의식의 발동에 의해 실행하는 것이라 할 수 있다.

또 칸트는 실질적 윤리학에서는 행위의 윤리적 가치가 실제로 의식될 수 없고 의욕될 수 없다고 한다. 그렇기 때문에 행위들은 가치들에 근거한 노력목표를 지향하는 것이 아니라 경험 결과에 의존한다는 것이다.[61] 그는 한 걸음 더 나아가 행위의 윤리적 가치는 역으로 행위 결과에서 증명된다면서,[62] 행위 실행의 독자적인 가치를 무시한다. 그 결과로 참된 善은 예컨대 하나의 보조 실행을 통해서 그의 의무를 행하는 것에서만 성립한다는 것이다. 그러나 이런 견해는

---

58) a. a. O. S. 138.
59) Ebd.
60) a. a. O. S. 139.
61) Vgl. a. a. O. S. 136.
62) Vgl. Ebd.

"현실적인 행복이 행위 결과와는 상관없이 현존할 수 있고,"63) 또 헌신적인 희생 행위가 그 결과와는 상관없이 그 지향하는 바를 실행하고 정복을 가져다 준다는 사실을 설명할 수 없다. 그러므로 행위에 관한 이 견해도 당장 불합리하게 된다.

행위는 의지의 단계를 넘어선 실행 단계이다. 예컨대 사지불수인 자가 어떤 사람이 물에 빠져 허우적거리는 것을 보고 그를 구조할 의지를 갖고 있지만, 구조를 실행할 행위를 하지 못하는 경우가 있다. 이 경우에 그 사람은 물에 빠진 자를 구조할 의지는 갖고 있으나, 그 의지 내용이 행위가능의 영역 바깥에 놓여 있기 때문에 그 의지 내용을 목표로 하는 행위를 실행할 수 없다. 그러므로 행위가 진정으로 이뤄지기 위해서는 행위가능의 실현성이 갖추어져야 한다.64) 의지는 그의 노력목표인 가치내용을 실현시키고자 하지만 실행 단계까지는 나아가지 못한다. 가치내용에 대한 행위가능 의식을 갖고 있으나 행위가능 의식의 발동 단계까지는 나아가지 못하고 있다. 반면에 행위는 가치내용에 대한 행위가능 의식이 발동하여 가치 내용을 실행시킨다. 우리가 노력목표를 설정하고 그 목표에 대한 행위가능 의식은 쉽게 가질 수 있다. 심지어 인간이 원시적일수록, 그는 단순한 의욕을 통해서 모든 것 예컨대 날씨의 지배로부터 연금술과 마술의 기술까지 모든 것을 성취할 수 있다는 신념을 더욱더 가진다. 그러나 인간이 개화될수록 그는 그의 의지가 행위가능 발동의 영역으로부터 배척되어 더욱더 억제되고 감소된다는 것을 깨닫게 된다.65) 이처럼 행위는 의지에 의해 생기나 그 실행 영역의 폭은 좁다.

의지의 단계에서는 도덕적 평가가 이뤄지지 못하고, 행위의 단계에서 비로소 도덕적 평가가 이뤄진다. 예컨대 사지불수인 자가 어떤 사람이 물에 빠져 허우적거리는 것을 보고 그를 구조할 의지를 가지

---

63) Ebd.
64) Vgl. a. a. O. S. 141.
65) Vgl. Ebd.

고 있는 한, 이 의지에 주어져 있는 가치태는 건강한 자가 구조할 의
지를 가지고 실제로 구조하는 행위에 주어져 있는 가치태와 동일하
다. 이 두 경우의 의지는 동일하고 이들의 의지에 주어져 있는 가치
태는 동일하다는 것은 의심의 여지가 없다.66) 그런데 물에 빠져 사
경을 헤매는 자를 구조할 의지는 갖고 있으되 구조 행위를 실행하지
못하는 사지불수인 자와 실제로 그런 의지를 갖고 구조 행위를 실행
하는 건강한 자가 의지의 노력목표를 똑같이 실행한다고 할 순 없다.
구조의 의지는 구조에 담지되어 있는 가치를 실현하고자 하지 실제
로 그 가치를 실현하는 것은 아니다. 오히려 그 의지를 바탕으로 하
는 행위가 그 가치를 실현하는 것이다. 따라서 구조의 의지만 갖고
있는 사지불수인 자는 실제로 구조에 담지되어 있는 가치를 실현하
지 못한다. 그래서 사지불수인 자는 도덕적으로 칭찬받을 수 없고,
또 비난받을 수도 없다. 그럼에도 불구하고 도덕적 의의를 실재적 연
관들과 그것들의 인과관계에 기초한 결과들의 계산으로 산정하는 자
들이 사지불수인 자를 부도덕하다고 비난하는 것은 옳지 못하다.67)
그러므로 의지의 단계에는 아직 도덕적 의의가 없고, 행위의 단계에
비로소 도덕적 의의가 있음을 알 수 있다.

　우리가 행위할 때 그 행위는 항상 의지의 노력목표를 실현한다.
그리고 그 노력목표는 실현되어야 할 가치사태이다. 내가 저 촛대를
저 책상으로부터 이 책상으로 옮기고자 한다면, 그 행위가 실현하는
사태는 〈저 촛대는 여기에 있어야 함〉이다. 이 사태는 단지 〈저 촛대
를 저 책상으로부터 이 책상으로 옮기고자〉 하는 운동 충동 혹은 운
동 지향과는 다른 것이다. 또 도둑질하는 경우에도 남의 재산을 소유
코자 도둑질하는 것과 단순히 도둑질하는 것만을 위한 병적인 도벽
이 있다.68) 이 두 예에서 전자의 행위는 가치에 기초한 노력목표를

---

66) Vgl. a. a. O. S. 134f.
67) Vgl. a. a. O. S. 136 u. 137 등.
68) Vgl. a. a. O. S. 141f.

실현하지만 후자의 행위는 가치지향 없는 단순한 운동 충동일 뿐이다. 따라서 전자의 행위는 가치들의 연관에 대한 선호·경시작용을 통해서 설정된 노력목표를 실현하므로, 그 자체 도덕적으로 평가될 수 있다. 반면에 후자의 행위는 가치 지향적 행위가 아니기 때문에 도덕적으로 평가될 수 없다. 그러므로 윤리학에서 취급하는 행위는 바로 의지에 의해 설정된 노력목표를 실현하는 행위이며, 그 행위는 항상 가치에 대해 정의적 작용을 거쳐서 이뤄지는 최종적 인간 활동이라 할 수 있다.

제8장 윤리의 변천

본 장에서는 '윤리'의 변천이란 무엇이며, 그것의 가능적 조건이 무엇인지를 고찰한다. 그리고 '에토스'는 어째서 생기는 것이며, 그것에 의존하여 생기고 소멸하는 그리고 변이하는 '윤리' 변천의 실상은 어떤지를 밝혀 본다.

제1절   윤리의 변천이란?

인류의 유사 이래로 인간의 윤리가 꾸준히 변천하고 있음을 우리는 알고 있다. 뿐만 아니라 문화가 상이한 지역들간에는 상이한 윤리가 있음을 또한 알고 있다. 이러한 까닭에 우리 인류에게 보편적인 영원한 윤리가 있을 수 없다고 생각할 수 있다. 어쩌면 윤리는 그 본성상 모든 인류에게 적용될 수 있는 보편성과 시간적으로 먼 과거로부터 요원한 미래까지 적용될 수 있는 영원성을 소지할 수 없지 않는가? 윤리는 당해의 문화 산물이며, 그 문화의 변천에 따라 변천가능한 것이 아닌가?

이처럼 보편성과 영원성이 없는 윤리 바로 그 윤리를 상대해서 윤리학을 하는 사람들이 있다. 그들은 윤리가 역사적으로 부단히 변화하고 그리고 문화적 영역에 따라 다름에 착안하여 윤리는 변천하는 것이고 따라서 윤리학은 절대적이고 확고부동한 학일 수 없다는 것이다. 따라서 윤리 변천의 원인을 심도있게 알아보지 않고, 단지 윤리만 피상적인 대상으로 삼아 학문하는 그들은 상대주의 윤리학설을 제시했던 것이다. 그런데 가치윤리학에서는 윤리 그 자체를 윤리학의 대상으로 삼아서는 안 된다는 것이다. 윤리 그 자체가 아니라 보다 기초적이며 근본적인 그리고 일차적인 가치를 윤리학의 대상으로 삼아야 한다는 것이다. 가치뿐만 아니라 이런 일차적이고 윤리의 토대가 되는 것을 간과하고, 변천하는 본성을 가진 윤리를 대상으로 삼아 윤리학을 한 그들이 윤리적 상대주의로 빠져들어 간 것은 당연한 귀결이 아니겠는가?

윤리가 변천한다는 것을 알고 있는 사람들은 많지만, 윤리가 왜 변천하는지 일관성있게 설명하는 자는 그리 많지 않다. 그래서 필자는 가치윤리학을 통해서 윤리 변천을 일관성 있게 해명해 보고자 한다. 도대체 윤리는 왜 변천하는 것일까? 윤리는 본래 고유하게 존재하는 것이 아니다. 그것은 그 무엇에 의존하여 이차적으로 생겨나는 것이다. 가치윤리학자들에 의하면 가치와 에토스에 의존해서 그것이 생겨나는 것이다. 그리고 또 윤리는 어떻게 변천하는 것인가? 다른 관점으로 그 변천의 과정을 밝혀 볼 수 있겠으나 필자는 가치윤리학의 관점으로 그것을 밝혀 보고자 한다. 가치윤리학에 의하면 윤리는 가치와 에토스에 의존해서 변천하는데, 당해의 사회 혹은 시대에 사는 사람들이 가치에 대한 이해의 정도에 따라 고유한 에토스를 형성하고 이 에토스에 의거해 그 사회 혹은 그 시대의 윤리를 산출한다는 것이다. 그래서 일차적인 가치의 이해 정도가 곧 윤리 변천의 계기가 됨을 알 수 있을 것이다. 이러한 사실을 바탕으로 하여 우리는 윤리의 변천이 당연하다는 것을 알 수 있다. 그리고 우리들이 더 이상 이 변천가능한 윤리에 집착해서 윤리 문제를 해결하도록 하지 말고, 보다 근원적인 것에서 그 문제를 해결하도록 새로운 안목을 열어주고자 함을 본 논의는 그 최종적 목표로 삼는 바이다.

따라서 제2절에서는 윤리적 상대주의가 왜 대두되었으며 그들은 무엇을 간과하고 있는지 고찰하고, 제3절에서는 에토스가 어떻게 성립하고 그리고 그 성립으로 말미암아 무엇의 존재를 가능케 하는지 알아본다. 제4절에서는 이상의 논의를 바탕으로 해서 윤리의 생성 과정을 밝혀보고, 이 해명을 통해서 윤리가 결국 그 생성의 원인에 따라 변천한다는 것을 밝혀본다.

제2절 윤리적 상대주의의 대두

여기서 윤리적 상대주의란 상대주의적 윤리학설을 주창하는 사람들의 부류를 의미한다. 이들은 윤리는 상대적인 것이며 절대적인 것이 아니라 한다. 바로 이 점에 대해서 우리는 동의할 수 있으나, 그들이 윤리 자체를 윤리학의 대상으로 삼는 데는 결코 동의할 수 없다. 실로 윤리학의 학적 대상은 윤리를 성립시키는 근거 내지 근원 다시 말해서 도덕 원리일 것이다. 그런데 단지 어떤 사회에 통용되고 있는 윤리를 상대로 해서 윤리학을 하고자 하는 경향이 역사상 많이 있어 왔다.

특히 아테네 시대의 소피스트의 윤리설 그리고 근세 초기에 즈음해서 생겨나기 시작한 윤리설에서 이런 경향이 두드러지게 나타난다. 철학사상 처음으로 인간에 대해 관심 가지기 시작한 소피스트 시대에 자연현상의 이면에는 일정한 법칙이 놓여 있지만, 인간사에는 일정한 법칙 혹은 rule이 있지 않다는 사상이 있었다는 것은 주지의 사실이다. 인간사에는 자연법칙처럼 보편타당한 법칙이 성립하고 있지 않다는 것을 그들이 확신할 수 있었던 것은 페르시아 전쟁과 같은 것을 통한 다른 문화권과의 문화적 교류로 말미암아 가능했다. 예컨대 페르시아 전쟁 이후 여러 민족과의 교류를 통한 아테네인의 시야의 확대에 의해서 보편적이고 절대적이라 생각되었던 아테네 사회의 nomos는 상대적인 것으로 확신되었다. 아테네인들은 각 문화권마다 그에 고유한 노모스가 성립해 있고, 각 나라마다 그에 고유한 법률과 규범이 있음을 알게 된다. 그래서 그들은 자신의 사회에 통용되고 있는 노모스가 절대적이고 보편타당한 것이 결코 아님을 확신하게 된다. physis와 nomos의 이러한 차이, 즉 피지스에는 보편타당성이 성립하고 노모스에는 보편타당성이 성립하지 못함을 밝히기 위해서 그당시 소피스트들은 실로 많은 논의를 했었다.[1]

노모스에 대한 이러한 입장을 윤리의 영역에로 확대하여 가서, 소피스트들은 예컨대 善은 전적으로 주관인 것으로서 그것에 대한 일정한 기준이 있을 수 없다고 한다. 그리고 인간의 행위 규범에 있어서 보편적인 것이 성립할 수 없고 또한 정립될 수도 없다는 것이다. 말하자면 윤리에 있어서 객관적 보편적인 기준이 부정되어 윤리적인 선·악의 구별이 다만 방편적이고, 임의적일 수밖에 없다는 것이다. 바로 이것이 소피스트들의 윤리적 상대주의의 발언이라 할 수 있다.

그 다음 우리는 근세 초기에 즈음해서 생겨나기 시작한 윤리적 상대주의의 발생 배경과 그 모습을 서술해 보자. 이들의 견해는 "그 당시 인류의 다양한 발견 진행과 탐구 진행 이후에 서구인들이 지구상의 민족의 다양성과 그들의 도덕, 종교, 도덕관의 다양성을 보게 된 결과로 생겨난 윤리학적 사고이다."[2] 따라서 근세 초기에 생겨나기 시작한 윤리적 상대주의의 발생도 역시 서구인들이 다른 문화권 하에 존재하고 있는 다양한 문화 산물들을 마주 접함으로써 가능하게 되었던 것이다. 그들에 의하면 모든 도덕 규범은 문화권에 따라 다르다. 한 사회에 적용되는 행위 규칙이 다른 사회에 있는 사람들의 행위에도 적절히 적용될 수 있는 것이 결코 아니다. 도덕적으로 옳고

---

1) Cf. P. Huby, *Greek Ethics*, p. 9.
2) Hans Reiner, *Die philosophische Ethik*(Heidelberg: Quelle & Meyer, 1964), S. 80.

그름이 어떤 개별적인 시간과 장소에 존재하는 도덕률에 의해 전적으로 결정되므로 도덕 규범이 시대나 장소에 따라 다르다는 것은 분명하다. 따라서 "모든 사람에게 적용될 수 있는 이상적인 도덕 체계를 세울 수 있는 불변의 범문화적인 원리가 없다는 것이다. 그래서 윤리적 상대주의는 도덕적 가치는 상대적이고, 인류에게 적용되는 보편적인 도덕적 표준이나 행위 규칙은 문화권에 제약되어 있다는 것이다."3)

이 윤리적 상대주의들 중 특히 "기술적 상대주의는 여러 각각의 사회는 서로 다른 가치를 가지며, 개인의 가치는 그가 속해 있는 사회의 가치에 의존한다는 것을 경험적으로 증명하고자 한다."4) 그래서 우리는 이들의 이론을 사실적 내지 경험적으로 고찰한 윤리적 상대주의 이론이라 부른다. 왜냐하면 그 이론은 도덕적 의무의 기초로서 어떠한 도덕적 표준이나 행위의 규칙도 보편적으로 인정되어 온 것이 없음을 역사적·사회적 사실들을 통해서 기술하고 있기 때문이다. 더 나아가 그들은 모든 문화권에 공통되는 규범이 결코 있을 수 없다고 확신하고, 아마 각 사회는 무엇이 옳고 무엇이 그른가에 대한 그 자신의 척도 내지 안목을 가진다고 생각한다. 각 사회 자신의 이런 안목은 사회마다 각기 다르다는 것이다. 그러므로 그들에 의하면 모든 인류를 하나의 공동체 속에 묶을 수 있는 공통적 규범이 있는 것으로 생각하는 것은 어리석기 짝이 없다는 것이다.

이런 기술적 상대주의 이론을 뒷받침하는 근거들로는 "문화적 다양성의 사실, 도덕적 신념이나 도덕률의 기원에 관한 사실, 자기 민족 중심주의의 사실"5) 등이 있다. 문화적 다양성의 사실에 관한 설명으로는 다음과 같은 것이 있다. 즉 우리는 원시 문명에 관한 인류

---

3) Paul W. Tayler, *Principles of Ethics*, An Introduction(California: Dickenson Publishing Company, 1975), p. 13.
4) Ibid., p. 14.
5) Ibid.

학자들의 연구 결과로부터 상이한 사람들의 관습, 금기, 종교, 도덕, 일상 생활습관 그리고 삶의 일반적인 양식 등의 차이가 얼마나 심한가를 알고 있다는 것이다. 더불어 한 개인의 가치관이 그 자신의 사회집단과 그 시대의 가치관을 어떻게 반영하고 있는가에 대한 최근의 심리학적 발견을 고려할 때, 그들은 우리 자신의 가치가 보편적인 타당성을 가지는지 의심해 볼 수 있다는 것이다. 그들의 견해를 상술하자면, 우리 자신의 가치가 보편성을 가지지 못하고 있음을 그것이 도덕적 가치이든지 혹은 도덕적 신념이든지 간에 그것은 결코 생득적이 아니라는 것에서도 확신할 수 있다는 것이다. 우리의 모든 도덕적 태도와 판단은 사회 환경으로부터 습득된 것이다. 심지어 "정의와 인격에 관한 우리의 이해도 원래는 우리의 부모와 스승들에 의해 우리에게 전달된 것으로서 우리의 문화권에서 이미 내면적으로 투사된 혹은 내면화된 견해에 지나지 않는다. 우리의 양심 자체도 사회가 도덕 규범을 지지하기 위해 사용한 윤리적 裁可(sanctions)를 내면화함으로써 형성된다."6) 우리가 어렸을 때 무엇은 해야 하고 무엇은 해서는 안 된다는 말을 들었을 때 그리고 우리가 행한 일에 대해서 부모들이 동의하거나 부인했을 때, 우리는 실상 우리 사회에서 받아들여지는 행위의 규칙이나 표준을 배우고 있었던 것이다. 이런 학습 과정의 결과로 우리 자신의 행동에 대한 일련의 태도가 우리에게 뿌리박히게 되고, 따라서 우리 부모들이 더 이상 우리의 주위에 남아 지도하거나 나무랄 수 없을 때도 우리는 '이것은 내가 해야 할 일이다', '그것을 하는 것은 나쁘다' 등등의 판단을 함으로써 우리 자신을 지도하거나 책망할 수 있다. 그래서 만약 나쁘다고 판단되는 행위를 했을 때 누군가가 우리를 붙잡든 또는 그러한 짓에 대해서 벌을 주든 안주든 상관없이 우리는 죄의식을 느낀다. 이상과 같은 기술적 상대주의의 견해는 어쨌든 다음과 같이 요약될 수 있다. 모든 문화는

---

6) Ibid., p. 15.

서로 다른 도덕 규칙과 표준을 갖고 있고, 또 개인들이 갖고 있는 개인적 신념은 그들 각각의 문화권 내의 도덕률 체계에 의해 습득되기 때문에 보편적인 규범이 있을 수 없다.

이와 비슷한 견해로 다음과 같은 견해가 또한 있다. 도덕 규범은 이를 생활방식으로 받아들인 사회 안에서만 타당한 것으로 받아들여질 수 있고 그 사회 밖에서는 타당한 것으로 받아들여질 수 없다. 따라서 다른 사회에 속해 있는 사람의 행동을 자기 자신이 속해 있는 사회의 규범을 적용해서 평가하는 것은 정당치 못하다. 이런 견해를 우리는 규범윤리적 상대주의라고 부르는데, 좀더 명확히 서술해 보자. 예컨대 'S란 사회의 구성원인 미혼녀가 낯선 사람 앞에서 얼굴을 가리지 않는 것은 그르다'는 도덕 판단과 'S란 사회의 구성원이 아닌 미혼녀가 낯선 사람 앞에서 얼굴을 가리지 않는 것은 그르지 않다'는 도덕 판단이 있다 하자. 이 두 판단은 얼핏 보아 서로 모순되는 것처럼 보이지만, 모두가 참일 수 있다고 규범윤리적 상대주의는 주장한다. 두 판단 중 어느 하나가 다른 하나를 부정하는 것은 아니다. 규범윤리적 상대주의자는 X란 행위를 하는 것은 옳다는 형식의 도덕 판단을 행위자가 S란 사회의 구성원일 때 X란 행위를 하는 것은 옳다는 식의 도덕 판단으로 옮긴다. 후자의 판단은 행위자가 S란 사회의 구성원이 아닐 때 X란 행위를 하는 것은 그르다는 판단과 주부 내용의 상이함으로 말미암아 모순되지 않을 것이다.[7] 규범윤리적 상대주의가 사회에 따라 도덕 규범이 다르다고 말할 때, 그가 단순히 서로 다른 사회가 서로 다른 규범을 받아들이고 있다는 사실만을 주장하는 것은 아니다. 그는 기술적 상대주의의 입장을 넘어서서 규범적인 주장까지도 하고 있다. 그는 도덕 규범에 보편타당성이 있다는 것을 부정한다. 그는 "도덕적 표준이나 규칙은 이러한 표준이나 규칙을 현실적인 도덕률의 일부분으로 채택한 사회의 구성원에게만

---

7) Cf. Ibid. p. 19~20.

올바르게 적용된다"8)고 주장한다.

이들 윤리적 상대주의가 윤리 자체를 상대로 해서 탐구 활동을 하고 그리고 그것이 가변적인 것이고 상대적인 것이라고 한 것에 대해서는 물론 논의의 여지가 있겠지만 논자는 이의를 제기하지 않는다. 그러나 그들이 윤리 자체가 상대적이기 때문에, 그것을 탐구 대상으로 하는 윤리학 역시 보편학이 될 수 없다고 생각하는 것에는 결코 동의할 수 없다. 물론 이들의 "상대주의의 입장은 도덕적 요구는 변화하는 조건들에 의존할 것이며, 그 조건으로부터 상이할 뿐만 아니라 부분적으로 모순되는 도덕적 요구 내용들도 획득된다는 것을 강력히 제시하고자 하는 데서 성립하게"9) 되었다. 도덕적 요구 또는 당해의 윤리가 당해의 변화하는 조건들에 의존하므로 상대적인 것이라 할지라도, 바로 그것이 그것을 대상으로 하여 탐구 활동하는 윤리학을 상대적이게끔 하는 것은 결코 아니다. 윤리가 상대적이라는 것이 윤리학을 상대적이게끔 하는 충분조건이 되지 못한다는 것이다. 바로 이 점을 알지 못한 채 피상적으로 윤리학적 사고를 한 그들은 필연적으로 윤리적 상대주의로 빠져들게 되어버렸다.

이처럼 윤리학의 역사상 출현한 윤리적 상대주의는 모두가 윤리학의 탐구 대상이 정확히 바로 무엇인지를 알지 못해서 생겨난 윤리학적 사조라고 할 수 있다. 이들이 도덕 규범은 모든 사회에 적용될 수 있는 보편성의 속성을 가지지 못한다는 것과, 윤리 그것이 어떤 것일지라도 모든 사회에 적용될 수 있을 그런 보편성을 갖지 못한다는 것을 통찰한 것만은 훌륭하다고 평가할 수 있다. 예컨대 우리 사회에서 아직도 전통적으로 존중되는 三綱五倫은 불변의 윤리로 생각될 수 있다. 시대가 변하고 사회가 변해도 그와 같은 윤리 강령은 변하지 않는 것으로 보고 있다. 그리고 요사이 흔히 고루한 사고방식을 갖고 있는 학자나 지식인들이 孝를 모든 윤리의 바탕이 되는 것으로

---

8) Ibid., p. 20.
9) Hans Reiner, *Die philosophische Ethik*, S. 79f.

의미심장화하고, 유교 문화권의 윤리 덕목의 하나인 그것을 마치 불변의 윤리 원천인 것으로 생각하고 있다. 그런데 바로 그런 윤리도 상대적인 것이고 변할 수 있는 것임을 주장하는 그들의 견해는 매우 시사적이다.

그러나 그 상대주의가 역사적으로 볼 때 윤리는 부단히 변하고 어느 윤리도 절대적이지 못하다는 것이 확신되므로, 바로 이것을 대상으로 하는 윤리설 또는 윤리학이 절대적이지 못하다고 주장하는 것은 옳지 못하다. 대략적으로 말하자면 윤리학은 윤리, 도덕 규범을 대상으로 하여 탐구하는 학문이라고 할 수 있지만, 엄밀하게 말하자면 윤리학은 윤리, 도덕규범의 원리 내지는 근거와 그것들의 성립 계기 등 보다 근원적인 것을 대상으로 해서 탐구하는 학문이다. 따라서 어떤 사회에 통용되고 있는 윤리와 도덕 규범 바로 그것이 윤리학의 탐구 대상이 아니라, 그런 윤리와 도덕 규범이 성립되고 통용될 수 있는 근거 내지 배경이 윤리학의 탐구 대상이다. 문화적 차이에 따라 각 사회마다 통용되고 있는 윤리, 도덕 규범은 다양할 것이지만, 그런 윤리, 도덕 규범들이 성립되고 통용되게끔 하는 원리적인 근거는 시대적·문화적·지역적 차원을 넘어선 불변적 형태를 갖출 것이며, 그래서 학문적 대상으로 그 자격을 갖출 것이다. 바로 이러한 사실을 알지 못하고 단지 변화가능한 그리고 문화적 차이에 따라 상이하게 형성된 윤리, 도덕 규범만을 시야에 넣어 두고 윤리학적 시도를 행한 윤리적 상대주의가 상대주의 윤리학설을 주장하게 된 것은 당연한 귀결이 아닌가? 그리고 이런 사조가 역사에 출현하게 된 것도 이해할 수 있지 않는가?

제3절 에토스의 성립과 그 실제

앞 절에서 고찰했듯이 윤리는 각 시대와 상황에 따라 변천한다. 통시대적 보편타당한 윤리는 존재할 수 없다. 물론 우리는 모든 사회에서 대체적으로 인정되거나 혹은 그런 것으로 변용될 수 있는 보편적인 윤리가 존재한다고 생각할 수 있다. 그러나 그런 사고는 지극히 경험적으로 획득된 것이다. 예컨대 '우리 인간은 부모께 효도를 해야 한다', '우리 인간은 남의 물건을 훔쳐서는 안 된다', '우리 인간은 거짓말을 해서는 안 된다'는 등의 윤리가 있다. 이런 윤리는 아마 유사 이래 모든 사회에서 통용되었던 그리고 통용되고 있는 윤리일 것이다. 부모께 효도해야 한다는 윤리는 달리 변용되어 부모를 존경해야 한다 혹은 사랑해야 한다고 표현되는 윤리로도 존재했을 것이다. 이처럼 경험적으로 획득된 사고를 통해 볼 때, 적어도 모든 사회에 통용될 수 있는 근본적인 어떤 윤리가 존재하는 것처럼 여겨질 수 있다. 그러나 윤리 그 자체는 그 본성상 불변성이란 속성을 갖고 있지 못하다.

윤리가 그 본성상 가변적인 원인은 어디에 있는가? 윤리가 경험적으로 얼핏 보기에는 불변적인 것 같지만 엄밀한 의미로 볼 때 가변적인데, 그 가변적인 원인은 어디에 있는가? 이 원인을 심도있게 고찰하기 위해서 우리는 먼저 '윤리는 도대체 무엇인가?'하는 문제에 직면하지 않을 수 없다. 윤리의 定義에 대한 학문적인 해명을 여기서 특별히 행하지 않고, 우리가 일반적으로 알아 온 윤리에 관한 이해를 바탕으로 해서 계속 진행하겠다. 다만 이제까지 간과되어 온 점만 보충하여 이 문제에 대처하겠다. 그 간과되어 온 점은 윤리의 생성 과정에 관한 것이다. 윤리의 생성이란 개념 자체가 이상하게 들린다고 말하려는 자들도 있을 것이며, 윤리는 예지계에 선천적으로 고유하게 존재하는 것인데 무슨 생성이란 말인가라고 당장 거부감을 표시하는 자10)들도 있을 것이다. 이들에 대한 비판이나 이견을 여기서 제시하는 것은 본 논의를 지루하게 할 것이기 때문에 생략하고 그렇게 생각하는 사람들이 있다는 것만 언급하고 지나가겠다.

그러면 윤리는 어떻게 생겨나는 것일까? 윤리는 당해 사회의 구성원의 협약에 의해서 생겨나는 것일까? 아니면 당해 사회에 살고 있는 뛰어난 도덕적 선지자에 의해서 만들어지는 것일까? 혹은 당해 사회에서의 지배적인 정신적 사조와 생활 습속에 의해서 자연히 생성되어지는 것일까? 이런 문제에 직면하게 될 때, 우리들은 우리 각자가 이미 갖고 있는 사상적 조류나 사고 경향에 따라 다소 그 어떤 곳으로 기울어져 관찰하기 쉬울 것이다. 즉 관찰에 앞서 그 관찰의 방향을 제시해 줄 가설을 형성시킬 때, 베이컨이 말하는 '동굴의 우상'에 빠져 있을 수 있을 것이다. 그러나 이런 상황이 어찌 되었든 그것은 여기서 논외로 할 수밖에 없을 것이다. 왜냐하면 우리는 그 단계를 지나서 윤리는 무엇에 의거해서 생겨나는 것임에는 분명하다는 것에 관심을 집중시키고 있기 때문에, 다시 그런 문제에 머무르는 것은 본 논의를 지루하게 할 것이기 때문이다.

윤리가 무엇에 의거해 생겨난다면, 그 무엇이 도대체 무엇인가? 그 무엇을 A라고 말하는 사람도 있겠고, B라고 말하는 사람도 있겠고, C 혹은 D 등등이라고 말하는 사람도 있을 것이다. 여기서 A가 무엇이고, B가 무엇이고, C 혹은 D 등등이 무엇인지를 윤리학상의 고려를 통해서 나열할 필요는 없을 것이다. 다만 본 논의가 의도하는 바를 충실히 이행하기 위해서 가치윤리학, 특히 막스 셸러 윤리학의

---

10) 칸트는 윤리 혹은 도덕률이 〈이성의 사실〉로서 존재하고, 그것이 선천적이며 객관적인 것이라고 했다(Vgl. Kant, *Kritik der praktischen Vernunft*, §7, Akademie-Ausgabe, Bd 5, S. 31). 따라서 그것은 우리 인간에 의해서 어쨌든 산출되어지는 것이 아니고, 예지계에서 스스로 존재하면서 우리의 실천이성에 대해서 다가오는 것이라 한다. 그래서 우리 인간이 자신의 실천에 관하여 절실한 태도를 취할 때, 윤리 혹은 도덕률의 존재로 말미암아 윤리 의식 혹은 도덕적 의식을 가지지 않을 수 없다는 것이다.

관점을 수용하여 진행시켜 본다. 막스 셸러에 의하면 윤리는 결코 자립적인 것이 아니다. 그것은 시대적으로나 문화적 전통에 따라 상이하게 나타나고 그리고 그런 것들의 변화에 따라 변천하는 것이다. 그렇다고 해서 윤리가 바로 그런 것들에 의해서 직접적으로 변화하는 것은 결코 아니다. 그럼 그는 윤리가 의거하는 바로 그 무엇이 무엇이란 말인가? 그는 간단히 말해서 그 무엇을 '가치'라 했다. 그가 말하는 '가치'는 결코 변화하지 않는 것이고, 우리 인간의 의식과는 상관없이 객관적으로 고유하게 존재하는 선천적인 것이다. 그리고 이 가치는 이념적인 존재이면서도 스스로 質11)로서 현상계에 나타나는 실질성을 소유하고 있는 존재이다. 이와 같이 그 무엇에 의해서도 영향을 받지 않는 자립적인, 본래 고유하게 존재하는 선천적인 그러면서도 실질성을 갖춘 가치, 이 불변적인 가치야말로 윤리가 그의 토대로 삼는 것이라고 했다.

　그런데 단순히 이렇게 피상적으로 설명할 때, 다음과 같은 의문이 남게 된다. 객관적이고 불변적인 가치에 근거해서 생겨진 윤리가 왜 상대적이며 가변적인 것이냐? 비록 윤리가 자립적인 것은 아니라 할지라도, 변화하지 않고 절대적인 가치에 근거하여 생성된 윤리가 어찌하여 가변적이며 상대적인 것인지 의문을 제기하지 않을 수 없을 것이다. 또한 부차적인 의문으로 우리는 다음과 같은 것을 제시할 수 있다. 즉, 우리는 저 하늘의 별과 같이 객관적으로 존재해 있는 가치들을 우리의 시야에 다 들여올 수 있고 그것들을 다 간파할 수 있는가? 그렇지 않고 어떻게 그렇게 존재해 있는 가치들에 근거해서 윤리가 생겨날 수 있겠는가? 이런 의문들이 남아 있기 때문에, 간단히

---

11) 여기에 말하고 있는 質은 성질을 의미한다. 가치의 성질은 가치질이고 이것은 Wertqualität로 표기되고 있다. 가치는 이념적 존재이면서 또한 현상계에도 나타날 수 있는 것은 바로 이 가치질, 즉 質 때문이다. 가치 그 자체는 현상계에 나타날 수 없지만 현상계에 나타날 수 있는 그의 질을 통해서 간접적으로 우리 인간에게 가치를 의식케 한다(Vgl. materiale Wertethik, S. 35).

는 윤리가 가치에 근거하여 생겨난다고 할 수 있겠지만, 정확히 설명할 때는 결코 그렇게 할 수 없다. 그러면 자세히는 윤리가 무엇에 근거해 생겨난다고 할 수 있겠는가? 막스 셸러에 따르면 '당해 사회에 지배적인 에토스'에 근거해서 생겨난다고 했다.12)

에토스는 무엇인가? 이것은 고대 그리스에서도 있었던 개념이다. 그 당시의 그 개념은 관습, 기질, 성격 그리고 사고 방식 등을 의미하고 있었다. 그리고 아리스토텔레스는 그것을 일정한 부류의 인간적 덕목들, 특히 이성의 덕이나 지적인 덕과는 구별되는 성격적 품성을 가르키는 용어로 사용하였다. 그리고 에토스에 해당하는 라틴어의 'mos'를 찾을 수 있겠는데, 그것은 도덕원리, 관습, 성격, 행위 속성, 내면적 경향, 법률, 규약, 유행 성향, 服式 등을 의미하고 있다.13) 이 용어는 주로 윤리학이나 정치학에서 종종 사용되는 개념이다. 따라서 그 용어는 그러한 학이 처해 있었던 사상적 경향에 따라 다소 상이하게 사용되기도 했다. 그래서 그 용어는 약간의 변용도 가능했었고 그 의미의 변질도 있었다. 그럼에도 불구하고 우선 현재에 윤리학계에서 일반적으로 정의되고 있는 바를 간략히 소개하자면 다음과 같을 것이다. "에토스는 생득적 본성에 근거해 있지만 또한 전통에 따른 관습, 훈련, 적응을 통해서 형성되고 완성될 수 있는 인간의 특별한 성벽과 태도, 인간의 신념, 습관 그리고 행위 방식을 일컫는다. 그래서 에토스의 용어는 인간의 도덕적 입장과 도덕적 행위의 전체를 표현하기 위해서, 혹은 한편으로 도덕성 내지 다른 한편으로 도덕적 합성의 특정한 유형을 표현하기 위해서 사용되어질 수 있다는 것이다."14)

금세기의 윤리학자인 막스 셸러도 에토스를 고대 윤리학자들처럼

---

12) Vgl. Materiale Wertethik, S. 305f.
13) A. I. 티타렌코; 견학필 · 박장호 공역, 윤리학(서울: 사상사, 1991), 11~12쪽 참조.
14) *Historisches Wörterbuch der Philosophie Bd. 2*, S. 812.

단순히 관습이나 규약으로만 생각하지 않는다. 그리고 그는 더 나아가 에토스에 관한 견해에 있어서 기존 현대 윤리학자들과 조금 달리하는 점이 있다. 기존 윤리학자들은 에토스를 대할 때, 에토스의 형성 과정에 유념하지 않았고 그럼으로써 에토스의 형성에 있어서 인간 개개인의 내면적·정신적 활동의 역할을 간과해 버렸다. 그래서한 에토스는 그저 특정한 사회의 산물이고 우리 개개인은 그것에 대해서 피동적일 수밖에 없는 것으로 생각한다. 그런데 그에게 이르러 에토스의 의미는 다소 심화되어진다. 에토스는 제일차적으로 당해 시대인들의 정신적 활동에 의해서 형성되어 그 다음으로 간주관적으로 당해 사회에서 인정되어지는, 당해 시대인들의 특별한 성벽과 태도, 시대인들의 관습 그리고 행위 방식이라고 그에게서 추정될 수 있다. 그래서 에토스의 형성에 있어서 인간 개개인의 정신적 활동의 역할에 대한 셸러의 간파가 곧 에토스 의미의 심화에 계기가 되었음을 우리는 알 수 있다.

그러면 에토스의 형성에 있어서 인간 개개인의 정신 활동이 어떻게 기여하는지 알아보자. 인간의 정신 활동에는 여러 가지가 있다. 그 중에는 사랑하는 것, 가치를 감지하는 것 그리고 감지된 가치들을 대상으로 그 중의 하나의 가치를 선호 혹은 경시하는 것도 있다. 물론 다른 정신 활동도 있지만 여기서는 특히 '가치'와 연관해서 말하고자 하므로 필요상 그것들만 언급했다. 우리 인간의 삶이란 어떻게 보면 부단히 가치를 지향 추구하는 삶이라고 할 수 있다. 지향 추구하는 가치가 재화 가치, 관능적 가치일 수도 있고, 생명 가치일 수도 있고, 진리 가치, 미적 가치, 윤리적 가치 더 나아가 종교적 가치일 수도 있다. 그래서 다른 어떤 가치보다도 재화 가치를 지향 추구하는 데 관심이 쏠려 있는 삶도 있을 것이며, 다른 어떤 가치보다도 관능적 가치를 추구하는 데 머물러 있는 삶도 있을 것이며, 다른 어떤 가치보다 미적 가치를 추구하는 혹은 다른 어떤 가치보다 종교적 가치를 추구하는 데 열의를 바치는 삶 등등도 있을 것이다. 어쨌든 우리 인간은 무슨 가치이든 부단히 지향 추구하는 가운데 그의 삶을 진행시켜 나간다고 할 수 있다. 그런데 그렇게 지향 추구하게 되는 가치들을 우리는 어떻게 상대하여 관계하는가?

앞에서도 잠시 언급한 바와 같이 '가치'는 우리 인간의 嗜好나 욕구 그리고 만족 정도와는 상관없이 또는 우리에게 대한 유용성이나 필요의 충족성 그리고 필요 대상의 희소성과는 상관없이 객관적으로 고유히 존재해 있는 것이다. 그리고 가치가 그렇게 있다고 해서 있는 그대로가 우리 인간에게 의식되어 있는 것은 결코 아니다. 다시 말해서 모든 가치가 우리 인간에게 의식되어 있는 것은 아니라는 것이다. 가치들로 구성되어 있는 가치계는 우리 인간의 認知의 발달과 더불어 점점 우리 인간의 시야에 들어오게 된다. 따라서 우리 인간의 인지가 덜 발달해 있으면 있을수록 가치계는 우리 인간에게 그만큼 덜 명확히 나타나 있을 것이다. 인지의 능력 더 정확히 말해서 가치를 파악할 수 있는 능력의 優劣에 따라 저 객관적으로 존재해 있는 가치가 정도상의 차이를 보이면서 우리에게 의식되어진다는 것이다.

가치를 파악할 수 있는 능력은 어떻게 하면 향상될 수 있는가? 막스 셸러는 '사랑'을 함으로써 그것이 가능해진다고 한다. 사랑은 우리 인간의 정신적 중심체인 인격으로부터 다른 여하의 정신적 활동의 도움 없이 자발적으로 그리고 가장 근원적으로 생겨나는 것이다. 사랑이 잘 발휘될 때 우리의 내면 세계뿐만 아니라 외부 세계에 대해서도 우리의 정신은 열려지게 되고 더 나아가 마음도 개방되어지게 된다. 우리 인간이 가치를 상대할 때 항상 제일차적으로 활동하게 되는 정신 작용은 바로 감정 작용인데,15) 감정에도 여러 종류가 있

---

15) 우리 인간이 가치를 상대할 때 왜 감정 작용이 항상 제일차적으로 작용하게 되는가 하면, 그 이유는 다음과 같다. 가치가 현상계에 나타날 때 항상 가치 질로서 나타난다. 가치 그 자체는 현상계에 나타날 수 없다. 왜냐하면 그것은 이념적 존재이기 때문이다. 현상계에 나타난 質을 통해서 우리는 가치를 의식할 수밖에 없는데, 그 질은 결코 이성적 사고, 추리에 의해서 파악할 수 있는 것이 아니다. 그것은 오직 감지할 수밖에 없는 것이다. 즉, 감지작용

다. 예컨대 감성적 감정, 생명 감정, 심적 감정, 정신적 감정이 있다. 이 감정들 각각은 그것들에 고유한 가치를 상대해서만 작용할 수 있다. 감성적 감정은 감성적 가치만 즉 재화 가치나 유용의 가치, 관능적 가치를 상대해서 작용할 수 있고, 생명 감정은 생명 가치만을 상대해서 작용할 수 있고, 정신적 감정은 정신적 가치만을 상대해서 작용할 수 있다. 그래서 감성적 감정이 생명 가치 즉 유쾌의 가치를 감지할 수 있는 것은 결코 아니며, 생명 감정이 미적 가치나 윤리적 가치를 감지할 수 있는 것은 결코 아니다. 따라서 우리가 감성적 가치나 생명 가치, 심적 가치 그리고 정신적 가치 등 모든 가치를 감지하기 위해서는 모든 감정이 열려지고 발해야 할 것이다. 그러므로 모든 감정이 열려지고 발하도록 하는 것은 사랑이기 때문에, 사랑하는 것이 있는 그대로의 모든 가치를 파악할 수 있는 능력을 향상시켜준다는 것이 추론될 것이다.

　인격의 중심부로부터 사랑이 솟구쳐 나올 때, 우리의 정신과 마음은 모든 곳을 향하여 열려지고 모든 것이 우리의 시야에 다가온다. 다시 말해서 사랑을 함으로써 보다 여러 종류의 감정이 열려지고 따라서 그 각각의 감정에 대응하는 가치들이 우리에게 다가온다. 이런 가치를 상대하여 우리 인간은 그 가치에 대응하는 감정의 작용을 통해서 일차적으로 그 가치를 감지하게 된다. 이런 방식으로 우리 인간은 모든 가치를 감지 혹은 인식하게 된다. 그래서 우리가 사랑을 하지 않는 결과로 정신을 개방하지 못하여 다만 감성적 감정만 발하여 있는 상태에서는 감성적 가치 즉 재화 가치나 관능적 가치만 안중에 두고 있을 것이다. 그리고 사랑을 훌륭히 하지 못해서 생명 감정만 발하여 있는 상태에서는 생명 가치만 안중에 두고 있을 것이다. 엄밀한 의미로 말할 것 같으면, 우리 인간의 정신 내에는 모든 감정이 강렬의 차이를 지닌 채 共在하고 있다. 경우에 따라 감성적 감정이 다

(Fühlen)을 통해서 간파할 수 있는 것이다. 그리고 감지작용은 감정 작용의 하나이다.

른 감정보다 더 강렬히 발하여 있는 경우도 있고, 생명 감정이 다른 감정보다 더 강렬히 발하여 있는 경우도 있다. 이러할 때 다른 감정보다 더 강렬히 발하여 있는 바로 그 감정이 우리의 정신 활동을 주도하게 된다. 다시 말해서 그 감정에 대응해 있는 가치들을 상대해서 그 감정이 감지작용을 한다. 보다 희미하게 발하여 있는 감정은 그에 대응하는 가치를 상대하여 적극적으로 감지작용을 하지 못한다. 따라서 감정들 중 어느 감정이 더 강렬히 발하여 있는가가 바로 그가 어느 가치를 보다 적극적으로 감지하고 직면하게 되는가에 결정적인 역할을 한다고 할 수 있다.

일반적으로 우리가 정신을 개방하지 못할 때, 저급한 정신 활동을 이끌어 가는 감성적 감정이나 좀더 바람직하게는 생명 감정이 발하여 있게 된다. 그래서 감성적 가치나 생명 가치를 감지하고 그 가치를 실현하는 활동을 하게 된다. 그런데 우리가 정신을 훌륭하게 개방하면 다른 모든 감정뿐만 아니라 정신적 감정도 발하게 되고 그래서 정신적 가치도 감지하게 된다. 따라서 우리가 정신을 훌륭히 개방하여 많은 가치를 감지하고 있을 때, 우리는 그 높고 낮음의 위계질서를 갖추고 있는 여러 종류의 가치들을 대상으로 감정의 또 하나의 고유한 작용인 선호·경시작용을 할 수 있게 된다. 그러므로 여러 종류의 가치가 우리에게 주어져 있지 아니한, 감지되어 있지 아니한 가운데서는 결코 그런 작용이 가능하지 않다는 것은 당연할 것이다. 가치 감지작용을 통해서 우리가 감지한 여러 종류의 가치들을 대상으로 하여 우리가 두 가지의 가치들이든지 그 이상의 가치들이든지 간에 그것들 중 더 높은 가치를 선택할 때 혹은 취할 때, 이를 우리는 선호작용을 하고 있다고 하며 그 작용에 윤리적 善의 의미를 부여한다. 또 더 낮은 가치를 뒤로 남겨두거나 미루어 놓을 때, 우리는 이를 경시작용을 하고 있다고 하며 그 작용에 윤리적 선의 의미를 부여한다. 그리고 윤리적 惡의 의미는 그 반대로 생각할 수 있다. 그래서 예컨대 우리가 재화 가치와 愉快의 가치를 동시에 감지하고 있는 상태에서 이 둘 중에서 보다 높은 가치 즉 유쾌의 가치를 취할 때, 우리는 선호작용을 하는 것이다. 그리고 이 작용에 윤리적 선이 담지되어 있다는 것이다. 보다 높은 가치를 보다 낮은 가치에 우선하여 받아들이는 것이 윤리적으로 좋음이라는 것이다. 반대로 우리가 더 낮은 가치 즉 재화 가치를 더 높은 가치인 유쾌의 가치에 우선하여 받아들이는 것은 윤리적으로 악이라는 것이다. 이런 상태를 우리는 마음을 개방하지 아니하여 더 높은 가치가 있음에도 불구하고 그 가치를 온전히 감지하지 못하고 더 낮은 가치에 집착하고 있다고 할 수 있다.

따라서 우리가 윤리적 선을 이행하기 위해서는 당해 상황에 주어져 있는 모든 가치를 감지해야 하고 그 가치들을 감지하기 위해서는 마음을 개방해야 할 것이다. 다시 말해서 모든 감정들이 발하도록 해야 할 것이다. 그런데 모든 감정이 발한다는 것은 결코 쉽지 않는 것이고, 발해 있다 하더라도 지속적일 수는 없을 것이다. 감정이 발해 있을 때는 그만큼 가치 이해의 정도가 클 것이지만, 감정이 닫혀 있을 때는 그만큼 가치 이해의 정도가 적을 것이다. 그리고 우리는 시대에 따라 혹은 문화적 수준에 따라 당해 사람들의 가치 이해의 일반적인 정도를 생각할 수 있다. 이런 정도는 당해 사람들의 간주관적인 정신 활동에 의해서 결정되는 것이다. 바로 이것이 그 시대의 에토스를 성립하게 되는 것이다.

그래서 어떤 시대에는 재화 가치에 집착하는 에토스를 보여주고 있는가 하면, 어떤 시대에는 생명 가치를 더 존중하는 에토스를 보여주고 있기도 하다. 예컨대 Ennius 이전의 로마에서는 생명 가치보다 재화 가치를 선호하는 에토스가 지배적이었고, 그럼으로써 그 당시에는 고리대금업을 강도질보다 더 나쁜 것으로 여겼다. 또 고대 독일 사회에서는 생명 가치보다는 재화 가치를 선호하는 에토스가 통용되었고, 그 결과 그 당시의 사람들은 도둑질보다 강도질을 더 나은 것으로 생각했다.16) 이처럼 각 시대에 따라 에토스가 다른 것은 그 시대마다 가치 이해의 일반적 정도가 다랐기 때문이다.

　그런데 우리들이 일상적으로 가치평가할 때나 행위할 때, 당시의 가치 인식으로 형성된 에토스에 의지해서 그것들을 행한다. 예컨대 우리가 행위할 때 문제되는 것은 그 당시에 통용되는 에토스이고, 이 에토스에 근거하여 행위한다. 아무리 우리가 가치계를 있는 그대로 파악하고 의식하려 해도 우리 인간의 불완전성 때문에 우리는 그렇게 할 수 없다. 다만 주어진 상황에서 최선을 다해 가치계를 밝혀서 보다 나은 가치 의식을 갖고, 그럼으로써 보다 진보한 에토스를 가질 수 있을 뿐이다. 만약 가치계를 완전히 꿰뚫어 보고 완전한 가치 의식을 갖게 되면, 더 이상 에토스란 말은 필요없을 것이다. 그런데 사정은 그렇지 못하다. 우리들은 불완전한 가치 의식으로 말미암아 항상 그때 그때의 임의적인 에토스를 소유하게 된다. 따라서 우리는 행위할 때도 고귀, 유용, 복지 등의 가치 자체를 목표로 삼아 행위하는 것이 아니라, 그 당시에 형성된 에토스에 의거해 행위하는 것이다. 뿐만 아니라 '그 행위는 선하다 악하다' 혹은 '그 행위는 정의롭다' 등의 평가도 에토스에 근거해 이뤄진다.

　에토스에 근거해 가치평가가 이뤄지고 윤리적 행위가 결정되어진다는 것이다. 그런데 가치평가의 성립과 윤리적 행위의 결정은 곧 '윤리'의 성립을 의미하는 것이다. 우리가 일상적으로 의미하고 있는 가치평가의 성립과 윤리적 행위의 결정은 당해 사회에서 통용되고 있는 '윤리'의 성립을 의미한다. 그리고 더 나아가 당해 사회의 '윤리'가 바로 당해 사회의 가치평가의 원리가 되고, 윤리적이어야 할 행위가 지향하는 바가 된다. 이런 사실을 통찰할 때, 우리는 제일차적으로 당해 시대인의 가치 이해의 정도에 따라 그 시대에 고유한 에토스가 형성되어지고 이 에토스에 근거해 그 시대에 고유한 '윤리'가 성립한다는 것을 알 수 있다. 다음으로 우리는 당해 시대인의 가치 이해의 정도가 변함에 따라 그 시대에 통용되고 있던 '윤리'도

---

16) Vgl. materiale Wertethik, S. 305.

변한다는 것을 해명하여 보자.

제4절 윤리 변천의 당연성

제3절에서 우리는 가치 이해의 정도 혹은 수준에 따라 당해 에토스가 성립하게 된다는 것을 밝혀 보았다. 그리고 에토스가 윤리의 성립 근거가 된다는 것도 밝혀 보았다. 이러한 고찰을 바탕으로 하여 본 절에서는 윤리가 변천하는 것이 당연하고 그런 속성을 갖고 있음을 밝혀 보겠다.

그럼 먼저 앞 절에서 간단히 언급한 '윤리'의 성립 모습을 좀더 자세히 언급해 보자. 윤리학사에서 줄곧 언급되는 에토스는 규범, 관습, 더 나아가 윤리와 특별히 다른 의미를 갖고 있지 않는 것 같다. 어떻게 보면 같은 의미로 사용되고 있는 것 같다. 바로 여기에 우리들이 간과해서는 안 될 문제가 있다. 에토스와 윤리는 같은 類가 아니다. 막스 셸러의 관점으로 볼 때, 에토스는 고대 아테네의 사상 조류에서는 '이성적 식견의 정도'라고 할 수 있겠고, 중세 스콜라의 사상 조류에서는 '신에 대한 우리 인간들의 참여 정도'라고 할 수 있을 것이다. 에토스는 우리 인간에게 실천적인 측면으로 어떤 기여를 할 수 있는 것이 아니다. 그것은 우리 인간에게 실천적인 측면으로 직접 의미를 부여할 수 있는 것이 아니다. 그것은 우리 정신 활동의 어떤 수준 혹은 정도를 의미한다.

에토스가 그런 것을 의미한다면, 그것은 우리 인간의 정신 활동의 발전에 따라 점점 더 발전하게 된다는 것은 당연하지 않을까?[17) 그

---

17) 에토스가 우리 인간의 정신 활동의 발전에 따라 점점 더 발전하게 된다는 사실은 에토스 형성에 있어서 우리 인간 정신의 자발적이면서도 적극적인 활동을 인정하는 자들만 이해할 수 있을 것이다. 왜냐하면 바로 그런 활동

러면 우리의 정신 활동이 대상으로 지향하는 것이 도대체 무엇이란 말인가? 이에 대해서 우리는 많은 논의를 할 수 있지만, 여기서 본 논의의 필요상 막스 셀러의 입장만 수용하기로 한다. 그에 따르면 간단히 말해 그것은 '가치'란 것이다. 가치를 대상으로 해서 정신 활동을 하여 비로소 에토스를 형성하게 된다는 것이다. 그러니 에토스 형성에는 이미 그 무엇이 정신 활동의 대상으로 주어져 있어야 한다. 그것이 저 객관적으로 존재해 있는 진리이든, 자연의 법칙이든, 이 세계의 존재 내용이든, 신이든, 현상학적 가치철학자들이 말하는 가치이든 간에 말이다. 그런데 기존 윤리학자들이 에토스를 언급하곤 할 때, 결코 간과할 수 없는 이 사실을 간파하지 못하고 있었다. 기껏해야 에토스는 문화적 전통과 당해 시대적 사고방식에 의거해 형성되어진다는 아주 조야한 사고만 하고 있었다. 바로 이러한 사고로는 에토스가 성립하는 데 있어서 결정적인 토대가 무엇인지 관심을 불러일으키지 못한다는 것은 뻔한 일일 것이다.

그래서 그들은 '윤리'의 성립에 있어서 중요한 역할을 하는 두 요소, 즉 '정신 활동의 대상'과 '에토스'를 명확히 분간하여 의식하지 못했다. 따라서 그들은 이 근본적 사고의 결여로 에토스의 위치를 오해하고, 윤리는 에토스보다 좀더 규제력 있는 삶의 계율이며 규약인 것으로만 생각했다. 그런데 우리는 일상적으로 항상 그 무엇을 지향하여 추구하는 정신 활동을 끊임없이 행하고 있다. 이렇게 할 수 있고 틀림없이 이렇게 하는 것은 우리 인간의 본성적 성향이다. 우리 인간은 다른 동물과는 달리 정신적 존재이기도 하다는 것은 이미 잘 알려진 사실이다.[18] 그 무엇을 향하여 정신 활동을 끊임없이 행하기

이 사랑에 의한 더 높은 가치들의 발견과 開示를 가능케 하고, 이를 통하여 에토스의 更新과 성장의 근본 모습을 보여주기 때문이다(Vgl. materiale Wertethik S. 309).

18) Vgl. Max Scheler, *Die Stellung des Menschen im Kosmos* 7. Auf.(Bern, 1966), S. 37f.

때문에, 그 무엇을 간과해서는 결코 아니 될 것이다. 그 무엇을 고려하지 않고 에토스만 고려하여 '윤리'의 성립 모습을 기술하는 것은 한 때의 윤리의 모습을 기술하는 것이지 윤리의 통시적인 성립 모습을 기술하려는 것은 결코 아닐 것이다. 그리고 또 우리 인간의 끊임없는 정신적 노력 활동의 결과를 무시해 버리는 결과를 초래할 것이다. 그리고 우리 인간이 지향하고 나아갈 바를 조망하지 못하는 결과를 초래할 것이다. 뿐만 아니라 에토스의 변천도 밝게 해명하지 못하게 될 것이다.

방금 언급한 그 무엇을 지향하여 추구 노력하는 가운데 당해 시대인은 그들에게 간주관적으로 성립하는 에토스를 얻게 된다. 다시 말해서 어떤 시대인들의 '그 무엇에 대한 이해의 정도'가 간주관적으로 성립하게 된다는 것이다. 이런 정도의 차이가 여러 지역, 시대간의 정신적 발달의 차이를 보여주게 된다. 그런데 우리는 다음과 같이 반문할 수 있다. 즉 '그 무엇' 바로 그것을 우리가 파악해 버리면 그것에 대한 완전한 이해를 얻을 수 있고, 이 이해에 근거하여 형성된 윤리 그 윤리는 완전한 불변의 윤리가 될 수 있지 않느냐? 그러나 과연 그 무엇을 우리 인간이 완전히 파악할 수 있겠는가? 우리 인간은 완전하지 못한 자이다. 따라서 무엇을 알거나 느끼거나 보거나 등등의 활동에서도 완전하지 못한 자이다. 종교적 표현을 빌린다면, 완전자라고 하는 신만이 온전히 파악할 수 있는 것을 과연 우리 인간도 온전히 파악할 수 있단 말인가? 그렇지 못할 것이다.

이제 여기서부터는 '그 무엇'을 막스 셸러의 견지에서의 '가치'로 단정하고 논의를 계속해 보자. 가치들과 가치들의 본질연관은 자립적이고 객관적으로 존재하지만, 그것들이 존재하는 그대로 인간에게 파악되는 것이 아니고 또 그것들 자체가 그대로 어떤 행위의 평가에 사용되는 것도 아니다. 그것들의 파악의 주체인 인간들에게 상대적 차이를 보이면서 그것들은 파악되어 있을 따름이다. 가치와 가치들간의 본질적 연관에 관한 파악의 정도에 따라 각기 상이한 에토스들이 성립한다. 성립한 에토스의 상이함에 따라, 한 행위가 살인 행위로 또는 비살인 행위로 정의됨을 역사상으로도 볼 수 있다. 서기 70년경 무장하고 국경에 가서 의도적으로 그리고 숙고를 거쳐서 사람들을 살해했던 독일인들의 행위는 살인 행위로 간주되었다. 반면에 옛날 게르만족의 윤리적 상황에서는 암살만이 살인으로 간주되었으며, 상대방이 자기방어하는 것을 예상할 수 있는 공공연한 공격에 의한 살해는 살인으로 간주되지 않았다.[19] 전자의 경우는 인격 가치에 관한 가치 파악이 후자의 경우보다 더 정확히 이뤄진 에토스에 의해 살해 행위를 평가했다. 〈살인〉이 성립되기 위해서는 살인되는 자의 인격이 고려되어야 한다. 예컨대 그리스인들처럼 자기들의 국민들만 인간이라 생각한다면, 그 국민의 구성원을 죽이는 것은 살인이 되겠지만 이방인을 죽이는 것은 살인이 되지 않는다. 그리스인들은 자기 국민들에서만 인격 가치를 감지한 에토스를 갖고 있었다. 살해가 살인이라 평가되기 위해서는 적어도 살해자가 그 행위에 앞서 살해할 인간의 인격 가치를 파악하고 있고, 그 인격 가치를 절멸하려는 의도가 있어야 한다. 예컨대 神들을 위해 인간을 희생 제물로 바치는 경우 그 인간의 인격 가치를 절멸하려는 의도는 없다. 오히려 그 행사는 사랑과 자비의 마음으로 그 희생 당사자의 인격 존재를 더 높은 곳에로 고양시켜준다. 즉, 그 희생자로 하여금 사랑의 봉사를 할 수 있도록 기회를 부여해 준다.[20] 인격 가치를 더 높은 가치로 고양시킨다는 에토스에 의거해 그 행사는 긍정적인 것으로 평가된다.

　이처럼 에토스의 상이함에 따라 같은 행위도 다르게 평가될 수 있다. 그러면 이제 윤리는 어떻게 생성되어지는지 알아보자. 가치와 가치들간의 위계질서는 고유하게 존재해 있다. 이것들은 우리 인간의 의식과는 아무런 상관없이 본래 존재해 있는 것이다. 이런 존재를 지향하여 우리 인간은 부단히 추구 노력을 한다. 왜냐하면 우리 인간은

---

19) Vgl. materiale Wertethik, S. 314.
20) Vgl. a. a. O. S. 316.

그의 존재 구조상 정신층을 소유하고 있고 그럼으로써 정신 활동을 하기 때문이다. 그런 추구 노력 가운데 그때마다의 가치 이해의 정도를 즉 에토스를 갖추게 된다. 그리고 우리 인간들은 당해 에토스에 의거해서 평가 활동을 한다. 이는 마치 칼 라이문트 포퍼가 '우리 인간의 지식은 신만이 알고 있다 할 수 있는 완전한 지식으로 계속적인 성장의 과정에 놓여 있고, 비록 그러하지만 우리 인간은 바로 그 지식이 그래도 지금까지 다른 어떤 지식보다 완전한 지식이라 여기고 그 지식을 이용하여 자신의 삶을 풍요롭게 하고자 한다'고 말할 때,21) 그가 생각하고 있는 인간의 지식 이용 활동과 아주 유사한 면을 보여주고 있다. 에토스에 의거한 평가 활동이 곧 당해 사회의 가치관을 형성하고, 윤리 의식을 형성하게 된다.

윤리의 성립이 위에서 논의한 바와 같이 가치와 가치들의 본질연관을 지향적으로 향하여 이해하는 가운데 형성된 에토스에 의해서 가능하다는 사실로부터 우리는 곧장 윤리의 변천이 당연하다는 것을 알 수 있다. 윤리 성립은 에토스에 의해서 가능한데 에토스가 시대에 따라 지역에 따라 다르게 형성된다. 그러므로 윤리는 각기 다르게 형성되는 에토스에 의해서 역사적으로, 지역적으로 다르게 성립하는 것은 당연한 것이 아닌가? 그래서 통상적으로 말하면 특정한 시대, 지역에는 특정한 에토스가 존재하고, 그 에토스에 의거해 가치평가가 그 나름대로 이뤄지고, 그에 따라 특정한 윤리, 규범이 생긴다. 그러므로 에토스의 변천에 따라 윤리, 규범의 변천이 있게 된다는 것이다.

윤리의 상이함을 초래하는 조건들 가운데 가장 영향력 있는 것은 사실(facts)에 관한 소견(belief)의 차이일 것이라고 Stevenson이 지적한 바 있다.22) 이는 윤리의 상이가 일어나는 가장 큰 조건이 바로 사실의 인식 내지 이해의 정도라는 것을 함의하고 있다. 메타 윤리학

---

21) Cf. Karl Raimund Popper, *The Logic of Scientific Discovery*(New York: Harper & Row, 1968), p. 54 and p. 216.
22) Cf. C. L. Stevenson, *Ethics and Language*(New Haven, 1944), Ch. V, Sec. 2.

자인 그가 가치윤리학자들과 윤리학적 사고 경향에 있어서 엄청난
격차를 보여주고 있지만, 우리는 윤리의 상이함이 적어도 그 무엇이
가치이든 사실에 관한 진리이든 간에 바로 그 무엇에 관한 이해의
정도에 의해서 초래된다는 것에는 생각이 같다는 것을 알 수 있다.
그리고 사실에 관한 소견의 차이를 원칙적인 의미로 말해서 제거될
수 있는 것인가 하는 질문에 Stevenson은 그 제거 가능성을 암암리
에 인정하는 것 같다. 그는 모든 존재 내용에 관한 인간의 이해 혹은
소견이 인간의 인지 능력이 발전된 그 언젠가는 일치하리라고 생각
하는 것 같다. 그의 생각처럼 인류의 역사를 통하여 우리 인간의 지
성이 성취한 업적을 미루어 보건대, 인간이 한 걸음 한 걸음 존재 내
용 자체를 혹은 진리 자체를 향하여 점진적으로 접근하고 있다고 생
각해도 좋을 것 같다.

그러나 과연 우리 인간이 완전히 존재 내용 자체 혹은 진리 자체
에 도달할 수 있는가? 결코 그렇게 될 수 없을 것이다. 우리 인간의
존재 본질상 그렇게 될 수 없다. 우리 인간의 존재 본질은 다른 모든
피조물도 마찬가지지만 불완전하다. 우리 인간은 그 존재상 불완전함
으로써 그의 능력도 불완전하다. 그 불완전한 능력으로 어떻게 완전
한 진리에 이를 수 있겠는가? 불완전이 완전에 이른다는 생각은 무
에서 유를 생산한다는 말과 마찬가지로 논리적 오류를 범하고 있다.
그러므로 '그 무엇'에 관한 완전한 이해가 엄밀한 의미에서 결코 이
뤄질 수 없는 까닭에, 우리 인간들에게는 '그 무엇'에 관한 이해의
정도가 항상 상이하게 나타나 있게 된다. 따라서 그 이해의 정도의
상이함에 따라 항상 윤리의 상이함이 필연적이게 된다. 그 상이함이
역사적 과정에서 혹은 지역적 차이에서 부단히 나타날 때, 우리는 그
것을 윤리의 변천이라고 한다. 이상의 사실로 보아 우리는 윤리의 변
천이 당연함을 알 수 있다.

제9장 타 가치론에 대한 비판

본 장에서는 가치에 관한 몇몇 견해들을 제시하고, 그 견해들의 그
릇됨을 비판해 본다. 그리고 이 비판을 통하여 막스 셸러의 가치론이
우리에게 보다 설득력이 있는 것임을 간접적으로 천명코자 한다.

제1절 실증주의적 윤리학에 대한 비판

자연과학적 인식이 경험에 뿌리박고 있는 것처럼, 윤리학적 인식
도 경험에 근거하고 있음에 틀림없다고 생각할 수 있다. 그러면 그
경험의 대상이 무엇일까? 그 대상이 과학적 사실, 內省을 통해서 획
득되는 心的 事實, Platon의 Idea와 같은 이념적 사실들 중의 어느
하나일까? 아니다. 먼저 과학적 사실에 대해 고찰해 보자. 그것을 아
무리 고찰해 봐도 그 사실에 고귀함, 비속함, 고상함, 저급함 등의 빈
사를 충실시키는 성질이 있지 않다.[1] 그 다음 "심적 사실을 아무리
고찰해 봐도 그 사실에 정당함, 부당함, 정상적·비정상적이라는 빈
사를 충실시키는 성질이 있지 않다."[2] 그 심적 사실도 가치중립적
사실일 뿐이다. 그 대상이 數, 圓, 三角形 등이 존재하는 이념적 세계

---

1) Vgl. materiale Wertethik, S. 173.
2) a. a. O. S. 174.

에만 존재해 있다고 주장하는 자들이 있는데, 어떤 의미에서 그들의 주장이 타당한 것처럼 보인다. 그런데 선·악은 수, 원, 삼각형들처럼 결코 이념적 영역에만 속해 있지 않고, 현상적으로 다양하게 나타나 있다.3) 그래서 "비록 어린아이가 선 자체를 어떤 방식으로 먼저 파악하고 있지 못할지라도, 그는 어머니에게서 善의 한 형태인 자상한 마음을 감지한다."4) 이상과 같이 아무리 인식의 전 영역을 면밀히 조사해 봐도, 윤리학적 대상들이 속해 있을 만한 곳이 없다. 그러므로 윤리학적 대상은 객관적으로 존재하는 것이 아니라고 단정할 수 있다.

이러한 관점 하에서 다음의 가치론을 제출한 자들이 실증주의적 윤리학자들이다. "선, 고귀 등의 윤리적 가치들은 단지 언어 속에만 존재하는 인간 창작물일 뿐이다."5) 상술하면 윤리적 가치는 자체적으로 존재하는 것이 아니라, 감정, 욕정, 관심 그리고 욕구 작용의 표현으로서 사용되는 언어들에만 존재하는 인위적 창작물이다. 이 이론은 Thomas Hobbes에 의해 가장 적극적으로 주장되었고, '도덕적 현상들은 존재하지 않고 다만 사실적 현상들에 대한 도덕적 해석만이 존재한다'는 Fr. Nietzsche의 주장을 그 근거로 하고 있다.6) 이 이론에 따르면 먼저 존재하는 것은 노력, 관심, 욕구이고, 이것들에 의해 특정한 가치들이 산출되어진다. 그러므로 가치에 대한 인식이 아니라 가치를 산출하는 확정이, 그리고 명증과 진리가 아니라 合目的性이 그들의 가치론에서 문제거리가 된다.

이런 사고에 근거해서 실증주의적 윤리학자들은 어떤 특별한 가치 경험 및 그 경험을 대상으로 하는 윤리적 사실이 존재하지 않는다는 확신 하에 아래와 같이 주장한다. "가치들을 표기하는 단어들과 그것

---

3) Vgl. a. a. O. S. 175.
4) a. a. O. S. 176.
5) a. a. O. S. 177.
6) Vgl. Ebd.

들로 구성된 윤리적 평가를 표현하는 명제들은 하나의 사태를 묘사하고 이 사태에 대한 지향적 인식 결과를 표현하는 단어들과 명제들이 아니라, 오히려 어떤 감정 과정과 노력 과정의 단순한 표현들이다."7) 어떤 사태에 대한 감정 과정과 노력 과정의 표현이 곧 그 사태 가치의 표현이라는 것이다. 그래서 심지어 〈이 행위, 이 성격이 선하다〉는 것이 이 행위, 이 성격에 대한 주관적인 감정과 정의적 표현임에도 불구하고, 이것들 자체가 선하다고 일컫는 것처럼 생각된다는 것이다. 사실은 이 행위, 이 성격이 나의 감정 과정에 비쳐볼 때 선하다는 것이고, 그래서 나는 그것을 선하다고 한다는 것이다. 다시 말하면 선함, 악함의 빈사들은 이 행위, 이 성격에 대한 나의 감정의 반작용 즉 칭찬과 질책의 반작용으로 생겨나는 것이다.

〈이 행위는 선하다〉는 명제가 이 행위에 대한 가치 인식을 표현한 것이 아니라 이 행위에 대한 나의 감정 표현일 뿐이라면, 그것은 하나의 체험된 고통 후에 〈아!〉 하고 부르짖을 때 그 아! 하는 擬聲語와 다를 바 없다. 따라서 그 명제는 남에게 자신의 이해를 전달하는 것이 아니고 남을 의식하지 않은 자신의 욕구 내지 감정의 표현이다. 따라서 스피노자와 홉스도 이처럼 나의 욕구가 이 행위를 의욕하기 때문에 그것이 선하고 그것이 선하다고 했다.8) 만약 아직 그 의욕이 생기지 않으면 그 행위는 선하지도 악하지도 않을 것이다. 그런데 "평가를 형성하는 욕구, 감정의 표현 이전에, 같은 욕구와 감정을 남에게 불러일으킬 목적을 가진 告知(Kundgabe)가 있다."9) 이것은 소원, 명령, 충고 등의 다양한 방식으로 실행된다. 이것은 단순한 표현작용이 아니고 자신의 의욕만을 남에게 전달하는 작용이다. '나는 당신이 이것을 행하기를 원한다'는 소원과 '당신은 이것을 행하여야 한다', '이것을 행하라' 등의 명령은 나의 의지를 직접 고지하

---

7) a. a. O. S. 178.
8) Vgl. a. a. O. S. 179.
9) Ebd.

는 것이다. 이처럼 告知에는 아직 평가를 형성하는 욕구의 표현, 즉 '이것을 행하는 것이 善이다'는 것이 나타나 있지 않다. 그런데 실증주의적 윤리학자들은 '당신은 이것을 행하여야 한다'는 명제에는 명령자의 의지가 고지되어 있고 그럼으로써 '당신이 이것을 행하는 것이 선이다'는 가치평가가 추후적으로 이뤄진다는 것이다.10) 이 추후적으로 이뤄지는 가치평가는 가치를 인정하는 사태의 인식이 아니라, 특정한 방향으로 의욕하는 요구들이다. 이런 가치평가에는 윤리적 경험이 필요 없고, 투쟁하고 이기고 지고 상호 다양한 방식으로 의욕하는 의지 충동이 필요하다. "의지 충동은 선·악의 규정에 선행하고, 선·악, 고귀, 저급 등의 윤리적 가치들은 어떤 의지작용, 행동, 인격 등에 대한 상징들이다. 다시 말해 윤리적 가치는 의지작용, 행위 등이 사회적 시인, 불시인으로 갖게 되는 결과에 대한 상징들이다."11) 그러므로 실증주의적 윤리학에 의하면 의지작용은 그 자체로 가치를 형성하거나 산출하지 못하고, 추후적으로 사물, 사건, 행위 혹은 다른 의지작용에 관계할 때 비로소 특정한 가치를 산출한다.

의지, 관심 등의 방향이 실제적인 사태와 관계함으로써 가치가 형성·산출되기 때문에, 실증주의적 윤리학자들은 "선·악 등의 윤리적 가치는 행위에 관한 어떤 유형의 인습적 척도에 근거한 恣意的 규정·해석일 뿐이다"12)라고 주장한다. 실증주의자들이 자연법칙을 감성적 지각들의 내용을 정리하는 수단으로 간주하는 것처럼,13) 실증주의적 윤리학자들은 인습적 척도 혹은 도덕법칙을 윤리적 가치를 성립케 하는 보조자라 생각한다.14) 실증주의자들은 수학과 논리학의 최고 命題들이 定義와 규약들로서 존재한다고 하면서, 협약적인 度量單位, 度量法에서 독립되어 있는 대소, 장단, 경중 등의 의미 존재를

---

10) Vgl. a. a. O. S. 180.
11) Ebd.
12) a. a. O. S. 181.
13) 이런 사고는 Ernst Mach의 〈사유 경제설〉에서 두드러지게 나타난다.
14) Vgl. Ebd.

부정한다. 또 그들은 직관적으로 충실되어 있는 자립적인 의미부여의 존재도 부정한다. 그들은 오직 어떤 단어 부호를 어떤 사태에 적용시키는 규칙을 바로 의미부여자로 간주한다.15) 예컨대 〈이것은 붉다〉는 명제의 경우 〈이것〉에서 〈붉음〉이란 것이 나타나든가 직관된다는 것이 아니라, 〈이것〉에 관한 감각적 내용이 있고 이 내용에 대한 상징기호, 즉 음향 복합체가 인간을 통해서 〈붉음〉 등처럼 생겨난다는 것이다. 그리고 그 음향 복합체는 같은 감각 소여가 존재할 때마다 동일하게 생겨난다는 확신 하에, 인간은 감각 소여를 의미화하는 기능을 소유하고 있다고 본다. 그러므로 윤리적 가치에 근거한 평가의 변화는 도덕적 인식의 발전에 의존하는 것이 아니라, 새롭게 생겨나는 실천적 관습에 따라 이뤄진다. "윤리적 측면에 선견지명이 있는 사람은 윤리적 가치를 인식하고 그것을 인간들에게 제시해 줄 수 있는 자가 아니라, 스스로 행위하고 자신과 더불어 계속 투쟁하는 자이다. 그리고 도덕법전은 그런 자의 의욕 목표 내지 방향에 관한 후속적인 총괄일 뿐이다."16) 그래서 실증주의적 윤리학자들이 윤리적 측면에 있어서 천재는 윤리적 가치들을 발견하는 자가 아니라, 그것들을 발명하는 자이라고 생각했던 것이다.

그러면 이들의 이론을 비판해 보자. 우리는 갑자기 한 폭의 그림을 직시하던가 어떤 경치를 조망할 때 〈아!〉라는 감탄의 표현을 할 수 있다. 그리고 〈이 그림은 아름답다〉, 〈이 경치는 유쾌하다〉는 명제를 진술할 수 있다. 이 〈아!〉라는 표현은 어떤 것을 의미하지 않고 단지 주관적인 감정상태를 표현하는 것일 뿐이다. 그러나 나중의 두 명제들은 그 그림과 경치 속에 주어져 있는 아름다움, 유쾌함을 표현하고 있다.17) 그러므로 이 명제들은 감정 상태를 표현하는 것이 아니라, 아름다움, 유쾌함 등의 가치 내용을 표현하는 것이다. 그리고

---

15) Vgl. Ebd.
16) Ebd.
17) Vgl. a. a. O. S. 182.

비록 아무리 많은 감정상태들이 그림과 경치들에 주어져 있는 〈美,
愉快〉의 이해에 기여할지라도 또 아무리 다양한 방식으로 감정상태
들이 표현될 수 있다 하더라도, 그 감정상태들은 그 미, 유쾌가 의미
할 수 있는 만큼 정확하게 그것을 의미할 수 없다는 것이 명백하
다.18) 따라서 〈이것은 붉다〉고 말할 때도 이것에 주어져 있는 붉음
을 표현하는 것이지, 이것에 대한 감정상태를 표현하는 것이 아니다.
감정상태에는 아무런 의미가 담겨져 있지 않다. 그것은 의미 지향적
인 언어로 표현할 수 없는 느낌일 뿐이다. 심지어 우리들은 어떤 경
치에 대한 충분한 감정상태를 갖지 못하고서도 그 경치에 대해서 감
탄한다. 이때 그 감탄의 대상은 그 경치에 주어져 있는 그 무엇이다.
그 무엇이 아름다움이라면 그것에 대한 감탄의 의미적 표현으로 〈그
경치가 아름답다〉고 할 것이며, 그 무엇이 유쾌라면 〈그 경치가 유쾌
하다〉고 할 것이다.

실증주의적 윤리학자들은 의욕이 가치를 산출하고, 의욕의 방향이
가치를 결정한다고 했다. 그러면 "우리가 열거할 수 있는 밤하늘과
별들의 아름다움, 인격 자체의 윤리적 가치들이 우리의 의욕 방향에
서 성립하는 것인가? 아니다. 오히려 그것들은 우리가 스스로 존재적
으로 직면하고 저항하게 되는 저항체이다."19) 더 나아가 어떤 의욕
을 남에게 전달하기 위한 의도의 告知도 가치판단 혹은 가치의 단순
한 언표와는 본질적으로 다르다. 〈나는 네가 도와주기를 바란다〉,
〈모든 사람은 자연법을 준수해야 한다〉는 고지가 〈네가 나를 도와
주는 것이 善이다〉, 〈자연법을 준수하는 것이 옳은 일이다〉는 가치
판단을 함의하고 있지 않다는 것이 자명하다. 앞의 두 명제들은 한
개인의 의욕 방향 혹은 의지 방향을 남에게 고지하는 것들이고, 뒤의
두 명제들은 행위들 자체에 놓여 있는 가치 내용들을 묘사한 것들이
다. 〈나는 네가 도와주기를 바란다〉와 〈네가 나를 도와주는 것이 선

---

18) Vgl. Ebd.
19) a. a. O. S. 183.

이다〉 그리고 〈모든 사람은 자연법을 준수해야 한다〉와 〈자연법을 준수하는 것이 옳은 일이다〉는 쌍의 명제들에 관해서 숙고해 보면, 실증주의적 윤리학자들의 잘못을 쉽게 이해할 수 있다. 그들의 견해에 따르면 인간의 욕구, 의욕, 의지에 의해서 가치가 산출된다는 것인데, 과연 〈나는 네가 도와주기를 바란다〉는 의욕 방향에 놓여 있는 소원에 의해서 〈네가 나를 도와주는 것이 善이다〉는 가치평가를 내릴 수 있겠는가. 또 〈모든 사람은 자연법을 준수해야 한다〉는 의지 방향에 놓여 있는 고지에 의해서 〈자연법을 준수하는 것이 옳은 일이다〉는 가치평가를 내릴 수 있겠는가. 오히려 〈네가 나를 도와주는 것이 善이다〉 그러므로 〈나는 네가 도와주기를 바란다〉 혹은 〈자연법을 준수하는 것이 옳은 일이다〉 그러므로 〈모든 사람은 자연법을 준수해야 한다〉는 식으로 가치판단이 소원과 고지를 제시할 수 있다. 왜냐하면 사실은 가치가 의욕, 욕구, 의지에 근거해서 산출되어지는 것이 아니라, 정반대로 욕구, 의욕, 의지가 가치에 기초해서 생겨나는 것이기 때문이다.20)

또 의욕, 욕구의 발동 그리고 의지의 방향이 없는 곳에서도 우리는 가치들을 파악한다. 사물, 사건 등에서 감지하는 재화 가치와 생명에서 감지하는 생명 가치는 의욕, 욕구의 발동에 의해서 산출된다고 생각할 여지가 있으므로, 정신적 가치 더구나 聖的 가치를 예로 들어보자. 우리가 예배당 전면에 잘 모셔져 있는 십자가를 아무런 의식 없이 직면했을 때, 우리는 그 십자가에서 성스러움을 느낀다. 또 사찰의 본당에 들어서서 그 본당에 안치된 부처를 직면할 때, 우리는 그 부처로부터 성스러움을 감지한다. 다른 한편으로 여러 사람이 비록 그들이 같거나 비슷한 심경을 갖고 있지 않을지라도, 靈化된 십자가를 직면할 때 그 십자가로부터 聖的 가치를 감지하고, 영화된 부처를 직면할 때 그 부처로부터 성적 가치를 감지한다. 聖的 가치뿐만

---

20) Vgl. a. a. O. S. 178f.

아니라 미적 가치도 우리의 의욕·욕구의 발동 그리고 의지가 지향
하는 방향 없이도 파악할 수 있다.[21] 예컨대 우리는 한 폭의 繪畵를
갑자기 직면할 때 혹은 홀연히 들려오는 교향곡을 들었을 때, 우리는
그 회화에서 혹은 그 교향곡에서 아름다움을 감지한다.

실증주의적 윤리학자들은 가치들이 가치중립적 사실의 영역에서
措定된 인공물이라는 착각에 빠져 있을 뿐만 아니라, 관심의 상이성
에 따라 가치들이 다르게 형성되어진다는 착각에도 빠져 있다.[22] 일
상적으로 인간의 동일한 특성이 경우에 따라 찬양되기도 하고 비난
되기도 한다. 마찬가지로 동일한 행위, 행위 방식이 찬양되기도 비난
되기도 한다. 이러한 것이 가능한 원인은 사태에 대한 관심의 상이성
에 있다는 것이다. 즉 평가의 상이함은 복잡하고 구체적인 사태들에
대한 평가의 차이에 기인하는 것이 아니라, 그런 사태들에 대한 평가
자의─구체적인 관계에서 해방된─주관적인 관심의 상이성에 기인해
있다.[23] 예컨대 어떤 사람은 하나의 행위 방식을 경솔하다고 평가하
고 다른 사람은 그 행위 방식을 대담하다고 평가할 때, 그리고 어떤
사람은 하나의 행위 방식을 겸손·겸허하다고 평가하고 다른 사람은
그 행위 방식을 비겁·비굴하다고 평가할 때, 또한 어떤 사람은 하나
의 성격 특성을 당당하다고 평가하고 다른 사람은 그 성격 특성을
高慢·倨慢하다고 평가할 때, 이런 결과를 초래하는 원인은 평가자
관심의 상이성에 기인한 주관적 평가에 있다고 보지 않을 수 없다.
여기서 그 관심이란 것은 그 행위 방식과 성격 특성에 대해 칭찬지
향적인 것이든가 비난지향적인 것이다. 만약 칭찬지향적인 관심을 갖
고 그 행위 방식이나 성격 특성을 평가한다면, 그것들을 대담, 겸손,
겸허하다 그리고 당당하다고 평가할 것이고, 만약 비난지향적인 관심
을 갖고 그 행위 방식이나 성격 특성을 평가한다면, 그것들을 전적으

---

21) Vgl. a. a. O. S. 183.
22) Vgl. a. a. O. S. 184.
23) Vgl. Ebd.

로 다르게 평가할 것이다. 이러한 일은 정치 집단, 경제 집단, 종교 집단, 사회 집단 등의 이해관계가 서로 다른 집단들이 동일한 사건을 다르게 평가하는 경우에 흔히 볼 수 있는 일이다.

그러나 그런 평가는 정당한 것으로 인정될 수 없다. 실로 관심은 주관적인 감정상태에서 생긴 것이 아니고 오히려 다양한 가치태 중 어느 하나에 근거해서 생기므로, 서로 다른 가치태에 근거해서 생긴 관심들은 서로 다를 것이다. 전자의 관심이 어떤 집단의 관심이고 후자의 관심이 다른 집단의 관심이라면, 이들 두 집단의 관심은 상호 충돌할 것이고 사실의 평가는 다를 수밖에 없을 것이다. 그러나 바로 이러한 사실이 가치 평가의 상대성을 의미하는 것은 아니다.24) 적어도 그런 평가는 윤리학에서 필요로 하는 가치 평가가 아니다. 실증주의적 윤리학자들의 견해처럼 만약 가치 평가의 상이성이 관심의 방향 즉 찬양, 비난의 기능에서 성립한다면, 가치 진술들은 가치중립적 대상들에 대한 주관적 관심의 유희를 상징적으로 기술한 것에 불과할 것이다.25) 따라서 객관적 가치 평가란 있을 수 없고 더 나아가 윤리학의 존재적 의의도 없게 될 것이다.

오히려 "관심이 가치에 근거해서 생겨나고, 그 관심을 가치 평가할 수 있다"26) 또 어떤 행위에 대한 관심을 '이렇게 행위하는 것이 선하다 혹은 악하다', '저렇게 행위하는 것이 칭찬할 만하다 혹은 비난할 만하다' 등의 형식으로 표현할 수 있다.27) 관심이 가치 평가에 영향을 미치지 않는다는 사실은, "功利主義者들도 가치 자체를 유용성과 유해성에서 찾지 않는다"28)는 점에서도 확인된다. 공리주의자들에 따르면 어떤 행위나 행위 방식이 그 사회에 유용하냐 유해하냐에 따라, 그것들이 사회적으로 찬양되거나 비난된다. 다시 말하면 당

---

24) Vgl. a. a. O. S. 186.
25) Vgl. a. a. O. S. 185.
26) a. a. O. S. 186.
27) Vgl. a. a. O. S. 185.
28) a. a. O. S. 187.

해 행위 방식의 유용성과 유해성이 가치에 대해 생겨나는 사회적 칭
찬과 비난의 생성, 소멸의 근거는 되지만, 결코 그것이 가치 평가의
근거로서 혹은 당해 행위 방식의 윤리성과 반윤리성을 결정하는 요
소로서 작용하지는 않는다.[29]

제2절 가치 평가론(Beurteilungstheorie)에 대한 비판

평가론자들도 실증주의적 윤리학자들처럼 자립적인 가치의 존재를
인정하지 않는다. 그러나 "실증주의적 윤리학자들처럼 가치를 인간의
욕구, 의욕, 의지 등의 방향에서 산출되거나 성립하는 것으로 보지
않고, 그들은 오직 평가를 통해서 혹은 평가에서 가치가 주어지게 된
다고 생각한다."[30] 그리고 "이 가치 평가는 결코 임의적으로 일어나
지 않고 또 욕구에 제약되어 생기지도 않고, 오히려 이 가치 평가는
바로 이 평가작용에 내재해 있는 법칙에 의해서 혹은 어떤 기존의
평가에 의해서 실행된다고 Herbart와 Brentano는 주장한다."[31] 다시
말하면 평가론자들은 가치가 인간의 의욕, 의지 등의 주관적인 마음
의 상태에 근거하여 성립하는 것이 아니라 객관적인 척도, 규범, 법
칙들에 근거해 성립한다는 것이다. 이들이 가치가 의욕, 의지 등의
心的 과정에 제약되어 산출되는 것이 아니라고 본 것은 다음의 사실
을 통찰했기 때문이었다. 만약 가치가 심적 과정 속에서 생겨난다면,
심적 과정에 대한 인과법칙적 이해로부터 그 가치의 생성을 명확히
설명할 수 있을 것이다. 그러나 심적 과정을 아무리 심도있게 살펴봐
도, 거기서 가치 생성의 어떠한 징후도 의식할 수 없다.[32]

---

29) Vgl. a. a. O. S. 188.
30) a. a. O. S. 190.
31) Ebd.

따라서 평가론자들에 의하면, "심적 과정 자체는 가치를 산출할 어떠한 능력도 소지하고 있지 않다"[33]는 것이 명백하다. 그런데 가치가 심적 과정 자체에 존재하지 않으면서 그곳에서 언급된다면, 그 가치는 어떤 방식으로든 외부에서 심적 과정에 부가된 것임에 틀림없다.[34] 외부에서 심정 과정에 부가될 때도 가치로서 완성된 가치가 부가되는 것이 아니다. 만약 가치가 완성된 것으로 부가되는 것이라면, 가치의 자립성이 이미 인정된 것이고, 지금 논의하고 있는 것 자체가 무의미한 것으로 된다. 따라서 가치는 무엇에 인해서 성립되어 거기에 부가됨에 틀림없다. 평가론자들은 그 무엇을 바로 평가라 한다. 그리고 이 평가는 어떤 객관적인 기준에 의거해 이뤄지고, "이 기준은 바로 〈척도〉, 〈규범〉, 〈이념〉이라는"[35] 것이다.

그런데 평가기준인 척도, 규범, 이념이 도대체 어디에 존재하며 혹은 어디에서 생겨나올 수 있겠는가? 하는 물음이 생긴다. 또 척도는 〈미터, 그램〉 등처럼 인간이 규정한 것이 아닌가 그리고 규범, 이념 등도 관습, 인습처럼 임의적인 것이 아닐까? 하는 의문이 생긴다.[36] Brentano는 애초부터 이러한 척도, 규범, 이념을 설정하지는 않았다. 그의 사고는 다음과 같이 시작했다. 우리 인간이 이론적 영역에서 명증성을 보장하는 것을 통해서 진리를 도출하듯이, 실천적 영역에서는 유사 명증성을 보장하는 것을 통해서 가치를 도출할 수 있다. 실천적 영역에 있어서 유사 명증성은 이론적 영역에 있어서 명증성을 토대로 하고 있다. 예컨대 "유사 명증적인(quasi-evident) 選好作用의 유사 명증성은 개념을 통해 동기지어진 것이 동기지어진 더 좋아함에게 올바른 것으로 특징지어 주는 특성이다."[37] 여기서 개념은 감각

---

32) Vgl. Ebd.
33) a. a. O. S. 205.
34) Vgl. Ebd.
35) a. a. O. S. 198.
36) Vgl. a. a. O. S. 205.
37) F. Brentano, *Vom Ursprung sittlicher Erkenntnis*, hrsg. v. A. Kastil, Ham-

적 개별 표상이 아닌 일반 표상을 의미한다. 일반 표상에 근거한 명
증은 실천적 영역에 있어서 선호작용의 근거를 제공한다. 그래서 더
좋아함은 경험적 인식이든 직관적 인식이든 思念的 인식이든 간에
그것으로부터 동기지어질 수 있다. 여기서 동기지어짐이란 심리적 인
과관계로서 이해되어야 할 것이고, 내재적인 옳음에 관계하며, 거기
에 절대로 기만적인 요소가 게재되어 있지 않은 것으로 이해되어야
할 것이다. 따라서 우리가 어떤 것과 다른 것을 올바르게 좋아하거나
싫어하기 때문에, 우리는 그 하나를 다른 것보다 올바르게 더 좋아하
거나 더 싫어한다. F. Brentano는 이처럼 "개념을 통한 유사 명증적
인 더 좋아함의 발생"38)을 강하게 주장하면서, 이론적 인식에 근거
하여 내재적으로 심리적으로 엄정하게 가치 평가할 수 있다는 것이
다. 그런데 과연 이론적 인식이 가치 인식 내지 가치 평가에 기여할
수 있겠는가? 예컨대 이것은 무겁다, 저것은 가볍다는 물체 질량에
관한 인식이 이것은 저것보다 더 좋은 것이라는 가치 평가에 어떻게
기여할 수 있겠는가? 또 이것과 저것의 크기에 관한 인식이 이것이
저것보다 더 좋은 것이라는 가치 평가에 어떻게 기여할 수 있겠는
가? 그리고 또 이것과 저것의 酸化性에 관한 화학적 지식이 이것이
저것보다 더 좋은 것이라는 가치 평가에 어떻게 기여할 수 있겠는
가? 이런 것 등의 의문을 브렌타노는 명확하게 해명할 수 없었다. 그
래서 그는 이론적 인식를 바탕으로 하고 거기에 어떤 규범, 척도, 이
념을 적용하여 가치 평가한다는 짜맞추기식 발상을 하게 된다. 심리
적·내재적 수행은 순수 이론적 인식 활동은 아니다. 그것의 수행으
로 이것이 올바르게 좋은 것이고, 저것이 올바르게 나쁜 것이라 평가
될 때도 사실은 이미 그런 심리적 수행에 어떤 척도가 작용한 결과
이다. 심리적·내재적 수행 자체는 자립적으로 자발적으로 좋음과 나
쁨을 가려낼 하등의 근거도 갖고 있지 못하다. 따라서 심리적 수행이

---

burg, 1970, S. 164.
38) Ebd.

일차적 이론 인식에 근거한 유사 명증성에 의해 가치를 산출한다는 소박한 유사 명증론은 약간 후퇴하고, 심리적 수행이 의지해야 하는 척도, 규범, 이념을 전제하는 척도론이 등장하게 되었다.

이런 경위에서 브렌타노 등의 평가론자들이 척도론을 제시했을 뿐이지, 애당초부터 어떤 척도, 규범, 이념에 의거해 가치 평가가 내려지고 가치가 생성되거나 결정되어진다는 것은 아니었다. 그러므로 그들은 척도, 규범, 이념 등이 도대체 무엇이며, 그것들이 어디에 자립적이며 객관적으로 존재하는지, 그리고 그것들이 인간이 규정한 恣意的인 것이 아닌지에 관해 아예 관심도 없었다. 따라서 그들은 척도, 규범, 이념에 관해 깊은 통찰을 하지 못했다. 그리고선 그것들이 특별한 당위 실태, 의무감, 체험된 내적 명령 등에 의해 생기는 것으로 생각해 버렸다.39) 그러면 과연 그것들이 당위, 의무 등에 의해 생기는지 음미하면서, 평가론자들의 가치론을 비판해 보자.

우리가 일상적으로 "어떤 것이 마땅히 있어야 한다거나 발생해야 한다고 말하는 경우에는 언제나 적극적 가치 혹은 이 가치의 담지자 즉 이 가치를 담지하고 있는 사물, 사건 등이 먼저 파악되어 있기 때문이지,"40) 당위 자체가 본래 고유하게 존재해 있으면서 그 자체 실현되어야 할 것으로 간주되지 않는다. 당위 자체의 존재를 설정한 자들은 실천 이성의 능력을 과신한 칸트주의자들이다. 그들은 경험 세계 내에서는 어쨌든 보편적인 도덕원리를 구할 수 없다는 생각에서, 물 자체의 세계 또는 예지계에서 그것을 구하고자 했다. 그런 세계를 인식하는 능력은 다른 것이 아니라 바로 이성에 있다고 생각하는 그들은 이성이 보편적인 도덕원리를 제시해 줄 것이라고 믿었다. 이처럼 신뢰한 이성이 제시하는 도덕원리가 바로 무상명령의 형식을 띤 당위라는 것이다. 그런데 평가론자들은 경험 세계에서 가치를 찾으려는 본래의 취지를 망각하고, 여기서 엉뚱하게 초경험 세계에 의지하

---

39) Vgl. materiale Wertethik, S. 198.
40) a. a. O. S. 193

는 불성실함을 보여주고 있다. 즉 칸트주의자들의 견해를 수용하여 당위에 의해 척도, 규범, 이념이 생겨나는 것으로 생각해 버린다. 그러나 실상 당위는 고유하게 원래적으로 존재하는 것이 아니라, 제7장 1절에서 상세히 밝혔듯이 가치에 기초하여 생겨나는 것이다. 또한 당위가 언급될 때 항상 가치가 먼저 파악되어 있는 것이다. 그리고 〈이 그림은 아름답다〉, 〈이 사람은 착하다〉는 가치판단의 경우, 이 판단의 척도는 당위에 의해서 생겨난 것이 아니다.41) 아름다움이란 가치는 미적 가치이지 당위에 의한 척도에 근거하여 생긴 가치는 결코 아니다. 다시 말해 행위의 가치가 아닌 사물의 가치에는 당위가 파고들어갈 하등의 여지도 없다. 따라서 사물의 가치를 예로 들어볼 때 가치는 당위에 의해 생긴 척도에 근거하여 생길 수 없다는 것이 자명하다. 그러므로 가치 평가의 기준이라 할 수 있는 척도, 규범, 이념이 당위에서 생성될 수 없다는 것이 명확해진다.

그 다음 의무가 척도, 규범, 이념 등을 생기도록 하는지 알아보자. 첫째 "어떤 사람에게 부과할 수 없는, 내면적으로 체험된 명령이 바로 의무이다. 이것은 외부에서 다가오는 명령과는 다르다."42) "외적 명령은 가치에 대한 권위적 통찰에 근거할 수 있지만, 내적 명령은 맹목적인 강요의 단순한 후속 조치일 뿐이다."43) 따라서 의무는 타자에 대해 객관성을 유지할 수 없고, 또 객관적으로 작용할 수도 없다. 둘째 "의무는 욕구, 의욕, 행위 경향에 대항하는 강제, 강요이다. 나에게서 발동하는 경향 즉 기아, 갈증 등에 대항하는 강요, 강제이거나, 개별적 의욕 즉 나에게서 발동하는 의욕에 대항하는 강요, 강제이다."44) 그래서 의무는 의욕, 욕구, 행위를 억제시키거나 저지시킬 수는 있을지라도, 그것이 어떤 척도나 이념을 제시하지 못한다.

---

41) Vgl. a. a. O. S. 192.
42) a. a. O. S. 200.
43) a. a. O. S. 201.
44) a. a. O. S. 200.

셋째 "의무는 윤리적 통찰이 단절되거나 약화될 때 또는 그러한 통찰이 어려운 복잡한 상황에서 자주 생기는 것이다."45) 넷째 "의무는 본질적으로 소극적이고 제한하는 성격을 갖고 있다. 따라서 의무를 통해서 명령되는 것보다 금지되는 것이 더 많다. 의무는 행해서는 안된다는 금지 내용이다."46) 이상의 네 가지 측면으로 의무를 고찰해 본 결과, 우리는 의무에는 척도, 규범, 이념을 낳을 어떠한 속성도 발견할 수 없다.

평가 기준인 척도, 규범, 이념 등이 결코 당위, 의무 등으로부터 생길 수 없음을 논증함으로써 평가론자들의 가치론을 비판할 수 있는 것 외에도 다음과 같은 비판이 있을 수 있다. 즉 "논리적 법칙과는 상이한 가치 평가법칙의 존재를 인정하더라도, 그 평가에 의해서 성립할 수 없는 〈순수〉, 〈고상〉, 〈호의〉, 〈고귀〉 등의 가치들은 도대체 어떻게 생기는지 의문스럽다."47) 가치 평가의 기준인 척도, 규범, 이념이 존재하더라도 그것들에 의해 성립할 수 없는 바로 위의 가치들의 생성은 어떻게 설명될 수 있는지 의문스럽다. 또 예컨대 "미식가가 음식을 아무리 잘게 씹어서 그 맛을 음미하더라도 그 음식의 가치가 변화하거나 소멸하지 않음을 알 수 있다. 따라서 가치는 그의 담지자가 분해되거나 소멸되어도 변화하거나 소멸되지 않고 여전히 남는다는 것은 명백하다."48) 더 나아가 "우리는 어떤 행위를 평가하지 않아도 그 행위의 정당함과 부당함을 의식하게 된다. 또 어떤 행위가 아직 실행되지 않거나 그 행위에 대한 의욕이 존재하지 않아도, 우리는 그 행위의 정당함과 부당함을 의식한다."49) 심지어 "비록 우리들이 깊은 만족을 갖다 주는 행위를 의식하지 못할지라도 깊은 만족에 빠져 있을 수 있고, 죄책감을 제공하는 대상을 의식하지 못하고

---

45) a. a. O. S. 200f.
46) a. a. O. S. 202.
47) a. a. O. S. 190f.
48) a. a. O. S. 205.
49) a. a. O. S. 203.

서도 죄책감을 가질 수 있다."50) 환언하면 우리들은 실제적인 평가 대상과는 무관하게 가치가 존재함을 알 수 있고, 또 어떤 대상을 의식하고, 그러고 나서 그 대상을 평가하는 활동의 이전에 가치가 있음을 알 수 있다. 그럼에도 불구하고 평가론자들은 존재하는 것 모두가 沒價値的, 가치중립적 존재인 것이라 하고, 오로지 평가에 의해서 가치가 그 존재자에 주어지는 것으로 생각한다.

이상과 같이 유사 명증성에 의한 가치 성립의 불완전성, 가치 평가기준의 객관적 존재에 관한 불확실함 그리고 가치 평가 자체의 고유성에 관한 문제 등으로 미루어 볼 때, 평가론자들의 가치론이 타당치 않다는 것을 알 수 있다. 그들은 실증주의적 윤리학자들처럼 경험 세계에서 가치를 찾아보려고 했지만, 그런 일이 여의치 않아 칸트 윤리학의 당위·의무 관념을 받아들여 그들의 가치론을 완성시켜 보려 한다. 어떻게 보면 그들은 당초에 계획했던 그들의 입장을 전면 수정하게 되는 비순수성을 보여준다. 물론 그들은 실증주의적 윤리학자들과 마찬가지로 현실계에 존재하고 있는 모든 존재들이 가치를 담지하고 있음을 통찰하지 못했다.51) 이런 가치들은 현상학적 경험을 통해서 그 존재를 파악할 수 있는 것들이고, 감정 작용을 통해서 감지할 수 있는 것들이다. 그들은 그런 현상학적 경험을 하지 못했고, 가치란 것은 이성 작용 또는 의지 작용이 아니라 감정 작용을 통해서 만날 수 있는 것임을 알지 못했다. 그럼에도 불구하고 그들은 경험 세계에서 가치를 찾으려고 했고, 이런 시도가 여의치 않자 그들은 칸트적 사고를 빌려 당위, 의무에 의해 생기는 것으로 간주한 척도, 규범, 이념에 의거해 가치 평가가 이뤄지고 가치가 생성되어진다는 생각을 하게 된다. 이렇듯 피상적인 사고로써 평가론자들이 '가치는 평가에 의해 주어지게 된다'는 주장을 하게 된 동기는, 실증주의적 윤리학자들의 〈가치 주관주의〉를 성급하게 극복하고자 하는 데 있었다.

---

50) a. a. O. S. 204.
51) Vgl. a. a. O. S. 198.

제3절 가치 상대주의에 대한 비판

역사적·문화적 그리고 지역적 차이에 따라 어떤 사건에 대한 평가가 다를 수 있고, 어떤 행위에 대한 평가가 다를 수 있다는 것은 잘 알려진 사실이다. 주지하다시피 "옛날 인도에서 과부를 태워 죽이는 일이 있었는데, 그 당시에 그 행위는 살인 행위, 즉 惡한 행위로 평가되지 않았다. 또 고대 로마에서는 가장이 자신의 자녀를 죽인다든가 로마 시민이 자신의 노예를 죽여도, 그 행위가 惡한 행위로 평가되지 않았다."52) 그러나 비록 그 당시일지라도 다른 문화권에서는 그런 행위를 살인 행위로서 악한 행위로 평가했다. 또 역사적으로 먼 훗날인 현대에서도 그런 행위를 살인 행위로서 악한 행위로 평가한다. 이런 상이한 평가 사실에 착안하여 가치 상대주의자들은 가치를 상대적인 것이라 했다.

가치 상대주의자들은 "순수 정신에는 물론이거니와 생명체에 대한 작용에서도 가치가 성립한다"53)고 생각했다. 따라서 예컨대 옛날 인도에서 과부를 태워 죽이는 일과 고대 로마에서 가장이 자신의 자녀를 죽이는 일 그리고 로마 시민이 자신의 노예를 죽이는 일에서 가치가 성립한다는 것이다. 그리고 또 가치의 성립에도 시대적 문화적 차이에 따라 상이하다는 것이다. 그래서 상술한 일이 거리낌없이 일어나고 있었던 당시에는 그런 일에서 악의 가치가 성립하지 않았고, 지금에 와서는 그런 일에서 악의 가치가 성립한다는 것이다. 이처럼 가치가 시대적·지역적 상황에 따라 다르게 어떤 일에 성립해 있을 수 있고 그러므로 그 일에 대한 평가가 다르게 된다는 것이다.

---

52) a. a. O. S. 318.
53) a. a. O. S. 280.

그런데 우리는 여기서 〈~하는 일〉 즉 행위와 그 일에 대한 평가를 구분할 수 있다. 그들은 가치가 〈~하는 일〉 혹은 행위에서 성립한다고 하면서도 그런 것들에서 성립하는 가치가 왜 시대에 따라 혹은 지역에 따라 다르게 성립하는지 그 이유를 명확히 보여주지 못하고 있다. 단순히 가치가 시대에 따라 문화적 차이에 따라 변한다고 주장한다면, 많은 사람들은 그 주장을 받아들이거나 믿고자 하지 않을 것이다. 그래서 우리는 다음과 같이 생각할 수 있다. 동일한 일 혹은 동일한 행위 자체가 시대에 따라서 문화적 차이에 따라서 변하는 것이 아니고, 또 그 당시에 그것들에 대한 평가가 완전히 부당한 것도 아니다. 따라서 문제는 어떠한 일이나 행위 자체에 있는 것이 아니라, 평가에 있음을 알 수 있다. 그래서 우리는 당해의 일 혹은 행위 자체는 괄호에 넣어두고 〈평가〉만을 고려해 보자. 가치 평가는 사실 가치 자체에만 의지하는 것이 아니라, 그 어떤 시대의 혹은 그 어떤 문화의 Ethos에도 의지한다.54) 그 시대의, 그 문화의 에토스는 그 당시의 사람들의 가치계에 대한 이해의 정도에 따라 변천하는 것이다. 그런 변천가능한 에토스에 一部 의지하고 있는 가치 평가가 달라질 수 있음은 당연한 것이다. 그래서 어떤 시대에서는 惡한 행위로 평가되던 행위가 다른 시대에서는 악하지 않은 행위로 평가될 수 있다. 이처럼 가치 평가가 상대적일 수 있지, 가치 자체가 상대적인 것은 아니다.

이상에서 알 수 있듯이 가치가 시대에 따라서 변하는 것은 아니다. 다만 가치 평가가 시대에 따라 상대적일 따름이고, 그 원인은 에토스의 변천에 있다. "Ethos란 가치 의식의 정도이며 도덕적 태도들 자체와 이것을 결정하는 가치 위계질서의 임의적인 形成들이다."55) 가치 의식과 그에 따른 도덕적 태도를 결정하는 위계질서의 형성이 가치계가 우리 인간에게 열려지거나 닫혀짐에 따라 변천한다는 것은

---

54) Vgl. a. a. O. S. 308.
55) a. a. O. S. 305.

의심의 여지가 없다. 막스 셸러에 의하면 가치계는 인간의 사랑에 의해 열려지고 증오에 의해 닫혀진다. 그러므로 에토스 자체의 변천은 사랑과 증오의 활동에서 이뤄진다는 것이다. "에토스의 갱신과 성장의 근본 모습은 사랑에 의한 더 높은 가치들의 발견과 개시이다."[56] 그러므로 어떤 시대에 비해서 그 후대의 사람들이 사랑의 활동을 통해서 가치계를 더 밝히면 그 후대의 사람들은 더 진보한 에토스를 갖게 되며, 그 후대의 사람들이 증오의 활동을 통해서 가치계를 前代보다 덜 밝히면 아니 가치계에 관한 이해를 상실케 되면 그 후대의 사람들은 퇴보한 에토스를 갖게 될 것이다. 진보한 에토스를 가진 사람들은 가치계에 관한 이해의 정도가 더 높기 때문에 그렇지 못한 사람들보다 가치 평가에 있어서 더 정확할 것이고, 그 반대로 퇴보한 에토스를 가진 사람들은 가치계에 관한 이해의 정도가 더 낮기 때문에 그렇지 못한 사람들보다 가치 평가에 있어서 덜 정확할 것이다. 어떠한 시대라도 이런 에토스를 갖고 있지 않는 시대는 없고, 각 시대의 에토스는 사랑, 증오의 활동에 의해 부단히 진보 혹은 퇴보 등의 변천을 한다. 상이한 문화를 갖고 있는 민족들도 가치계를 파악하고 있는 정도에 따라 진보의 차이를 보이는 에토스를 갖고 있다. 그러나 어느 에토스가 더 진보된 것이고 덜 진보된 것인지 아는 일은 대단히 어려운 것이다.

우리들이 일상적으로 가치 평가할 때나 행위할 때, 당시의 가치의식으로 형성된 에토스에 의지하여 그것들을 행한다. 예컨대 우리가 행위할 때 문제되는 것은 그 당시에 통용되는 에토스이고, 이 에토스에 근거하여 행위한다. 아무리 우리가 가치계를 있는 그대로 파악하고 의식하려고 해도 우리 인간의 불완전성 때문에 우리는 그렇게 할 수 없다. 다만 주어진 상황에서 최선을 다하여 가치계를 밝혀 보다 나은 가치 의식을 가지고, 그럼으로써 보다 진보한 에토스를 가질 수

---

56) a. a. O. S. 309.

있을 뿐이다. 만약 가치계를 완전히 꿰뚫어 보고 완전한 가치 의식을 가지게 되면, 더 이상 에토스란 말은 필요없을 것이다. 이때는 우리는 그 자체로 존재하는 가치를 의식하고, 이 가치를 묘사하거나 표현하면 그만이고, 우리 행위는 바로 그런 가치를 실행하면 그만일 것이다. 그런데 사정은 그렇지 못하다. 우리들은 불완전한 가치 의식으로 말미암아 항상 그때 그때의 임의적인 에토스를 소유하게 된다. 따라서 우리는 행위할 때도 고귀, 유용, 복지 등의 가치 자체를 목표로 해서 행위하는 것이 아니라, 그 당시의 고유한 에토스에 따라 행위하는 것이다. 예컨대 Ennius 이전의 로마에서는 생명 가치보다 재화 가치를 선호하는 에토스가 지배적이었고, 그럼으로써 그 당시에는 고리 대금업을 강도질보다 더 나쁜 것으로 여겼다. 또 예컨대 고대 독일 사회에서는 생명 가치보다는 재화 가치를 선호하는 에토스가 통용되었고, 그 결과 그 당시의 사람들은 도둑질보다 강도질을 더 나은 것으로 생각했다.57) 이처럼 행위가 에토스에 근거해 평가된다. '그 행위는 선하다 악하다' 혹은 '그 행위는 정의롭다'는 등의 평가도 에토스에 근거해 이뤄진다.

가치와 가치들의 본질연관은 자립적이고 객관적으로 존재하지만, 그것들이 존재하는 그대로 인간에게 파악되는 것이 아니고 또 그것들 자체가 어떤 행위의 평가에 사용되는 것도 아니다. 그것들의 파악의 주체인 인간들에게 상대적 차이를 보이면서 그것들은 파악되어 있을 따름이고, 그렇게 파악되어 있는 가치 의식에 근거해서 행위는 평가되어질 따름이다. 가치와 가치들의 본질연관에 관한 파악의 정도에 의거해 형성된 에토스들의 상이함에 따라, 한 행위가 살인 행위로 또는 비살인 행위로 정의됨을 역사상으로도 볼 수 있다. 서기 70년경 무장하고 국경에 가서 의도적으로 그리고 숙고를 거쳐서 사람들을 살해했던 독일인의 행위는 살인 행위로 간주되었다. 반면에 옛날 게

---

57) Vgl. a. a. O. S. 305.

르만족의 윤리적 상황에서는 암살만이 살인으로 간주되었으며, 상대
방이 자기방어하는 것을 예상할 수 있는 공공연한 공격에 의한 살해
는 살인으로 간주되지 않았다.58) 전자의 경우는 인격 가치에 관한
가치 파악이 후자의 경우보다 더 정확히 이뤄진 에토스에 의해 살해
행위를 평가했다. 〈살인〉이 성립하기 위해서는 살인되는 자의 인격이
고려되어야 한다. 예컨대 그리스인들처럼 자기들의 국민들만 인간이
라 생각한다면, 그 국민의 구성원을 죽이는 것은 살인이 되겠지만 이
방인을 죽이는 것은 살인이 되지 않는다. 그리스인들은 자기 국민들
에서만 인격 가치를 감지한 에토스를 가지고 있었다. 살해가 살인이
라 평가되기 위해서는 적어도 살해자가 그 행위에 앞서 살해할 인간
의 인격 가치를 파악하고 있고, 그 인격 가치를 절멸하려는 의도가
있어야 한다. 예컨대 신들을 위해 인간을 희생 제물로 바치는 경우
그 인간의 인격 가치를 절멸하려는 의도는 없다. 오히려 그 행사는
사랑과 자비의 마음으로 그 희생 당사자의 인격 존재를 더 높은 것
에로 고양시켜준다. 즉, 그 희생자로 하여금 사랑의 봉사를 할 수 있
도록 기회를 부여해 준다.59) 인격 가치를 더 높은 가치로 고양시킨
다는 에토스에 의거해 그 행사는 긍정적인 것으로 평가된다.

　　우리가 에토스의 변천을 인정할 때, 평가의 상대성을 인정할 충분
한 근거가 있게 된다. 이 점을 간과하고 가치 자체와 그 위계질서 자
체에 상대성을 부여하려는 것은 정확한 통찰의 결여 때문이다.60) 다
시 말하면 가치 상대주의자들은 가치들 자체와 그 가치들의 위계질
서의 변천이 존재한다고 생각하는데, 그런 생각의 근거는 에토스의
변천을 그것들의 변천으로 착각하는 데 있다. "이런 착각은 그들이
가치 의식의 변천 그리고 가치 의식이 지배하는 선호 규칙과 경시
규칙의 변천 또는 윤리적 이상 자체의 변천을 의식하지 못했기 때문

---

58) Vgl. a. a. O. S. 314.
59) Vgl. a. a. O. S. 316.
60) Vgl. a. a. O. S. 306.

에 생겼다."61) 이러한 변천을 우리가 의식할 때 우리는 가치들과 그것들의 위계질서가 아니라 그 시대의 고유한 에토스에 의거해 평가가 다를 수 있고, 긴 안목으로 볼 때 평가가 상대적임을 알 수 있다. 그래서 예컨대 "상이한 소유제도 아래서는 동일한 행위가 절도 행위로 평가될 수도 있고 합법적 취득 행위로 평가될 수도 있다. 또 일부일처제와 일부다처제 등의 상이한 결혼제도 아래서는 동일한 행위가 간음 행위로 될 수도 있고 합법적 행위로 될 수도 있다."62) 이처럼 동일한 행위가 그 당시에 통용되고 있는 에토스에 의해서 만들어진 사회 규범 혹은 제도에 따라 비도덕적인 행위로도 도덕적인 행위로도 평가된다.

결론적으로 말하면 특정한 시대, 지역에는 특정한 에토스가 존재하고, 그 에토스에 의거해 가치 평가가 그 나름대로 이뤄지고, 그에 따라 특정한 윤리, 규범이 생긴다. 그러므로 에토스의 변천에 따라 윤리, 규범의 변천이 있게 된다. 에토스는 그 시대 그 지역의 사람들의 가치 의식 정도에 따라 상이하게 형성된다. 그 사람들의 가치 의식의 정도가 높으면 높을수록, 그 에토스는 더 훌륭한 것으로 형성될 것이며 그들에게는 더 완전한 세계가 열려진다. 대개는 인류의 역사 발전과 더불어 우리 인간의 가치 의식의 정도가 더 높아지기 때문에, 에토스는 더욱더 훌륭하게 형성되고 따라서 세계는 더욱더 완성되어진다. 이때에 인류가 바라보고 이 세계의 실현을 위한 원형으로 삼는 세계는 바로 가치 세계이다. 왜냐하면 가치 세계는 가장 완전한 세계이기 때문이다. 가치 세계는 불변의 세계이고, 가치는 불변하는 것이다. 훌륭한 에토스로의 건설적인 변천은 객관적으로 존재하는 가치와 가치들의 본질연관을 있는 그대로 의식함을 목표로 하고 또 그것들을 지향하는 것에서 이뤄진다. 그런데 에토스와 가치 및 가치들의 본질연관을 혼동한 가치 상대주의자들은 에토스에 의거한 가치 평가의

---

61) a. a. O. S. 305.
62) a. a. O. S. 313.

변천에 착안하여 가치들 자체를 상대적인 것으로 오해했다. 다시 이러한 오해를 범하지 않도록 學으로의 윤리학은 시시각각으로 변천하는 에토스를 그의 연구 대상으로 삼아서는 안 된다. 에토스 형성의 바탕을 이루는 자립적이고 객관적인 가치들과 그 본질연관을 윤리학은 취급해야 한다. 예컨대 "무엇을 살인으로 〈간주해야 하는가〉에 관한 형법상의 定義 또는 그것에 관한 〈지배적인 견해〉에 윤리학이 의지해서는 안 된다. 오히려 윤리학은 살인이 무엇이며 그 본질은 어디에 있는지를 제시해야 한다."63) 이러한 연구를 진행할 때, 가치 상대주의를 극복할 수 있게 되며 더 나아가 윤리적 상대주의까지도 극복하게 될 것이다.

---

63) a. a. O. S. 319.

제10장 타 윤리학에 대한 비판

본 장에서는 행복주의 윤리학과 형식주의 윤리학을 비판해 본다. 이를 위해 우선 그 윤리학들을 간략하게 소개하고 그 다음 그 윤리학들의 그릇된 사고를 비판하는 순서를 따른다. 앞 장의 내용이 물론 윤리학적 논의이지만 좀더 세분해서 윤리학의 가치론에 관한 논의로 묶고, 본 장의 내용은 가치론에만 국한하지 않은 윤리학적 논의이기 때문에 따로 묶었다.

제1절 행복주의 윤리학

우리는 인간의 삶의 목표는 행복을 영위하는 데 있다든가 또는 인간은 끊임없이 행복을 얻기 위해 노력한다는 말을 많이 들어 왔다. 이 말의 의미를 우리는 행복이 곧 모든 의욕과 행위의 직접적인 추구 목표인 것처럼 오해해서는 안 될 것이다. 삶의 목표가 행복의 영위에 있을지라도 어디까지나 그 목표가 그 영위에 있는 것이지, 삶의 한 활동인 행위가 행복의 영위를 지향하는 것은 아니다. 인간이 끊임없이 행복을 얻기 위하여 노력한다 할지라도, 행복이 끊임없는 노력 활동의 직접적인 목표라는 의미는 결코 아니다. 그럼에도 불구하고 행복이 단순히 의욕과 행위가 지향하는 목표라고 생각하고, 행복을 옳게 지향하는 의욕과 행위가 바람직한 것이며 선한 것이고 반대로 행복을 잘못되게 지향하는 의욕과 행위는 그릇된 것이며 악한 것이라고 주장하는 윤리설이 있다. 이런 윤리설을 고수하는 입장을 우리는 행복주의라 일컫는다. 행복주의는 행복을 윤리적 행위의 목표로 생각하고, 행복을 그 행위의 도덕성을 결정하는 도덕의 척도 내지 도덕 원리로 간주한다.

그런데 과연 행복이 행위의 목표가 될 수 있으며 또 행위의 도덕성을 결정하는 원리가 될 수 있겠는가? 이를 논증하기 위해 우선 우리는 도대체 행복이 무엇인가를 알아보아야 할 것이다. 이것은 도덕론의 본질 문제이기 때문에, 이것에 대한 확답은 매우 어려울 것이다. 그러나 우리는 충분하거나 확정적이지는 않지만, 그것에 대한 대체적인 해명을 할 수 있을 것이다. 본 절에서 이뤄지는 그 해명을 두고 볼 때, 우리는 행복이 행위의 목표가 될 수 있는 성질의 것이 아님을 알 수 있고 더 나아가 행위의 도덕성을 결정해 줄 어떠한 것이 아님을 알 수 있다. 칸트도 행복과 같은 목표 즉 의욕·행위의 목표 자체가 고유하게 존재하는 것이 아니라 하고, 그런 행복을 토대로 사고하는 행복주의가 얼마나 어처구니없는 행태를 보여 주는가라고 탄식했다.

행복은 고유하게 존재하는 것이 아니지만, 동일한 것으로 나타나거나 성립하는 것이라고 하면서 그것을 의욕·행위의 목표로 정립할 수도 있다. 사실 행복주의들이 그렇게 하기도 했다. 행복이 우리 인간에게 동일한 것으로 나타나고 성립하려면, 그것이 어떤 노력 활동에 의해서든 동일한 것으로 나타나든가 성립해야 한다. 예컨대 우리가 돈벌이를 위한 노력 활동에 의해서든 건강을 위한 노력 활동에 의해서든 명예, 권력을 위한 노력 활동 등에 의해서든지 간에 행복은 동일한 것으로 나타나거나 성립해야 한다. 그런데 과연 그러한가? 만약 그렇지 않다면 즉 행복이 동일한 것이 아니라면 그것이 어떻게 모든 의욕·행위의 목표가 될 수 있으며, 또한 그것들의 도덕 원리가 될 수 있겠는가?

그리고 또 행복이 오직 의욕·행위의 결과로 수반하는 감정일 뿐일까? 만약 행복이 그런 결과로 수반하는 것이 아니라면 예컨대 높은 인격 자체로부터 자발적으로 우러나오는 것이라면, 행복이 결코 우리 인간의 행위 목표일 수 없고 더불어 우리 인간이 자의적으로 추구 노력할 수 있는 것이 아닐 것이다. 오히려 우리가 더 높은 감정을 발로시켜 그 감정으로 하여금 더 높은 가치를 지향적으로 감지하도록 하여 추구 노력할 때, 행복이 내면적 중심부 즉 인격으로부터 저절로 우러나오는 것은 아닐까? 따라서 가치 실현이 의욕·행위의 일차적 관심이고 행복은 가치 실현에 동행해서 인간의 주변층이 아니라 중심층으로부터 솟구쳐 나오는 것이 아닐까?

이상과 같이 우리는 행복 자체의 실태와 행복에 의한 행복주의의 윤리학적 사고에 대해서 여러 가지의 의구심을 가질 수 있다. 따라서 필자는 그 의구심을 풀어 보기 위해 본 절에서는 행복주의의 학설을 개관해 보고, 다음 절에서는 행복 자체의 실태를 고찰하고, 행복주의의 윤리학설을 비판적으로 음미한다.

본 논의로 들어가 보자.

윤리학에 있어서 행복주의란 "행복과 정복을 도덕의 원리로 삼는 입장"[1]이다. 도덕의 원리는 선·악과 의·불의 그리고 좋음·나쁨 등의 도덕적 가치를 구획하는 기준이기도 하며 또한 이런 것들이 거기서 생겨나오는 도덕성의 근원이기도 하다. 따라서 행복과 정복이 선·악 등을 구획하는 기준이기도 하며, 선·악 등이 생성되어지는 근원이기도 하다. 우리가 행복을 목표로 하여 노력할 때 그 노력 행위는 선하고, 행복의 영위에서 선이 실현되어진다는 것이다. 행복주의는 우리를 행복하게 하고 우리들의 내적 행복을 증진시키는 행위가 도덕적으로 善하고 옳고 좋다는 것이다.

---

1) Johannes Hessen, *Lehrbuch der Philosophie Band 2 — Wertbuch —*, S. 151.

이처럼 행복주의는 도덕성을 하나의 궁극적 목표, 즉 인간의 최고
선이라는 행복에 연관시켜 왔다.[2] 먼저 이들의 관심은 인간의 최고
선이 무엇이냐에 향해져 있었다. 우리 인간이 바라고 희망할 수 있는
최고의 목표가 무엇인가? 그것에 대한 거경궁리 끝에 그것이 행복이
라고 이들은 생각했던 것이다. 그리고 이들은 '행복의 영위가 인생의
목적이라'는 명제를 대진리로 전제하고, 그 다음에 도덕이라는 것 등
에 관심을 기울이기 시작한다. 따라서 인간이 추구할 수 있는 최고선
이 바로 행복이기 때문에, 그것을 추구하는 것이 바로 도덕적인 것이
요, 바람직한 것이요, 좋은 것이라는 주장은 당연한 귀결이 아닌가.
환언하면 행복에 연관해서 도덕성을 확보하려는 것이 행복에 대한
이들의 강렬한 확신 아래서는 당연하지 않은가. 비록 과연 행복이 이
들의 생각처럼 인간의 모든 행위들이 지향하고 목표로 삼는 것인지
아닌지 의문스럽지만 말이다.

인간의 최고선을 확정하고 그 다음에 그것에 연관하여 도덕성을
기초하고자 했던 윤리적 행복주의는 특히 고대 윤리학에서 많이 출
현한다. 그래서 행복 사상에서 출발하여 도덕성의 본질을 규정하려는
시도가 고대 윤리학에서 빈번하게 일어나므로, "고대 윤리학은 행복
주의의 성향을 가진다"[3] 해도 과언이 아닐 것이다. 고대 윤리학은
소크라테스와 플라톤에 의해서 처음으로 시작되는데, 이때는 그 윤리
학이 행복주의의 성향을 가지지 않았다. 플라톤은 행복을 행위의 목
표로 설정하지 않았다. "그는 '인간에게 善이 무엇인가'를 윤리학의
근본 물음으로 삼았다. 이것은 'agathon(善)'에 관한 물음이었다. 그
리고 그는 'agathon'을 향하여 모든 인간들이 노력한다고 설명하였
다. 이 agathon이 모든 인간의 삶을 행복하게 할 수 있는 것으로 플
라톤은 파악하였다."[4] 다시 말해서 agathon은 우리 인간이 사랑할

---

2) Vgl. a. a. O. S. 151f.
3) J. Hessen, *Platonismus und Prophetismus*(München, 1936), S. 105f. und
   Vgl. M. Wittmann, *Ethik*(München, 1923), S. 60f.

만한 가치로운 것이고 따라서 이것을 우리 인간이 추구하기 위해 노력한다는 것이다. 이것은 우리 인간이 일차적으로 행복 자체를 위해 혹은 행복하기 위해 노력한다는 것이 아니라, agathon을 추구 노력하여 실현하는 가운데 비로소 행복해질 수 있음을 의미하고 있다.

아리스토텔레스도 "모든 노력활동, 탐색 그리고 모든 행위와 선택은 선(agathon)을 목표하고 있다고 하고, 선은 모든 것이 목표하는 바로 그것이라 한다."5) 따라서 우리들은 그에게 있어서도 행복이 아니라 善이 일차적으로 실현 목표가 되고 있음을 알 수 있다. 그런데 아리스토텔레스에 이르러서 윤리학은 플라톤의 때보다 더 실제적으로 정확히 설명하고자 한다. 인간의 활동이 선의 실현을 목적으로 하고 있지만, 인간의 활동과 행위는 가지각색으로 다양할 것이므로 그것에 상응하여 실현되는 목적 역시 각양각색으로 다양할 것이고, 따라서 실현되어져야 하는 善 역시 다양할 것이다. 그리하여 아리스토텔레스에 의하면, 우리 인간은 "행위의 목적으로서 어떤 것을 우리가 그것 자체 때문에 희구하고, 그것 이외의 것을 그것 때문에 희구하는 바로 어떤 하나의 목적"6)을 구하지 않을 수 없다는 것이다. 이러한 목적은 바로 유일한 궁극적 목적일 수밖에 없을 것이다. 이 궁극적 목적은 최고선이고 이것을 아리스토텔레스는 행복(eudaimonia)이라 했다. 이처럼 아리스토텔레스는 행복 그 자체를 설정해 놓고 일차적으로 그것만을 지향하여 노력 활동하라는 윤리설을 주장했던 것이 아니라, 모든 선을 총괄하는 하나의 최고선을 필요상 설정해야 하겠고 그것을 묘사하자니 행복이란 개념을 사용하게 되었던 것이다. 그리고 또 그는 " 타자를 위해 추구되는 善과 자아를 위해 추구되는 선을 구별하고, 결

---

4) Hans Reiner, *Die philosophische Ethik*(Heidelberg: Quelle & Meyer, 1964), S. 50.

5) Aristoteles, *Nicomachean Ethics*−in The Works of Aristoteles vol. IX−, trans. W. D. Ross(Oxford University Press, 1966), 1094^a.

6) Ibid, 1094^a 10.

국 모든 노력은 자아를 위해 추구되는 선을 목표로 할 것이고 그럼으로써 자아만을 위해서 추구되는 유일한 선만 존재할 것이라"7)고 말한다. 이것은 타자를 위한 선도 역시 자아의 선을 실현하는 과정일 따름이라는 의미이다. 그래서 선을 실현하는 모든 노력 활동은 자기 자신을 위한 선을 실현하려는 활동이라 할 수 있다. 이런 활동, 즉 "모든 인간 행위의 최고선 그리고 궁극적 목표가 갖다 주려는 것이 바로 행복이므로,"8) 자기 자신의 선을 실현하는 가운데 바로 행복이 그에게 찾아온다는 것이다. 그러므로 우리는 이상의 두 측면을 고려해 볼 때 아리스토텔레스를 단순히 윤리적 행복주의자라고 단정하기는 어려울 것이다.

플라톤과 아리스토텔레스와는 달리 에피쿠로스를 우리는 윤리적 행복주의라고 단정할 수 있다. 우리가 그를 통해서 알게 되는 행복주의는 쾌락주의로부터 발전된 것이다. 먼저 그의 쾌락주의적 사고를 서술해 보면, 어떤 것이 우리 마음에 들고 쾌락을 갖다 주기 때문에 우리는 그것을 선이라 하고, 어떤 다른 것이 우리 마음에 들지 않고 불쾌를 갖다 주기 때문에 우리는 그것을 악이라고 한다는 것이다. 이 서술로부터 우리는 "아리스토텔레스는 〈어떤 것이 선하기 때문에, 그것은 우리의 마음에 든다〉고 말하고 있는 반면에 에피쿠로스는 정반대로 말하고 있음"9)을 알 수 있다. 사실 그에게 있어서는 객관적인 선 자체가 윤리적 원리가 아니라, 주관적인 쾌락이 윤리적 원리에 타당한 선이다. 이처럼 "그가 '선은 쾌락 감정이라'고 하는 점에 있어서는 그는 Aristipp와 같은 입장에서 출발한다."10) 그러나 그는 결코 쾌락주의로만 남지 않는다. 쾌락을 추구하고 쾌락 감정을 소지하려는

7) Hans Reiner, *Die philosophische Ethik*, S. 50.
8) Aristoteles, *Nicomachean Ethics*, 1097^b.
9) 힐쉬베르거, 서양철학사 上, 강성위 역(대구: 이문출판사, 1983), 342쪽.
10) Maurice Gex, *Einführung in die Philosophie*, 5. Aufl.(Bern und München: A. Francke Verlag, 1977), S. 212.

모든 노력 활동은 궁극적으로 행복한 삶을 위한 것이고 행복을 목표로 한 것이란다. 그는 메노이게우스에게 보낸 편지에서 '모든 선택과 노력은 신체의 건강과 영혼의 평정을 목표로 삼는다. 왜냐하면 이런 것들이 바로 행복한 삶의 목표이기 때문이다'고 말하고 있다. 그리고 그는 3가지 종류의 욕구를 구별하고 그에 따른 3가지 종류의 쾌락 감정을 구별한다. 이 3가지 종류의 욕구는 자연적이고 필연적인 식욕과 수면욕, 자연적이지만 억제할 수 있는 성욕 그리고 인위적이고 자의적인 재산욕과 명예욕이라 한다. 이런 각 종류의 욕구 발동에 상응해서 각 종류의 쾌락 감정이 생긴다. 그런데 모든 종류의 쾌락 감정이 행복의 향유에 기여할 수 있는 것은 아니다. 어떤 쾌락은 행복의 실현에 이바지하지 못한다는 것이다. 그래서 에피쿠로스는 쾌락 감정을 유발시키는 욕구 중에서 예컨대 "우리가 행복하기 위해서 식욕과 수면욕을 충족시켜야 하고 성욕을 억제해야 하고 그리고 마음의 안정을 불필요하게 어지럽히는 재산욕과 명예욕을 거부해야 한다"[11]고 말한다. 이상의 고찰로부터 우리는 에피쿠로스가 단순한 쾌락주의가 아님을 알 수 있고 오히려 쾌락주의로부터 발전한 혹은 쾌락주의적 사고를 바탕으로 한 행복주의라고 할 수 있을 것이다.

토마스 아퀴나스에 의해 정립되는 윤리적 행복주의는 좀더 완성되어진 면모를 보여준다. 이 행복주의 학설의 요지는 이러하다. 모든 노력은 어떤 것의 획득 혹은 소유를 위한 노력이다. 그러한 노력에는 노력하고 있는 자의 존재에의 하나의 결핍이 알려져 있다. 즉, 그가 지향하여 노력하는 것의 결핍이 알려져 있다. 그러므로 예컨대 우리의 노력은, 우리가 당해의 선들 내지 우리의 존재를 완성해 가는 당해의 포괄적인 선에 도달함으로써 모든 존재 결핍이 우리에서 지양될 때까지 줄곧 발동한다. 이런 노력에 의한 존재의 완성을 기하는 그리고 동시에 스스로 완성되는 善은 행복 이외의 아무것도 아니다.

---

11) a. a. O. S. 213.

그 이유는 존재 결핍이 지양됨으로써 어떤 것을 향한 모든 다양한
욕망이 중지하고 우리들은 완전히 만족하게 되고 바로 행복의 경지
에 다다르게 되기 때문이다.12) 이 요지를 통해서 우리는 토마스 아
퀴나스의 행복주의 학설이 결국 인간의 모든 노력은 행복의 성취에
있음을 말하고 있다는 것을 알 수 있다. 따라서 "인간의 노력이 지양
하고자 하는 존재 결핍에 도덕적 악이 성립하고 있고, 인간의 노력이
달성하고자 하는 존재의 완성에 도덕적 선이 성립하고 있다"13)는 그
의 주장은 당연하다 할 것이다. 그의 행복주의 이론의 토대는 그의
저서 『Der Summa theologiae』 2부의 서두에서 충분히 논의되고 있
다. 대체적인 논의 내용은 "우리 인간에게는 자신의 냉혹함을 극복하
고 모든 인간들에 대하여 참여와 자비의 태도를 갖으려는 욕구와 노
력이 있다. 이러한 노력이 존재의 완성을 실현하는 노력이고, 이 노
력 결과로 행복이 우리 인간에게 저절로 찾아오게 된다"14)는 것이
다. 이상이 존재론적 측면에서 성립시킨 토마스 아퀴나스의 행복주의
적 윤리설이다.

앞에서 고찰한 바와 같이 최고의 선 내지 현존재의 궁극적 목표에
관한 전통적 윤리설이 행복주의의 경향을 띠고 있다. 그 전통적 윤리
설은 행복(eudaimonia)이 최고선이고 그러므로 궁극 목표이고 모든
행위의 도덕성 근거라고 주장해 왔음이 사실이므로, 우리는 그 윤리
설을 행복주의라고 일컬을 수 있을 것이다. 그 행복주의 윤리설은 다
양한 의견을 갖고 있다. 예컨대 "최고선 내지 인간 행위일반의 궁극
적 목표 혹은 규정 근거에 관한 의견, 윤리학의 대상에 관한 의견 그
리고 도덕적 선한 행위의 규정 근거에 관한 의견"15)에 있어서 다양

---

12) Vgl. Hans Reiner, *Die Grundlagen der Sittlichkeit*−Monographien zur
    philosophischen Forschung, Band 5, 2 Aufl.(Anton Hain Verlag, 1973), S. 151.
13) Hans Reiner, *Die philosophische Ethik*, S. 51f.
14) a. a. O. S. 52.
15) a. a. O. S. 47.

한 면모를 보여준다.

그런데 윤리학의 발전과 더불어 근세로 넘어오면서 윤리적 행복주의가 의미하는 바는 일률적으로 통일되어진다. 그래서 오늘날 우리들은 행복주의를 첫째로 인간 행위일반의 원리에 관한 하나의 학설로 이해한다. 즉, "최고의 선, 현존재의 행복 그리고 행복을 위한 노력이 모든 인간 행위의 사실적이고 궁극적인 규정 근거라는 바로 그 학설로 이해한다."16) 이리하여 근세 이후의 윤리적 행복주의는 윤리학과는 필연적인 연관을 갖지 못하고 다만 윤리학에서 본질적인 의미를 가지는 인간 행위일반에 관한 학설로 전락하게 된다. 둘째로 "우리들은 행복주의를 현 존재의 행복과 행복 성취를 위한 요구들을 윤리학의 대상으로서 간주하는 그런 윤리설로 이해하게 된다."17) 그러므로 여기서도 행복주의는 최고선 혹은 궁극적인 현존재의 목표에 관한 학설로서 파악되어지고, 현 존재의 행복을 최고선으로 규정하고 있는 학설로 파악되어진다. 끝으로 근대 이후의 행복주의는 "현 존재의 행복으로 나아가는 것이 도덕적으로 선한 행위를 위한 토대이다"18)라고 한다. 이것은 그 행복주의의 본성을 그대로 적나라하게 표현하고 있는 진술이다. 바로 이 본성으로 말미암아 그 행복주의는 윤리학계로부터 강한 비판을 받고 심지어 윤리학설로서 대접받지 못하고 있는 실정이다.

계몽시대 이후에 행복에 관한 견해는 존재론적인 선들의 성취에 연관한 파악으로부터 벗어나기 시작한다. 이 견해는 본질적으로 의지에 관계할 뿐만 아니라 쾌·불쾌의 감정에 관계한다. 따라서 무엇이 이런 감정을 초래하는가는 여기서 비본질적이고 관심 밖의 일이다. 그러므로 근대의 행복관은 행복주의가 쾌락주의와 겹쳐질 정도로 고대 실천철학의 행복주의의 견해로 다시 접근하게 된다. 예컨대 영국

---

16) Ebd.
17) Ebd.
18) Ebd.

계몽철학자인 J. Locke는 1690년도에 출간한 『인간 오성론』에서 "행복은 적어도 모든 사람에게 만족을 위하여 있어야 할 바로 그 정도의 무고통성과 당면의 쾌와 기쁨을 가지고 있을 때 성립하게 된다"[19]고 서술하고 있다. 무엇이 이 행복을 성립시키며 혹은 초래하는지 묻지 않고, 그는 단순히 무엇으로 말미암아 혹은 무엇으로 인하여 행복이 성립 혹은 초래하게 된다고 한다. 이러한 근세적 경향에서는 윤리학에 있어서의 본질적 행복관은 사라져 갔다. 그런 상황에서 간혹 눈에 띄는 행복에 관한 정의를 몇 개 열거해 보면, 먼저 라이프니츠는 "행복(le bonheur)을 지속적 기쁨(Freude)으로 규정하고"[20] 칸트는 "행복을 모든 현 존재의 부단한 삶의 안락을 소유하고 있는 이성적 존재의 의식으로 정의하고"[21] 있다.

　이 지속적 기쁨과 삶의 안락을 누리고 있는 인간의 의식은 모두 수동적으로 주어지는 것이므로, 그것은 무엇이 성립시키며 혹은 초래하는 것임에 틀림없다. 따라서 그 무엇이 윤리학에 있어서 제일차적인 것이고 그러므로 윤리학이 취급해야 할 주제인 것이다. 그런데 이런 사실을 간파하지 못하고 단순히 이차적인 것, 즉 행복에만 매달려 있는 윤리학의 부류들이 있어 왔다. 바로 이러한 윤리학 비유컨대 주춧돌 없이 모래판 위에 지어 놓은 집과 같은 행복주의 윤리학이 얼마나 불안전하겠고 또 확고하지 못하겠는가? 이런 윤리학의 불안전성과 비확고성은 여기서 논외로 하고, 앞에서 그 무엇이라고 언급한 것이 과연 무엇인지를 다음 절에서 논의해 보자.

---

19) John Locke, *An Essay concerning Human Understanding*, abridged and edited by Raymond Wilburn(New York, 1959), p. 124.
20) Leibniz, *unplaisir durable*. Nouveaux essays, Ch. 21, §42: H. Reiner, *Die philosophische Ethik*, S. 53에서 재인용.
21) I. Kant, *Kritik der praktischen Vernunft*, Ernster Teil, I. Buch, §3 Lehrsatz II.

제2절   행복주의 윤리학에 대한 비판

우리 인간이 일상적인 삶에서 지향적 노력 활동을 할 때, 그 노력 활동은 다양한 모습을 띨 것이다. 예컨대 재산을 모으는 노력 활동도 있을 것이고, 향락을 추구하는 노력 활동도 있을 것이고, 건강을 유지하기 위한 노력 활동도 있을 것이고, 명예를 떨치기 위한 노력 활동도 있을 것이고, 마음의 평온을 찾기 위한 노력 활동도 있을 것이고, 아름다움의 향유를 위한 노력 활동도 있을 것이고, 진리를 갈구하는 노력 활동도 있을 것이고, 착한 일을 행하는 노력 활동도 있을 것이고 또한 성스러움에 대해 경외감을 갖고 존경하는 노력 활동이 있을 것이다. 이외에도 수많은 노력 활동을 열거할 수 있을 것이다. 그런데 이 각각의 노력 활동은 그들 나름대로 각자의 지향하는 것이 뚜렷하고, 또한 그 지향하는 것이 다른 노력 활동이 지향하는 것의 수단으로서 기여하지 않는다는 것은 확실하다.

그럼에도 불구하고 快를 지향하는 노력 활동을 행복을 추구하기 위한 수단적 노력 활동으로 여기는 자들이 많이 있다. 쾌를 지향하여 노력 활동하는 것과 행복은 아무런 상관이 없다. 쾌를 지향하는 노력 활동과 행복 사이에 연관이 있다면, 쾌를 지향하는 노력 활동은 행복의 상태에 있지 못함에 대한 결핍감으로 말미암아 생겨난다는 것을 제시할 수 있다. 우리가 쾌를 지향하여 노력 활동하고 있다는 것은 이미 우리의 내면적 불행의 징후이거나 외면적 삶의 하강이 이뤄지고 있다는 징후이다. 이런 징후를 소지하고 있는 사람이 쾌를 추구 노력한다는 것이다. 예컨대 폐병과 같은 많은 병들과 결부되어 있는 강한 감성적 향락욕을 보기로 들 수 있다. "폐병에 걸려 있는 사람은 건강한 사람들보다 감성적 쾌락, 즉 관능적 쾌락을 더 강렬히 즐기고자 한다. 그래서 그는 건강한 자들보다 성적 향락욕, 마약 복용 욕구 등의 충동을 더 강렬히 갖게 된다."[22] 다시 말해서 삶의 하강 곡선을 그리고 있는, 생명의 활기가 저하되고 있는 사람은 생명에 대한 결핍감으로 말미암아 개개의 감성적 쾌감들을 쌓아 가는 일을 추구한다. 또 우리 인간이 심적으로 불행할 때 혹은 그의 존재의 보다 중심적인, 보다 깊은 층에서 불만족할 때, 그는 언제나 이 불행한 상태 혹은 불만족한 상태를 쾌의 노력 지향에 의해서, 더욱이 그때그때의 주변적인 층, 즉 보다 쉽사리 산출될 수 있는 감정층의 쾌의 노력 지향에 의해서 대치하는 성향을 발동한다.23) 그래서 우리 인간은 불행의 보상 심리로 행복과는 아무런 상관이 없는 쾌락을 추구하게 된다. 이러한 사실을 우리는 한 시대의 차원에서도 확인할 수 있다. "어떤 시대에 그 시대인의 삶의 기쁨과 희망이 없고 그들의 생명 감정의 부정적 규정이 그 사회의 내적 근본 태도로 될 때, 감성적 쾌락을 즐기고 감성적 고통을 제거할 수 있는 수단 예컨대 마약, 술, 담배의 사용이 점점 증가한다"24)는 것이다.

이처럼 쾌락의 추구는 진정한 의미에서 행복의 영위를 위한 활동이 아니다. 뿐만 아니라 행복도 쾌락을 통해서 얻어지는 것이 아니다. 행복은 어떤 외적인 특수적 자극의 결과들로 얻어지는 것이 아니라, 우리 인간의 내면적 중심부로부터 우러나오는 것이다. 생명 감정이 보다 깊어지면 질수록 더욱더 외적인 삶의 변천에 덜 의존하게 되고, 정복과 절망이 현실적인 복지와 불행에 의해 영향받지 않고 인격으로부터 얻어지게 되는 것처럼, 행복은 단순한 기쁨과 고뇌에 의존하거나 영향받을 수 있는 것이 아니다.25) 행복하지 않음에 대해 아쉬워하고 행복하기 위해 자의적으로 노력하는 경우에, 쉽게 그 노력 방향을 보다 주변적인 감정층의 소극적 쾌에 두고자 하는 경향이 있다. 이것은 행복을 단순히 주변적 감정층의 쾌락의 집적으로 여기

22) materiale Wertethik, S. 347.
23) Vgl. a. a. O. S. 346.
24) a. a. O. S. 347.
25) Vgl. Ebd.

는 데서 생겨난 경향이다. 그렇다고 해서 스토아 학파의 견해처럼-
어쨌든 이 학파도 일종의 쾌락에 연관해서 행복을 논의하고자 했는
데-행복이 현실적인 쾌락에 대한 단순한 금욕적 태도를 취함으로써
얻어질 수 있는 것도 아니다.

바로 행복에 관한 이 의미를 그리스도교의 윤리는 다른 어떤 윤리
보다도 훌륭히 자신 속에 받아들이고 있다. "그리스도교의 삶의 이론
은 스토아학파나 고대의 회의론자들처럼 감성적 감정에 대한 무감동
즉 무감각을 선으로 보지 않고, 무감각의 소극적·금욕적 방법을 버
리고 고통을 악이라고 하는 그리고 모든 쾌락을 善이라고 하는 입장
을 갖고 있다."26) 모든 쾌락을 선이라고 한다 해서 그 이론이 쾌락
주의는 아니다. 그리스도교의 그 이론이 여기서 의미하는 바는 감성
적 감정에 대한 무감동과 그것에 대한 금욕적 방법이 삶의 정복이나
행복을 보장해 줄 수 있는 것이 아니라는 것이다. 다시 말해 욕망의
소멸에 의해서 또는 욕망 속에 구성되어진 세계의 현실 존재의 소멸
에 의해서 삶의 행복을 보장받을 수 있는 것이 아니라, 우리 인간이
높은 감정을 발로시킬 때 그로 말미암아 바로 인격, 즉 우리 인간의
내적 중심부로부터 행복이 저절로 우러러 나오는 것이라 한다. 그래
서 그리스도교에서는 욕망의 소멸이 '영혼 구원'의 본질적 계기가
될 수 있는 것이 아니라, 인격으로부터 자발적으로 우러나오는 행복
더 나아가 정복이 바로 그것의 본질적 계기가 될 수 있다는 것이다.
이처럼 행복은 결코 우리 인간의 주변층에서 구하는 쾌락 등에 대한
금욕적 태도를 취함으로써 얻어질 수 있는 것이 아니라 그의 보다
깊은 층으로부터 자발적으로 생겨나는 것이므로, 행복과 쾌락 추구는
아무런 상관이 없음을 알 수 있다.

그 다음으로 우리는 행복이 인격 자체로부터 자발적으로 생겨나는
것임을 알지 못하고 단지 주변적인 감정층의 결핍감을 채워 넣은 결

---

26) a. a. O. S. 348.

과로 생기는 것이라는 견해를 소개할 수 있다. 이 견해에 의하면 '고
난' '필요' '욕구' '결핍감' 등으로 불리는 소극적인 감정 체험은
적극적이고 비교적 높은 가치 실현을 의욕하기 위한 필연적 조건이
라 한다.27) 이 견해는 모든 소극적인 감정상태를 가치 창조적인 것
으로 보든지 또는 적어도 적극적 가치 실현의 원천으로 본다. 그런데
실상 "적극적이고 비교적 높은 가치의 실현에 향해 있는 모든 의지
의 방향은 원래 결코 소극적인 감정상태를 원천으로 해서 나오는 것
이 아니고 적극적인 감정상태의 원천으로부터 나오는 것이다."28)
따라서 이 견해는 근본적으로 인정될 수 없다. 사실 이 견해는 원한,
질투 그리고 이것들과 결부되어 있는 가치 착오, 더 나아가 이러한
것으로부터 생겨나온 것에 밀접히 결부되어 있는 受難自慢(Leiden-
sstolz)에 그 원천을 갖는 잘못을 범하고 있다.

　행복이 인격으로부터 우러나온다는 위의 진술을 보다 상세히 설명
해 보자. 이미 논의해 본 바와 같이 행복 그 자체는 노력 활동의 목
표가 될 수 없다. 그것은 노력 활동의 결과로 얻어지는 것이다. 우리
인간의 노력 활동은 보다 바람직한 것을 추구하는 활동이라 할 수
있다. 그 바람직한 것이란 무엇인지 바로 그것이 여기서 문제가 되는
데, 막스 셸러는 그것이 바로 가치라 한다. 따라서 행복은 우리 인간
이 가치를 추구 노력한 결과로 얻어지는 것이라 할 수 있다. 이런 추
구 노력할 때도 보다 높은 가치를 추구 노력하는 가운데 비로소 행
복이 그 결과로 주어지는 것이다. 예컨대 감성적 가치보다는 생명 가
치를, 생명 가치보다는 심적 가치를, 심적 가치보다는 정신적 가치를
추구 노력하는 가운데 그렇게 된다는 것이다. 실제로 우리들이 당면
하는 어떤 상황에 모든 가치가 주어져 있는 것이 아니다. 단 하나의
가치가 우리에게 직면해 있는 경우도 있고, 두 개의 가치가 우리에게

---

27) 이런 견해를 갖고 있는 자들은 〈필요가 神에게 기도 드리게 부추긴다〉, 〈필
　요는 문화 창조의 어머니이다〉 등의 격언을 상기하라고 역설한다.
28) materiale Wertethik, S. 349.

직면해 있는 경우도 있고 혹은 그 이상의 많은 가치가 우리에게 직면해 있는 경우도 있다. 하나의 가치가 우리에게 직면해 있는 경우에는 별 문제가 없겠으나, 두 개 이상의 가치가 우리에게 직면해 있는 경우에는 어느 가치를 추구 노력하느냐에 따라 여러 가지의 도덕적 의미가 생겨나게 된다. 예컨대 생명 가치와 정신적 가치가 우리가 당면하는 실제적 상황에 동시에 함께 주어져 있는 경우에, 우리가 정신적 가치를 우선적으로 취하여 추구 노력할 때 그 노력은 바람직할 것이요 좋을 것이다. 그러나 그런 경우에 우리가 생명적 가치를 우선적으로 취하여 추구 노력할 때 그 노력은 바람직하지 못할 것이요 좋지 않을 것이다. 이처럼 도덕적 의미는 가치에 대한 선호와 경시작용, 선택작용 그리고 가치에 대한 인격 자신의 작용으로 말미암아 생겨지게 되는 것이다.29)

인격이 가치에 대해서 그의 작용을 수행하는 가운데 도덕적 의미가 생겨난다는 것이다. 이 도덕적 의미는 인격 작용을 바탕으로 한 노력 활동이 바람직하다 좋다는 식으로 표현되는 경우도 있고, 그 노력 활동의 결과로 "감정이 소속되어 있는 심층의 쾌감이 상승하거나 쾌감이 하강하는"30) 등의 부수 현상으로 표현되는 경우도 있다. 바로 이 부수 현상으로 말미암아 우리는 보다 높은 가치를 인격이 지향하여 추구 노력하는 가운데, 그 인격으로부터 혹은 내면적 중심부로부터 행복이 저절로 우러러 나오는 것이라고 한다. 그러므로 우리는 가치에 대한 추구 노력의 결과로 그 노력의 주체자인 인격으로부터 행복이 저절로 생겨난다고 할 수 있고, 가치의 실현이 행복을 생겨나게 하고 초래하는 것임을 알 수 있다.

위에서 우리는 행복이 노력 활동의 목표가 될 수 있는 것이 아니라, 가치를 실현하는 노력 활동으로 말미암아 인격에서 생겨나오는 것임을 밝혔다. 여기서부터는 이미 밝혀진 이 사실을 바탕으로 하여

---

29) Vgl. a. a. O. S. 359.
30) a. a. O. S. 357.

실제로 윤리학에 있어서 행복주의가 정당치 못함을 고찰해 보겠다.

행복주의는 덕과 행복, 도덕성과 행복성 사이의 내적 연관을 오해하고 있다. 도덕적 노력은 행복을 위한 어떤 노력이 결코 아니다. 도덕적 행위의 목표는 우리가 이미 진술했듯이 자신의 만족, 자신의 행복이 아니다. "행복의 가치는 오히려 모든 가치 소유에 수반하는 감정 가치이고 그럼으로써 실로 가치 실현을 의미하는 모든 도덕적 행위에 수반하는 감정 가치이다. 도덕적 행위자는 도덕적 가치를 실현함으로써, 그는 그 실현으로 말미암아 주어지는 수반가치(Begleit-wert)를 동시에 부여받는다."31) 그래서 그는 내적 만족을 느끼고, 도덕적 행위의 행복 수여를 경험한다. 사람들은 행복 자체를 추구할 수 없다. 우리들이 善하고자 할 수는 있지만 행복하고자 할 수는 없다. 우리들이 도덕적 가치를 실현함으로써 그의 수반 가치, 즉 행복이 우리에게 보너스로서 주어지게 된다. 그럼에도 불구하고 "행복주의는 인간의 도덕적 삶에 있어서 쾌락, 행복의 의미와 위치를 간파하지 못한 까닭으로 말미암아, 그것들을 도덕적 의욕과 행위 결과의 수반 현상으로 간주하지 않고, 그것의 고유한 목표로 간주하는 잘못을 범하고 있다."32)

또한 행복주의는 도덕적인 것의 본질을 결여하고 있다. 행복이 도덕적 가치들의 최고의 척도가 아니다. 예컨대 어떤 사람이 그가 도둑질로 행복을 마련하고자 했다고 설명하면서 도둑질을 도덕적으로 정당화하고자 한다면, 우리들은 그런 정당화를 확실히 진지하게 받아들이지 않을 것이다. 아마도 참된 도덕 의식은 인간의 심정과 행위에 행복주의의 척도와는 다른 어떤 척도를 갖다 놓고 있을 것이다. 이를테면 "더 높은 선을 위하여 쾌락과 유쾌를 단념하도록 다양하게 요구하고, 자아극기의 영웅적 행위들에게 높은 도덕적 가치를 부여하는 양심"33)이란 도덕 의식이 그 척도를 갖고 있을 것이다. 조금만 더

---

31) J. Hessen, *Wertlehre*, S. 153.
32) Ebd.

자세히 고찰해 본다면 우리들은 행복주의적 도덕 원리의 실행이 곧 그 원리의 단념을 의미한다는 것을 알 수 있다. 행복은 그 깊이와 폭의 정도에 따라 무수한 것으로 있을 수 있다. 아마도 행복주의자는 모든 행복이 等價的이라 생각했었을 것이다. 행복이 등가적이 아니고, 경우에 따라 여러 개의 행복이 존재한다는 것이다. 어떤 것이 원리, 척도가 되려면 그것 자체가 일정하고 확고한 것이어야 함은 기정사실이다. 따라서 행복이 도덕 원리 내지 가치 척도가 되려면 그것 자체가 일정하고 확고해야 한다. 그런데 실상 행복은 등가적이지 않고 일정하지도 않으므로 그것이 도덕 원리 내지 가치 척도가 될 수 없을 것이다. 오히려 "행복 그 자체는 가치 척도가 아니라, 그것에 귀속해 있는 어떤 것을 일컬어 척도의 내용, 성질일 것이다."[34] 그리하여 우리는 행복주의의 도덕 원리는 스스로 파멸되어지고, 그 원리의 실행이 가능하지 않음을 알 수 있다.

또 한편으로 우리는 행복주의를 비판할 수 있다. 후설이 감정에는 여러 종류가 있다고 말했던[35] 것처럼, 셸러도 감정에는 네 개의 서로 바뀌질 수 없는 감정 유형이 있다고 했다. 예컨대 감성적 감정, 생명 감정, 심적 감정 그리고 정신적 감정의 유형이 있다는 것이다. 그리고 생명 감정이 감성적 감정보다 더 높은 감정이라 할 수 있고, 심적 감정이 생명 감정보다 그리고 정신적 감정이 심적 감정보다 더 높은 감정이라 할 수 있는 위계관계를 갖추고 있다고 한다. 이런 위계관계는 그 감정들이 지향하는 대상들과 그 감정들의 작용들의 차이로 미뤄 보아도 인정될 수 있다는 것이다. 그런데 행복주의자들은 감정들 모두가 같은 종류일 뿐이고, 그 깊이와 질에 있어서도 동류이라고 생각했다. 그래서 행복이 보다 더 높은 감정을 발로하여 더 높

---

33) a. a. O. S. 152.
34) Ebd.
35) Vgl. E. Husserl, *Logische Untersuchungen* Band I Teil 2, 2. Aufl., 1913, S. 388f.

은 가치를 추구하는 활동의 결과로 얻어지는 것임을 알지 못했다. 감정은 한 종류뿐이고, 우리들이 감정의 좋은 상태를 얻음으로써 행복해진다는 것이다. 그런 감정의 좋은 상태를 얻기 위해서 쾌락, 유쾌 등을 추구함으로써 과연 행복해질 수 있을까? 쾌락, 유쾌 등을 무작정으로 추구함으로써 행복해질 수 있다는 쾌락주의적 행복주의의 사고는 이미 고대 에피쿠로스에 의해서도 거부되었다.

또 행복은 우리의 의욕에 의해서 직접적으로 만들어질 수 없는 것이다. 우리 인간이 의욕하는 가치가 그의 행복과 불행을 보장해 준다. 이때 그 가치는 보다 높은 가치 이를테면 심적 가치나 정신적 가치―두 가지 이상의 가치가 있을 때 보다 높은 가치를 선호하는 것 자체도 바로 하나의 정신적 가치를 나타내므로 이런 작용 가치도 포함한―를 의미한다. 따라서 행복이니 불행이니 하는 것은 평균적으로 소극적인 감정, 어떤 주변적 생명층의 감정이 발하여, 감성적 가치들이나 생명적 가치를 지향하여 추구하는 활동에 의해 얻어질 수 있는 것이 아니다. 오히려 높은 가치를 지향하는 적극적 감정이 그 행복을 얻을 수 있는 원인이 된다. 높은 가치를 실현하는 근원적 원천은 결코 〈곤궁할 때에 신을 찾게 된다〉든가 〈필요는 발명의 어머니〉라는 등을 주장하는 이른바 '요구' 또는 '결핍감' 또는 '필요'에 있는 것이 아니라, 높은 가치를 지향할 적극적인 높은 감정의 넘쳐흐름 속에 있는 것이기 때문이다.36)

우리 인간 스스로 높은 감정을 발로할 때, 행복이 얻어진다는 사실을 행동 심리학의 「욕구 이론」을 통해서도 보증할 수 있다. 욕구는 결핍감 또는 필요에서 생겨나는 것이 아니다. 욕구는 단순한 충동 예컨대 공복 충동의 발생과는 달리 어떤 종류의 財의 없음에 대해서 일어나는 의욕이다. 그래서 욕구는 그런 財의 결핍 체험 위에서 그런 재로 향하는 노력 활동이다. 물론 그 노력 활동에 선행하여 그 재에

---

36) Vgl. materiale Wertethik, S. 351.

는 그의 통일성을 형성하는 특정의 가치가 이미 주어져 있음이 감지
되어 있어야 한다.37) 따라서 그 감지를 위해서 감정이 발로해 있어
야 한다. 여기서는 가치가 담지되어 있는 財에 대한 지향적 감정이
욕구를 유발시키는 것이 아니라, 욕구가 먼저 발동하고 추후에 그것
을 충족시킬 수 있는 財가 조정(Setzung)된다는 John Locke의 욕구
이론은 그릇된 것으로 받아들이지 않고 있다.38)

또한 욕구는 단순히 결핍을 채우고 만족을 얻어내려는 성향이 아
니다. 예컨대 국민 경제학파가 주장하는 바와 같이 욕구는 단순히 결
핍을 제거하거나 빈 구멍을 막는 따위의 활동을 하지 않는다. 욕구는
발명이나 어떤 종류의 재의 생산을 설명해 줄 수 있는 것이 아니다.
일상적으로 "쾌적을 향수하기 위해서 소용되었던 사물들이 사물들로
서 '필요'하게 되고, 따라서 그 사물의 있음이 쾌적하게 느껴지고 그
것의 없음이 불쾌하게 또는 '결핍된 것으로' 느껴진다"39)는 것이다.
바로 이러한 사실은 소금, 후추, 커피 등의 대중적 필요물에 속하는
財들에게도 적용되어진다. 이런 財들의 원래의 생산은 결코 욕구 충
동으로 말미암아 이뤄진 것이 아니다. 예컨대 우리 인간이 단순히 짬
(소금의 가치)의 물적 가치를 욕구함으로써 그 욕구를 만족시킬 대상
을 찾게 되고 따라서 소금을 생산하게 된 것이 아니라, 오히려 우리
인간이 소금에 담지되어 있는 그 가치를 감지하고 그 가치를 희구,
욕구함으로써 소금을 생산하게 된 것이라 할 수 있다.

그 다음 또 우리는 어떤 특정한 방향의 절박한 필요도 어떤 것에
대한 욕구를 발생시킬 수 없다는 것을 제시할 수 있다. 예컨대 물고
기가 많은 호숫가에 살면서 매년 일정한 시기에 심한 기아에 허덕이
는 흑인 부족들이 있다. 심한 기아에 허덕이면서도 그들은 물고기에
대한 '욕구', 또는 그물이나 낚시에 의해 물고기를 잡는 기술 발견에

---

37) Vgl. a. a. O. S. 351f.
38) Vgl. a. a. O. S. 353f.
39) a. a. O. S. 352.

대한 '욕구'를 유발시키지 못하고 있다. 적어도 무엇에 대한 "욕구가 유발하려면 어떤 종류의 사물—가치를 담지하고 있는—이 동시에 있어야 하고, 이 사물에 담지되어 있는 가치에 적합한 감정이 발로해 있어야 하고 덧붙여 그 무엇을 생산할 방법이 생각되어 있어야 한다"40)는 것이다. 그래서 우리는 욕구가 바로 가치를 가진 재의 발견이나 또는 재의 생산에 직접적으로 기여할 수 없다는 것을 알 수 있다.

그러므로 우리는 욕구가 필요를 채울 수 있는 것도 아니요, 필요의 방향에서 욕구가 생겨나는 것도 아님을 알 수 있다. 따라서 필요에 의해서 노력 활동을 하게 되는 것이 아니요, 필요의 충족에서 행복이 획득되어지는 것이 아님을 알 수 있다.

마지막으로 우리는 행복이 우리 인간의 내면적 중심부 즉 인격으로부터 우러러 나오는 것이지, 저급하고 주변적인 층으로부터 생겨나는 것이 아니고, 우리 인간의 단순한 노력 활동을 통해서 얻어질 수 없고, 일상적인 노력 활동의 목표가 될 수 없음을 몇 가지 측면을 통해 고찰해 보자.

"선한 의욕 속에 있는 기쁨과 악한 의욕 속에 있는 고통을 표현하고 있는 행복과 불행의 저 심층부와 중심에는 어떠한 형벌과 보수도 결코 이르지 못한다."41) 근원적으로 선하다는 것은 인격 자신의 선함이요, 가장 깊은 행복은 인격 자신의 선함에 수반되는 의식이다. 따라서 이른바 '裁可'는 행복을 갖다 주는 데 아무런 기여도 못한다. 선한 행위가 그 행위자에게 아무리 큰 해악을 가져다 주고 그를 아무리 불행한 상태로 빠뜨린다 해도, 그 행위에 의해 야기된 不快는 결코 선한 행위 자신 내의 쾌와 같은 깊이일 수 없고, 행위의 원천으로서 행위를 가능케 하고 주변층의 불쾌에 의해서 완전히 방해될 수 없는, 저 한층 더 깊은 쾌와 같은 깊이일 수 없다. 따라서 "윤리적 善에 대해서 보수를 주는 어떠한 포상도 윤리적으로 선한 의욕이 거

40) a. a. O. S. 353.
41) a. a. O. S. 351.

기에서 나오는, 또 선한 의욕에 수반하는 저 행복만큼 깊은 행복을 본질적으로 보장할 수 없다. 처벌을 가하는 어떠한 형벌도 악한 행위를 초래하는 非淨福과 악한 행위에 수반하는 불쾌감만큼 깊은 괴로움을 갖다 줄 수 없다"[42]는 것이다. 이를 보증하는 실례로서 〈선은 스스로 보상된다〉, 〈악은 스스로 처벌된다〉는 등의 裁可의 불필요성을 역설하는 격언들이 있지 않는가.

그리고 행복과 불행에 대한 의지, 의욕의 지향 그 자체는 결코 가능하지 않다. 선한 의욕에게ー그것이 진정으로 선하다면ー행복이 그 목표로서 떠오르지 않고, 선한 의욕이 행복을 그 결과로서 바라지도 않는다.[43] 행복주의자들은 행복이 의욕의 목표가 되고, 인간의 의욕은 항상 행복을 염두에 두고 있다고 한다. 그리고 행복이 윤리적으로 가치있는 존재와 삶과 행위에 의해서 얻어질 수 있는 것이라 한다. 그래서 먼저 그들에게는 행복이 德의 자연 필연적 결과로서 간주되고 동시에 '덕의 보상'으로 간주된다. 그 다음 그들은 유덕한 행위라고 불릴 수 있는 행위의 목표는 행복이고, 인간은 무엇보다도 행복을 향해 노력해야 한다고 한다. 이 두 측면의 행복주의의 견해는 모두가 그릇된 것이다. 우리가 조금만 더 행동 심리학적으로 숙고해 본다면, 우리는 행복이 덕에 대해서, 윤리적 의욕과 행위 자신에 대해서 원리로서나 목표로서 어떤 의미도 갖지 못함을 알 수 있다. 오히려 "행복과 불행은 가치의 감지에 토대를 두고 있고, 가장 깊은 행복 또는 완전한 정복은 자기 자신의 윤리적 善 의식에 전적으로 의존하고 있고, 그것은 일체의 선한 의욕과 행위의 뿌리와 원천이긴 하지만 결코 그 목표나 목적으로 될 수는 없음"[44]을 알 수 있다. 심지어 '정복한 자

---

42) a. a. O. S. 360.

43) Vgl. M. Scheler, "Das Ressentiment im Aufbau der Moralen" im *Vom Umsturz der Wert*ーM. Schelers Ges. Werke Bd. 3, 5. Aufl., hrsg. v. Maria Scheler(Bern: A. Francke AG., 1972), Kapitel I.

44) materiale Wertethik, S. 359f.

만이 선하게 행위한다'는 말도 있지 않는가!

　본 절에서 행한 고찰들을 정리해 보면, 행복은 우리 인간의 의욕, 행위가 목표로 삼아 지향적으로 노력 활동할 수 있는 성질의 것이 아니고, 또 실상 우리 인간이 의욕하든가 행위할 때 행복이 일차적인 노력 활동의 대상이 되지 않는다는 것이다. 오히려 행복은 우리 인간이 의욕하거나 행위한 결과로 부수적으로 수반하는 상태감정이다. 또한 행복은 일정하게 성립되어 있는 것도 아니기 때문에, 의욕·행위의 도덕성을 결정하는 도덕 원리로서의 요건도 갖추고 있지 못하다. 아마도 행복이란 것은 우리 인간이 높은 감정을 발로하여 있을 때 우리의 인격으로부터 저절로 우러러 나오는 것일 것이다. 상술하자면 높은 감정을 발로하여 그 감정이 그의 본질법칙상 높은 가치를 지향하여, 우리들이 그 가치를 실현할 때 행복은 저절로 우리의 인격으로부터 용솟음쳐 나오는 것일 것이다. 결코 행복은 우리 인간의 주변적인 층으로부터 생겨나오는 것이 아니다.

　행복이 바로 이러한 것이기 때문에 그것과 연관해서 우리는 어떤 도덕적 의미를 찾을 수 없다. 이러한 사실을 우리는 본 절에서 자세히 논증해 보았다. 이런 논증 과정에서 우리는 행복주의 윤리학의 이론적 허구성을 낱낱이 파헤칠 수 있었던 것이다. 예컨대 도덕적 노력은 행복을 위한 노력이 결코 아닌데도, 그들은 행복을 위한 노력이라 한다. 그들이 인간의 도덕적 삶에 있어서 쾌락, 행복의 위치를 간파하지 못하고, 행복을 행위 결과의 수반 현상으로 생각하지 않고 행위의 고유한 목표로 간주한다든가 또는 행위의 도덕성의 원리로 간주한다. 또 경우에 따라 어떤 행복주의는 감정이 한 가지 종류일 뿐이라 생각하고, 그 감정의 좋은 상태를 유지하기 위해, 즉 행복하기 위해 너무나 이상적인 삶의 지침이라 할 수 있는 금욕적 태도를 취하여야 한다든가 영속적인 쾌락을 추구해야 한다고 교설하고자 했다. 그리고 그들은 행복이 인간의 인격으로부터 우러나오고 일체의 의욕·행위의 뿌리와 원천이라는 것을 알지 못하고, 그저 우리 인간의

단순한 노력 활동을 통해서 얻어질 수 있고 일상적인 노력 활동의
목표가 될 수 있는 것처럼 생각하고 있다.

이상과 같이 행복주의 윤리설에는 많은 사고적 결여가 있다. 행복
주의가 그의 윤리설에서 그러한 많은 사고적 결여를 하게 된 원인은
필자가 생각하기로는 그들이 일상적인 삶의 영역에 천착하여 피상적
으로 도덕적 근거를 마련하고자 한 데 있었던 것 같다. 따라서 우리
들이 윤리학에서 또다시 이러한 잘못을 범하지 않기 위해선 윤리학
의 토대를 적어도 보다 근원적인 혹은 선천적인 어떤 것에서 찾으려
는 학문적 태도를 가져야 할 것이다.

제3절 형식주의 윤리학

칸트는 실질적 윤리학이 보편타당한 윤리학이 될 수 없다고 생각
한다. 이들 실질적 윤리학은 대략적으로 말한다면 바로 목적윤리학과
결과윤리학이다. 이들 윤리학은 목적과 결과란 實質을 토대로 해서
성립한 것이라 한다. 사실 의욕·행위의 목적 그 자체가 고유하게 존
재하는 것도 아니요, 귀납적 경험에 의해서 미리 算定한 의욕·행위
의 결과가 보편타당한 것일 수도 없다. 따라서 그런 것들을 토대로
하는 목적윤리학과 결과윤리학이 보편타당한 윤리학으로 성립할 수
없다는 칸트의 주장은 옳다고 하겠다.

윤리학이 토대로 해야 하는 실질은 의욕·행위 영역 자체에서 찾
을 수 있는 목적 또는 의욕·행위로부터 예상할 수 있는 결과 바로
그것들이 아니라고 생각하고, 윤리학을 현실적인 삶 혹은 의욕·행위
의 영역에서 취급하려 하지 않고, 이것들을 기초하는 보다 근원적인
것에서 취급하려는 경향이 20세기 초반부터 생겨났다. 이러한 경향으
로 말미암아 생겨난 윤리학을 우리는 「철학적 윤리학」이라 일컫는다.

비록 칸트가 윤리학이 토대로 삼아야 할 것을 실질이 아닌 형식에서
찾았지만, 위의 경향에 상응하는 그의 엄밀한 학적 시도를 높이 평가
하여 막스 셸러는 "우리가 갖고 있는 철학적 윤리학에 있어서 오늘
에 이르기까지의 가장 완전한 것은─다른 어느 근세 철학자의 것도
아니라─Kant의 윤리학이라"[45) 했다. 현대의 철학적 윤리학의 관점
에서 생각하는 실질적 윤리학은 칸트 이전의 실질적 윤리학 예컨대
아리스토텔레스 이래로부터 중세를 거쳐서 근세에 이르기까지의 목
적윤리학, 결과윤리학과는 본질적으로 다른 것이다. 전자는 오히려 칸트
에 의해 후자가 철저히 무너뜨려진 연후에 생길 수 있었던 것이다.

　그런데 여기서 목적윤리학과 결과윤리학이 보편타당한 학으로서
성립할 수 없음을 칸트처럼 고찰하기보다, 그것들이 진정한 의미에서
윤리학으로서 성립할 수 없음을 살펴보자. 목적윤리학이 그의 토대로
삼는 목적이 행위 영역에서 그 자체로 고유한 것이 아니다. 왜냐하면
"우리가 목적에 관해 언급하는 경우에 반드시 노력에 관한 고려가
선행하는 것도 아니요, 노력이 주어져 있는 경우에도 목적에 관한 고
려가 있지 않을 수도 있기"[46) 때문이다. 사실 목적은 가장 형식적인
의미에서 실행되어야 할 것으로 주어져 있는 어떤 가능한 사고, 표
상, 지각의 내용일 뿐이지, 결코 노력목표 자체는 아니다. 현실적인
形象도 이런 저런 목적을 가질 수 있고, 그 목적은 그 형상 내부에도
혹은 외부에도 놓여 있을 수 있다. 따라서 목적 내용은 이념적 존재
당위에 근거해 존재하는 것이지 임의적으로 현실적 삶의 영역에서
현상하는 것이 아니다. 다시 말해서 "목적 관념은 〈어떤 대상의 존재
당위〉 내지 〈어떤 대상의 비존재당위〉 즉 존재당위에 근거해서 생겨
나는"[47) 것이다.

---

45) 하영석, "價値와 當爲"─『哲學 硏究』 제30·31집(한국철학회 논문집)─,
　　1981, 3쪽 재인용.
46) materiale Wertethik, S. 52.
47) Ebd.

또한 "목적 관념이 심리 영역이나 인간 의지 생활의 영역에서는 근원적이고 직관적으로 충실되어진다는 주장도 있는데 이것은 그릇된 것이다."48) 비록 심리적 대상들을 가진 내적 지각의 영역이 존재하지 않을지라도 목적에 관해 유의미하게 말해질 수 있고, 의지·의욕 작용이 발동하지 않을지라도 목적에 관해 유의미하게 말할 수 있다. 오히려 의지·의욕 작용이 항상 그런 목적을 지향하게 되고 우리는 그런 목적 관념을 직면하게 된다. 그러므로 〈의지가 스스로 목적을 정립한다〉, 〈우리가 스스로 이 목적을 정립한다〉고 말하는 경우와 같이, 목적이 그 본질상 임의적으로 만들어질 수 있는 것이 아니다.49)

그리고 결과윤리학이 그의 토대로 삼는, 경험을 통해 예상하는 행위 결과도 객관적으로 가능한 것이 아니다. 결과윤리학자들에 의하면, 우리 인간은 의욕, 행위에 앞서 그것의 실행 결과를 예상하고 그 결과가 바람직할 때, 그것을 향해 의욕작용과 행위 실행을 한다는 것이다. 그런데 행위 결과는 경험에 비춰보아 산정되는 것인데 그 경험 이를테면 귀납적인 경험은 필연성이 없기 때문에 행위 결과가 정확하게 산정될 수 없음은 분명하다. 그리고 어떤 행위 결과가 바람직한지 그 평가의 기준도 명확하지 않고 객관적이지 않다. 더 나아가 귀납적 경험만으로 선·악이 무엇인지 알 수 없다. 아무런 방향이 없이 관찰, 실험을 통해서 어떤 행위가 선한 행위이고, 어떤 행위가 악한 행위인지 알 수 없다는 것이다. 선·악에 관한 본질인식 없이 그런 윤리적 평가는 불가능함을 칸트도 알고 있었다.50) 결과윤리학자들이 생각하는 의욕과 노력의 실질은 당연히 감성적 쾌락에 대한 의욕 관계에 근거하고 있고, 그런 쾌락은 항상 필연적으로 어떤 행위의 결과로서 세계에 또는 세계를 통해서 생기는 자극으로 나타나기 때문에, 의욕의 실질에 관한 모든 고찰은 행위 결과가 의욕 실질로 적합함을

---

48) a. a. O. S. 53.
49) Vgl. Ebd.
50) Vgl. a. a. O. S. 65.

밝혀준다는 것이다.51) 그들의 이런 오해는 "결과윤리학의 대상을 인식적이거나 표상적인 경험의 대상과 구별하지 않고, 그것이 감성적 감정에서 체험된 경험을 통해서 모든 의욕 실질을 우리에게 규정해 준다"52)는 사고에 근거하고 있다.

그런데 사실 의욕 내용, 더 근원적으로 말해 의지 내용이 경험 결과로부터 확정될 수 있을 하등의 근거도 없다. 아무리 많은 경험이 있을지라도 바로 그런 사실이 우리에게 어떤 인식에 필연적으로 꼭 도움이 될 수 없는 것과 마찬가지로, 그런 사실이 우리 인간에게 어떤 행위 결과를 산정하는 데 필연적으로 꼭 도움이 될 수 없다는 것이다. 그리고 현실적 삶의 영역 혹은 의욕·행위 영역에서는 윤리학이 학적으로 취급할 만한 대상이 없다는 것이다.

이상이 목적윤리학과 결과윤리학이 진정한 의미에서 윤리학으로 성립할 수 없는 이유들이다. 그럼에도 불구하고 칸트는 그 윤리학들이 학으로서 보편타당성을 갖출 거리가 없다는 단순한 이유로 단지 상대주의 윤리학으로 흐를 수밖에 없다고 생각해 버리고,53) 윤리학은 결코 그 어떤 실질에도 근거해서는 보편타당한 윤리학으로 성립할 수 없다고 확신하게 된다.

그래서 칸트는 학으로서 보편타당한 윤리학이 성립할 수 있는 근거를 다른 곳에서 찾지 않을 수 없었다. 그런 탐구 노력 끝에 그는 '이성의 사실'(Faktum der Vernunft)로서 道德律이 존재함을 확신하고,54) 이 도덕률에서 윤리학이 성립할 수 있는 근거를 찾았다. 왜냐하면 도덕률은 일체의 실질적인 규정을 하지 않고 다만 형식적으로 의지를 규정하기 때문에,55) 칸트는 이것이 윤리학을 보편타당하게

---

51) Vgl. a. a. O. S. 127.
52) a. a. O. S. 148.
53) Vgl. a. a. O. S. 30 u. S. 127.
54) Vgl. Kant, *Kritik der pracktischen Vernunft*, hrsg. v. K. Vorländer (Hamburg: Felix Meiner Verlag, 1974), §7. S. 32.
55) Vgl. a. a. O. S. 34.

할 수 있는 필수조건이 될 수 있는 것으로 생각했다.

도덕률은 구체적인 상황에 관계해서 생겨나는 것이 아니라, 모든 이성적 존재자의 의지에 관계해서 존재하는 것이다.56) 따라서 도덕률은 보편적인 것이다. 칸트는 이것이 예지계에 존재하고 있으며, 실천 이성에 의해 우리에게 의식되어지는 것으로 생각했다. 예지계는 현상 세계처럼 우리의 감성적 수용의 단계를 거쳐 오성적 구상력에 의해 파악될 수 있는 세계가 아니다. 그 세계는 이성에 의해 도달할 수 있는 세계이다. 그리고 이성에 의해 알 수 있는 것, 즉 예지계에 놓여 있는 것을 칸트는 선천적인 것이라 한다.57) 그런데 그에 의하면 선천적인 것은 결코 실질적인 것일 수 없다는 것이다. 실질적인 것은 경험적인 것이고 그럼으로써 후천적인 것일 수밖에 없다는 것이다. 선천적인 것은 경험적 내용이 추후에 그것에 채워질 수 있는 형식적인 것이고, 그 형식적인 것은 개별적인 상황을 초월해서 보편적으로 타당할 수 있는 것이라 한다. 그래서 칸트에서는 〈선천적인 것〉은 〈형식적인 것〉이고, 〈후천적인 것〉은 〈실질적인 것〉이라는 등식이 성립한다.

실질적인 것은 모두가 후천적인 것 즉 행위 결과 내지 귀납적 경험일 뿐이라고 생각하고, 칸트는 이것을 토대로 한 윤리학은 필연적으로 상대적인 윤리학일 수밖에 없다고 주장했다. 그리고 그는 보편타당한 윤리학이 정초될 수 있는 기초를 찾기 위해 노력한 결과 실질적인 것이 아닌 형식적인 것에서 그 기초를 찾게 되었던 것이다. 그래서 그는 진정한 윤리적 명제란 우리가 추구해야 할 것이 〈무엇〉인가 하는 의욕의 실질을 규정하거나 제시해 주는 것이 아니라, 우리가 마땅히 〈어떻게〉 의욕해야 하는가 하는 의욕의 形式을 규정

---

56) I. Kant, *Grundlegung zur Metaphysik der Sitten*−Der philosophischen Bibliothek Band 41, 3. Auf., 1965, S. 40.
57) Vgl. Kant, *Kritik der reinen Vernunft*, hrsg. v. Raymund Schmidt (Hamburg: Felix Meiner Verlag, 1956), Einleitung.

하거나 제시해 주는 것이라야 한다는 것이다. 따라서 윤리적 명제가 보편타당성을 요구할 수 있는 그 권리 근거가 바로 의욕의 선천적 형식에 있는 것이지 결코 의욕의 실질에 있는 것이 아니라고 했다. 이 형식은 바로 "너의 의지의 준칙이 언제나 동시에 보편적 입법의 원리로서 타당하게끔 행위하라"58)는 정언적 명법으로 표현된다.

제4절 형식주의 윤리학에 대한 비판

　그러면 본 절에서는 칸트의 형식주의 윤리학에 대해 비판해 보자. 칸트는 실질적인 것이 곧 후천적인 것이라 했는데, 그렇지 않다는 것이다. 실질적인 것에도 선천적인 것이 있다. 칸트가 실질적인 것이 곧 후천적인 것이라고 생각한 것은 다음 두 가지의 오해에 근거해 있다. 그 오해들은 바로 실질적인 것은 감성적 內實일 뿐이라는 사고와 현상학적 경험을 통해 파악할 수 있는 선천적인 실질의 존재에 대한 통찰의 결여이다. 전자의 오해의 원인은 그의 主知主義的인 사고경향의 결과이고, 후자는 현상학적 경험에 대한 무지의 결과이다. 칸트는 이론철학에서 悟性이 감각적 소여에 형식과 질서를 부여하고 인식의 대상을 구성하는 것처럼, 실천철학에서 이성이 감성적 욕구, 욕망에 그의 고유 법칙에 따라 형식과 질서를 부여하고 善·惡의 윤리적 가치를 결정하는 것으로 주장한다. 윤리적 영역에서 이성은 자발적이고 자립적인 활동을 하지만, 감정은 아무런 적극적인 작용을 하지 못하고 단지 상태적인 것으로만 남게 된다. 더 나아가 감정은 이성에 의해 지배되고 억제, 조종되어야 하는 것으로 간주된다. 그리고 칸트는 선천적인 실질의 존재를 간파하지 못했으므로, 보편타당한

---

58) Kant, *Grundlegung zur Metaphysik der Sitten*, S. 54.

윤리적 명제를 어쩔 수 없이 선천적이라 할 수 있는 이성의 법칙 내지 의지의 형식에서 이끌어 내오지 않을 수 없었던 것이다.

그러면 과연 이성이 규정해 주는 의지의 형식이 윤리적 근본원리가 될 수 있는지 어떤지 고찰해 보자. 예컨대 이 형식이 제시되는 하나의 윤리적 명제로 우리는 〈너의 의지의 준칙이 항상 그리고 동시에 보편적 입법의 원리로서 타당하도록 행위하라〉는 것을 들 수 있다. 이 명제가 의지의 준칙의 도덕성을 보장할 수 있는지 알아보자. 우리가 의지의 준칙이 보편적 입법의 원리에 적합하도록 행위할 때, 그 행위가 도덕적이고 윤리적으로 善하다는 것이다. 그런데 그 준칙은 구체적인 내용을 갖고 있지 않을뿐더러 보편적 입법의 원리가 무엇인지 혹은 무엇을 의미하는지 알려져 있지 않다. 그리고 각기 상황에 따라 그 입법의 원리가 상이하게 想定될 수도 있다. 그래서 예컨대 거듭된 재난으로 인생의 희망을 잃은 사람이 자살 행위의 준칙이 자연 입법의 원리에 적합한 것으로 생각하고, 생명의 가치를 존중하는 사람이 생명 촉진 행위의 준칙이 자연 입법의 원리에 적합한 것으로 생각할 수 있다. 또 빚을 전혀 갚을 가망이 없음을 알면서도 어느 때까지 갚겠다는 약속으로 돈을 빌리는 행위를 할 때, 이 차용인이 그 행위 자체의 준칙이 보편적 입법의 원리에 적합한 것으로 생각하고 그 약속을 지키지 않을 수도 있다. 그리고 그의 약속이 거짓 약속으로도 성립할 수 없다. 또 부유한 사람이 곤경에 처해 있는 사람을 도우려 하지 않고 남을 돕는 것은 자기와는 무관하다고 생각할 때, 그는 그러한 처세가 보편적 입법의 원리에 합당하다고 할 수 있는 것이다. 이상으로 알 수 있듯이 보편적 입법의 원리가 도대체 세계 내의 어디에 객관적으로 존재하고 있으며, 설사 존재하고 있지 않다면 가상적으로도 보편타당하게 인지되고 있는지 결코 밝혀지지 않는다. 따라서 우리는 그런 보편타당한 입법의 원리에 우리의 의지 준칙을 합당하도록 하라는 무상명령이자 당위인 형식에서 더 이상 윤리적 의미를 찾을 수 없다.

그 다음 칸트는 현상학적 경험의 결여로 선천적 실질을 통찰하지 못했다. 먼저 그는 후천적인 것을 귀납적 경험에 의해 획득되거나 인식되는 것으로, 그리고 선천적인 것을 귀납적 경험을 넘어서서 이성에 의해 도달할 수 있는 것으로 생각했다. 그리고 후천적인 것은 실질을 갖춘 데 반해 선천적인 것은 실질을 갖추지 못한 것으로 보았다. 그런데 막스 셸러는 현상학적 경험에 의해 우리들이 선천적 실질의 존재를 통찰할 수 있음을 강조한다. 그는 "사고하는 주체 및 이 주체의 실재적인 본성적 본질에 관한 모든 措定이 도외시되고 또 그 주체에 대응하는 대상에 관한 모든 조종이 도외시된 뒤에, 직접적 직관에 의해 그 자체가 주어지는 선천적인 것이 존재한다"59)는 것이다. 이 선천적인 것은 이성에 의해 파악할 수 있는 형식적인 것도 아니요, 예지계로부터 우리에게 다가올 수 있는 것도 아니다. 그것은 그 자체로 고유하게 존재해 있으면서 의식작용의 주체인 우리 인간에게 그 존재가 의식되어질 뿐이다. 그러므로 그것에는 형식이니 실질이니 하는 구분이 필요없게 된다.

적어도 본질직관의 영역에서는 선천적인 것과 형식적인 것은 아무런 연관이 없다. 선천적인 것에도 형식적인 것과 실질적인 것이 있다. 관찰 사실에 의해 충실될 수 있는 영역에서는 선천적인 것은 곧 형식적인 것으로, 후천적인 것은 실질적인 것으로 인정된다. 그러나 현상학적 경험의 영역에서는 형식과 실질이 구분될 수 없음을 순수 논리학의 명제와 산술의 명제로 예를 들어보자. 순수 논리학의 명제는 그 명제를 충실시키기 위해서 산술의 명제보다 더 많은 실질을 필요로 하므로, 전자의 명제가 후자의 명제보다 〈형식적〉이고 후자의 명제가 전자의 명제보다 〈실질적〉이다. 그렇지만 순수 논리학의 경우에 'A는 B이다'는 판단과 'A는 B 아니다'는 판단 중 어느 한쪽은 분명히 거짓이라는 명제는 〈어떤 것의 존재와 비존재는 양립하지 않

---

59) materiale Wertethik, S. 67.

는다〉란 현상학적 통찰에 근거해서 참인데, 이때 이 명제는 임의적인 대상들이 A와 B에 대치될 수 있다는 의미에서 〈형식적〉이지만, 어떤 것의 존재와 비존재는 양립하지 않는다는 현상학적 통찰에 근거할 때는 이 명제가 〈실질적〉인 것이다.60)

그런데 칸트는 선천적인 영역에 있어서 실질을 인정하지 않는다. 실질은 귀납적 경험의 영역에서만 존재하는 것으로 생각한다. 그에게 있어서 선천적인 영역은 물 자체의 세계이고 예지계이다. 이런 세계 는 우리 인간에 의해서 인식될 수 없는 영역이다. 그것은 다만 의지 의 자유의 존재를 통해서 비로소 전망할 수 있는 그런 세계이다. 현 상계 속에는 자유가 존재하지 않는다. 그럼에도 불구하고 자유는 존 재하는 것이다. 그러므로 자유가 존재할 예지계가 있음이 확증된다는 것이다. 그리고 또 우리 인간이 의지의 자유를 가지고 있는 한, 예지 계에 의지하지 않을 수 없다는 것이 확실하다. 이런 예지계에서 우리 인간은 '이성의 사실'로서 도덕률을 의식한다는 것이다. 그래서 우 리는 악한 행동을 하고 있을지라도 이런 행동을 해서는 안 된다는 의식을 가진다는 것이다. 그런데 칸트는 도덕률은 모든 사람에게 타 당한 것이라고 생각한다. 그 도덕률은 주관적인 실천원리, 즉 준칙과 는 엄연히 구별되는 것이다. 가령 우리는 어떤 모욕에 대해서 보복하 지 않을 수 없다는 것을 준칙으로 선택할 수 있다. 그러나 도덕률은 결코 임의적인 개인의 선택을 허용하지 않는다. 그것은 모든 이성적 존재자의 의지에 대해서 보편타당한 실천적 법칙이다.61) 경험적인 것은 결코 보편타당성을 가질 수 없다는 사고에 근거하여, 칸트는 그 것이 보편타당하기 위한 조건으로 그것의 경험적 성격, 즉 실질성의 부재를 언급한다. 그리고 그는 일체의 실질적인 규정을 도덕률에서 물리치고 형식적인 규정만을 도덕률에 승인하고 있다.62) 다시 말해

---

60) Vgl. a. a. O. S. 72.
61) Vgl. Kant, *Kritik der praktischen Vernunft*-Akademie Ausgabe Bd. 5, §1, S. 19.

서 의지가 지향할 수 있는 모든 대상을 무시하고, 오직 의지의 준칙만이 도덕률에 합치하도록 요구하는 것이다.

그러면 과연 칸트의 생각처럼 도덕의 보편타당성을 보장하기 위해서 의지의 형식만으로 윤리적 실행이 가능한 것인가? 선천적 실질이 있는지 없는지는 논외로 하더라도 의지의 내용을 도외시하고 진정한 윤리적 실행이 가능할까? 우리가 행위할 때 자기만의 행복을 꾀한다는 이기적인 의지를 처음부터 문제삼지 않았다 하더라도, 의지의 내용을 문제삼지 않고 그대로 놓아둘 수는 없는 것이다. 또 우리가 도덕적인 행위를 하기 위해 노력할지라도, 그 노력의 의지만으로는 아무런 구체적인 행위를 할 수 없는 것이다. 또 칸트는 "순수한 그 자체에 있어서 실천적인 이성은 직접적으로 입법적이고 그 자신만으로 모든 현상과는 무관하게 마땅히 있어야 할 것을 명령한다"[63]고 했지만, 이 언표의 의미도 의지의 준칙이 준수해야 할 도덕률의 존재를 확인해 주는 것이지 의지의 내용을 지시해 주는 것은 아니다. 따라서 우리가 아무리 예지계에 있는 도덕률을 의식한다 할지라도, 의지의 형식만 취급하는 도덕률에 의거해서 진정한 윤리적 실행을 할 수는 없을 것이다.

그리고 칸트는 이성이 보편성을 보장하는 선천적인 것을 제공한다는데, 이 말의 의미는 이성이 그런 선천적인 것을 의식토록 해준다는 것이다. 그가 이런 생각을 하게 된 것은 감성적 內實로서 확정할 수 없는 것들 즉 관계, 형식, 형태, 가치, 공간, 시간, 운동, 대상성, 존재와 비존재, 事物性, 一, 多, 진리, 작용, 物, 心 등의 존재를 자각하고, 이것들은 귀납적 경험에 의해 이해할 수 없음을 알고 그 무엇인가에 의해 선험적으로 의식되어지는 것으로 이해했기 때문이다.[64] 그런데 하나의 주사위를 예로 들자면, 우리가 그것을 지각할 때 그 주사위로

---

62) Vgl. a. a. O. §4, S. 27.
63) Kant, *Kritik der praktischen Vernunft*, S. 40.
64) Vgl. materiale Wertethik, S. 74.

부터 얻을 수 있는 감각적 內容을 悟性에 의해 구성해서 지각하는
것이 아니라, 그 주사위에 본질적으로 주어져 있는 것 자체를 지각하
는 것이다. 이 본질적으로 주어져 있는 물질 통일체는 판단에 근거해
획득되는 것이 아니고, 이른바 혼돈된 所與에서 이끌어 내지는 것이
아니다. 그리고 이것은 사고에 의해 構成된 것이 아니고, 파악되기
위해 일련의 관찰들을 거쳐야 하는 것도 아니다.65) 따라서 주사위란
물질 통일체가 그 무엇에 의해 구성되어 인식될 수 없는 것처럼, 감
성적 내실로써 확정할 수 없는 관계, 형식, 가치, 물, 심 등도 그 무
엇에 의해 구성되어 인식될 수 없다. 그래서 오성이 그런 것을 구성
한다 혹은 제공한다는 생각은 그릇된 망상이고, 그리고 또 이성이 그
것들과 같은 선천적인 것을 의식하거나 제공한다는 칸트의 생각 역
시 그릇된 망상임에 틀림없을 것이다.

그러면 선천적인 것이 오성에 의해 구성된 것도 이성에 의해 제공
된 것도 아니라면, 그것은 어떤 것일까? 막스 셸러는 그것이 우리 인
간의 의식과는 독립적으로 그 자체 고유하게 존재하면서 우리에게
선험적으로 의식될 수 있다고 한다. 그에 의하면 선천적인 것은 현상
계뿐만 아니라 이념계에도 존재해 있다. 도덕의 문제를 직면할 때 우
리는 이념계의 일부분인 가치계에 존재해 있는 선천적인 것을 바탕
으로 해서 생각할 수 있을 것이다. 여기서 우리는 칸트가 그렇게도
찾기 위해 노력한 도덕적·윤리적 보편타당성의 근거를 찾을 수 있
다. 칸트는 도덕적 보편성의 근거를 찾는 데 너무 집착하다가 그만
그의 주지주의적 사고에 이끌려 이성이 제공할 수 있는 것으로 생각
한 형식적인 도덕률을 착상했던 것이다. 그는 그 자체로 존재하고 있
는 선천적인 것을 간과하고, 단지 이성에 의한 부가물만 선천적인 것
이라 생각하고 도덕원리를 형식에만 얽매이게 했던 것이다. 그래서 "
그는 도덕법칙은 〈이성의 자기입법〉에 근거해 성립한다든가 또는 이

---

65) Vgl. a. a. O. S. 71.

성적 인격이 도덕법칙의 立法者라는 엄청난 편견에 빠지지 않을 수 없었다."66) 사실 그는 현상학적 경험의 결여로 가치계에 선천적 실질로서 존재해 있는 가치들을 볼 수 없었고, 더 나아가 가치들의 선천적인 본질연관에 관한 통찰이 없었다.67) 그럼에도 불구하고 상대주의적 윤리학으로 전락하지 않는 도덕론을 정립하기 위해 이성이 제공하는 형식인 도덕률에서 모든 도덕적 근거를 찾았고, 그렇게 하는 가운데 그의 윤리학은 형식주의로 흐르지 않을 수 없었던 것이다.

---

66) a. a. O. S. 67.
67) Vgl. a. a. O. S. 346.

참고문헌 및 관련문헌

⟨Max Scheler의 Bibliographien⟩

Avé-Lallemant, E.: Literaturverzeichnis. In: P. Good(hrsg.), Max
      Scheler im Gegenwartsgeschehen der Philosophie, Bern,
      1975, S. 281~284.
Frings, M. S.: Bibliography(1963~1974) of primary and secondary
      literature. In: Max Scheler-Centennial Essays, Den Haag,
      1974, S. 165~173.
Frings, M. S.: Bibliographisches Verzeichnis. In: Gesammelte
      Werke Bd. 11. Bern, 1979, S. 282~289.
Hartmann, W.: Max Scheler. Bibliographie, Stuttgart-Bad Cann-
      statt, 1963.
Wilhelm Mader: Max Scheler, Rowohlts Monographien 290 B.,
      hrsg. v. Kurt und Beate Kusenberg, Hamburg, 1980, S.
      146~152.

⟨Max Scheler의 저서 및 번역서⟩

1. *Der Formalismus in der Ethik und die materiale Wertethik*—
      M. Schelers Ges. Werke Bd. 2, 6. Auf., Bern: A.
      Francke AG., 1980.
2. *Wesen und Formen der Sympathie*—M. Schelers Ges. Werke
      Bd. 7, 6. Auf., Bern: A. Francke AG., 1973.
3. *Liebe und Erkenntis*—M. Schelers Ges. Werke Bd. 6, Bern: A.
      Francke AG., 1963.

4. *Die Stellung des Menschen im Kosmos*−M. Schelers Ges. Werke Bd. 9, Bern: A. Francke AG., 1976.

5. *Erkenntnis und Arbeit:* Eine Studie über Wert und Grenzen des pragmatischen Motivs in der Erkenntnis−M. Schelers Ges. Werke Bd. 8, 2. Auf., Bern: A. Francke AG., 1960.

6. *Zur Idee des Mensch*−M. Schelers Ges. Werke Bd. 3, 5. Auf., Bern: A. Francke AG., 1972.

7. *Philosophische Weltanschauung*−M. Schelers Ges. Werke Bd. 9, Bern: A. Francke AG., 1976.

8. *Schriften aus dem Nachlaß I*: Zur Ethik und Erkenntnislehre− M. Schelers Ges. Werke Bd. 10, 2 Auf., hrsg. v. Maria Scheler, Bern: A. Francke AG., 1957.

9. *Vom Ewigen im Menschen*−M. Schelers Ges. Werke Bd. 5, 2 Auf., hrsg. v. Maria Scheler, Bern: A. Francke AG., 1968.

10. *Die Wissensformen und die Gesellschaft*−M. Schelers Ges. Werke Bd. 8, hrsg. v. Maria Scheler, Bern: A. Francke AG., 1960.

11. 『우주에 있어서 인간의 지위』−教育學과 人間學−, 허재윤 역, 대구: 형설출판사, 1982.

12. 『철학적 세계관』−박영문고 153−, 허재윤 역, 서울: 박영사, 1977.

〈국내 논문 및 번역서〉

전원배, "윤리학에 있어서의 형식주의와 실질주의", 省谷論叢, 1972.

조욱연, "Hartmann의 範疇論", 효성여자대학교 출판부, 1988.

신귀현, "E. Husserl의 심리주의에 대한 비판", 영남대 철학회지 제6집, 1979.

신귀현, "지향성에 관한 연구", 영남대 철학회지 제9집, 1982.

신귀현, "칸트와 후설−후설의 사상 발전과정을 중심으로−"; 『칸트

철학과 현대사상』, 대구: 이문출판사, 1984.

하영석, "선험적 윤리학과 현상학적 윤리학", 省谷論叢, 1977.

하영석, "초기 Scheler 철학 고찰-가치윤리학 정초에의 시도", 哲學研究, 1976.

하영석, "價値와 當爲", 哲學研究 제30·31집-한국철학회 논문집, 1981.

허재윤, 『인간이란 무엇인가?』-철학적 인간학에 관한 연구-, 대구: 이문출판사, 1986.

Roth, A. 저; 이길우 역, 『후설의 윤리 연구』, 서울: 세화출판사, 1991.

Hartmann, N. 저; 이종후·하기락 역, 『精神哲學 原論』-역사철학과 제 정신과학의 정초를 위한 논구-, 대구: 이문출판사, 1990.

Pieper, J. 저; 허재윤 역, 『존재의 진리』, 대구: 이문출판사, 1986.

Hessen, J. 저; 허재윤 역, 『현대에 있어서 삶의 의미』, 대구: 이문출판사, 1984.

Harmann, N. 저; 허재윤·금교영 역, 『인식과 윤리』-존재론의 입장에서-, 대구: 형설출판사, 1994.

Frings, M. S. 저; 금교영 역, 『막스 셸러 철학의 이해』, 대구: 이문출판사, 1995.

〈국외 저서 및 논문〉

Alpheus, K., Kant und Scheler. *Phänomenologische Untersuchungen zur Ethik zwecks Entscheidung des Streites zwischen der formalen Ethik Kants und der materialen Wertethik Schelers,* St. Georgen im Schwarzwalt, Huss, 1936.

Altmann, A., *Die Grundlagen der Wertethik, Wesen, Wert, Person. M. Schelers Erkenntnis und Seinslehrein kritischer Analyse*, Diss., Berlin, 1931.

Aquinas, Thomas, *On the Thruth of the Catholic Faith—Summa Contra Gentiles*, ed. O'Neil, New York: Doubleday Verlag, 1955~57.

Aune, Bruce, *Kant's Theory of Morals*, Princeton Uni. Press, 1979.

Bachus, Alfred, *Einzelmensch, Familie u. Staat in der Philosophie Max Scheler*, Diss., Düsseldorf, 1936.

Bassenge, Friedrich, "Drang und Geist, Eine Auseinandersetzung mit Schelers Anthropologie", *Zeitschrift für philosophische Forschung* 17 Band, 1963.

Baumgardt, D., "Some Merits and Defects of Contemporary German Ethics(Materiale Wertethik in Scheler, Spranger, N. Hartmann)", *Philosophy*(London), 1938(13), 183~195.

Becker, Howard, "Some Forms of Sympathy: A Phenomenological Analysis", *Journal of Social and Abnormal Psychology* 26 Band, 1931.

Blessing, Eugen, *Die erkenntnistheoretischen Grundlagen der Religionsphilosophie Max Schelers*, Diss., Bonn, 1946.

Bollinger, Heinz, *Das Vorlogische in der Erkenntnis bei Max Scheler,* Freiburg, 1942.

Bretano, F., *Vom Ursprung sittlicher Erkentnis*, hrsg. v. A. Kastil, Hamburg, 1970.

Bretano, F., *Grundlegung und Aufbau der Ethik*, hrsg. v. F. Mayer-Hilderbrand, Hamburg, 1978.

Cantius, P., "Max Scheler's Ethick als Personalisme", *Bijdragen van de Philosophische en Theologische Faculteiten der Noorden Zuid Nederlandse Jezuieten*, vol. 7, n. 1., pp. 36~59.

Clark, M. E., "A Phenomenological System of Ethics", *Philosophy* 7, 1932, 8, 1933.

Closs, L., O. S. A., *Sittlicher Relativismus und Schelers Werte-thik*, St. Ottilien, Es-Verlag, 1955.

Collins, James, "Scheler's Transition from Catholicism to Pan-theism", in: Ryan, John K., ed., *Philosophical Studies in Honor of the Rev. Ignatius Smith*, O. P., Westminster, Md., Newman, 1952.

Daniels, Dominikus, *Die Gemeinschaft bei Max Scheler und Thomas von Aquinas,* Diss. Weida, 1925.

Eklund, Harald, *Evangelisches und Katholisches in Max Schelers Ethik*, Upsala Universitetsarsskrift, 1932, 1 S. 1~315.

Eschweiler, Karl, "Religion und Metaphysik, Zu Max Schelers 'Vom Ewigen im Menschen' ", *Hochland*, 1921/22, Bd. 1.

Farber, Marvin, "Max Scheler on the Place of Man in the Cosmos", *Philosophy and phenomenological Research* 14, 1954.

Findlay, J. N., *Axiological Ethics*, Macmillan st Martin's Press, 1970.

Frick, Paul, *Der weltanschauliche Hintergrund der materialen Wertethik Max Schelers*, Diss., Stuttgard, 1933.

Frings, Manfred S., "Der Ordo Amoris bei Max Scheler in seinen Beziehungen zu materialer Wertethik und Ressentiment", *Zeitschrift für Philosophische Forschung* Band 19 Heft 4, 1965.

Frings, Manfred S., "On Max Scheler's Theory of Social Economy with Special Attention to its Ethical Implications", *Journal for Social Economy*, Sept., 1965.

Frings, Manfred S., "Non-Formal Ethics of our Time", *Philosophy Today*, vol. 9.

Frings, Manfred S., "Berichte und Mitteilungen", *Zweitschrift für philosophische Forschung* Bd. 28 Heft 2, hrsg. v. G. Schischkoff, München, 1974.

Frings, Manfred S., "Husserl and Scheler—A Study in Trans-cendental Intersubjectivity", In: *The Journal of the Britisch Society of Phenomenology*, Oktober 1979.

Frings, Manfred S., *Max Scheler—A Concise Introduction into the World of a Great Thinker*, Pittsburg, 1965.

Fondizi, Risieri, *What is Value?* Open Court, Lasalle, Ill.

Furstner, H., "Schelers Philosophie der Liebe", *Studia Philoso-phica*, 1957(17), 23~48.

Good, Paul(hrsg.), *Max Scheler im Gegenwartsgeschehen der Philosophie*, Bern-München: A. Francke AG, 1975.

Guthrie, Hunter, "Max Scheler's Epistemology of the Emotions", *The Modern Schoolman* 16, 1939.

Hammer, Felix, *Theonome Anthropologie?*, Den Haag: M. Nijhoff, 1972.

Hartmann, Nicolai, "Max Scheler", *Kantstudien*, Bd. 33., 1928,

Hartmann, Nicolai, *Ethik*, 4 Auf., Berlin: Walter De Gruyter & Co., 1962.

Hartmann, Nicolai, *Kleinere Schriften* Bd. III, Berlin: Walter De Gruyter & Co., 1958.

Hartmann, Wilfried, *Die Philosophie Max Schelers in ihren Beziehungen zu Eduard von Hartmann,* Düsseldorf, 1956.

Haecker, Theodor, "Geist und Leben. Zum Problem Max Scheler", *Hochland*, 1926, Bd. 2.

Hafkesbrink, Hanna, "The Meaning of Objectivism and Realism in Max Scheler's Philosophy of Realigion: A Contribution to the Understanding of Max Scheler's Catholic Period", *Philosophy and Phenomenological Researh* 2, 1942.

Hafkesbrink, Hanna, *Das Problem des religiösen Gegenstandes bei Max Scheler*, Gütersloh, 1930.

Häring, Bernhard, *Das Heilige und das Gute*, chap. 4, Krailing vor München: Erich Wewel Verlag, 1950.

Hessen, Johannes, *Max Scheler — Eine kritische Einführung in seine Philosophie*, Essen, 1948.

Hessen, Johannes, *Die Philosophie des 20. Jahrhunderts*, hrsg. v. Adoff Bader, Rottenburg a. M, 1951.

Hessen, Johannes, *Lehrbuch der Philosophie zweiter Band — Wertlehre —*, 2 Auf., München-Basel: Ernst Reinhardt Verlag, 1959.

Hildelbrand, Dietrich von, "Max Scheler als Ethiker", in: *Hochland*, 1923/24, Bd. I.

Hudson, W. D., *Modern moral Philosophy*, New York: Doubleday & Company, Inc. Garden City, 1970.

Huerlimann, G., *Person und Wert*, Louvain, Inst. Sup. Philos., Diss., 1951.

Hügelmann, Hildegard, *Max Schelers Persönlichkeitsidee unter Berücksichtigung der Gemeinschaftsprobleme,* Leibzig, 1927, Diss.(Schlussfolgt), Divus Thomas(Freiburg), 1952(7), 410~434.

Husserl, E., *Logische Untersuchungen* Bd. 2. zweiter Teil, 5. Auf., Tübingen: M. Niemeyer Verlag, 1968.

Husserl, E., *Ideen zur einer reinen Phänomenologie und phänomenologischen Philosophie*, hrsg. v. K. Schuhmann, Martinus Nijhoff, 1976.

Kant, I., *Kritik der praktischen Vernunft*, hrsg. v. Karl Vörlander, Hamburg: Felix Meiner Verlag, 1974.

Kant, I., *Kritik der reinen Vernunft*, hrsg. v. Raymund Schmidt, Hamburg: Felix Meiner Verlag, 1956.

Kant, I., *Grundlegung zur Metaphysik der Sitten — Der philosophischen Bibliothek* Band 41, 3 Auf., Hamburg: Felix

Meiner Verlag, 1965.

Koehle, Eckhard, *Personality, A Study according to the Philosophies of Value and Sprit of Max Scheler and Nicolai Hartmann*, Diss., Newton Jersey, Privately Printed, 1941.

Koizumi, Takashi, "The Love on Max Scheler", *Philosophy*, Tokyo, 1954.

Kraenzlin, Gerhard, *Max Schelers Phänomenologische Systematik*, Leibzig, 1934.

Lauer, Quentin, S. J., "The Phenomenological Ethics of Max Scheler", *Int. Philos. Quarterly*, 1961, (1), 273~300.

Lenk, Kurt, "Die Mikrokosmos-Vorstellung in der philosophischen Anthropologie Max Schelers", *Zeitschrift für philosophische Forschung* 12, 1958, 408~15.

Lenk, Kurt, "Von der Ohnmacht des Geistes-Kritische Darstellung der Spätphilosophie Max Schelers", *Neue Geisteswissenschaft*, Tübingen, 1959.

Leonardy, H., *Liebe und Person, Max Schelers Versuch eines ' phänomenologischen ' Personalismus*, Den Haag, 1976.

MacGill, V. J., "Scheler's Theory of Sympathy and Love", *Philosophy and Phenomenological Research*, 1942.

Mader, Wilhelm, *Max Scheler, Rowohlts monographien 290 B*, hrsg. v. Kurt und Beate Kusenberg, Hamburg, 1980.

Munster, Ralph, F, W., *The Development of Ethics in the Philosophy of Max Scheler*, Duke University, Diss., 1953.

Passweg, Salcia, *Phänomenologie und Ontologie, Husserl-Scheler-Heidegger*, Zürich: Hertz, 1939.

Pieper, J., *Wahrheit der Dinge*, 4. Auf., München: Kösel Verlag, 1966.

Pöll, W., *Wesen und Wesenserkenntnis. Untersuchungen mit*

besonderer Berücksichtigung der Phänomenologie Hus-serls und Schelers, München: Reinhardt, 1936.

Reiner, Hans, *Die Grundlagen der Sittlichkeit*, 2 Auf.– *Monographien zur philosophischen Forschung* Band 5, Anton Hain Verlag, 1973.

Reiner, Hans, *Die philosophische Ethik*, Heidelberg: Quelle & Meyer, 1964.

Reiner, Hans, "Wertethik nicht mehr aktuell?", *Zeitschrift für philosophische Forschung* Bd. 30, hrsg. v. Schischkoff, München, 1976.

Rohs, Peter, "Pflichtethik oder Wertethik?", *Zeitschrift für philoso-phische Forschung* Band 39, Meisenheim: A. Hain Verlag, 1985.

Rohner Anton, "Franz von Brentano und Scheler über das Gute an sich", *Divus Thomas*, 1926, 3. Serie, Jg. 3.

Rozitcher, Leib Moises, *La Signification Éthique des Structures Affectives dans la Philosophie de Max Scheler*, Paris: Diss., d. Univ., 1960.

Rutishauser, Bruno, *Max Schelers Phänomenologie des Fühlens, Eine kritische Untersuchung seiner Analyse von Scham und Schamgefühl*, Bern-München: Francke Verlag, 1969.

Scheler, Maria, "Bericht über die Arbeit am philosophischen Nachlass Max Schelers", *Zeitschrift für philosophische Forschung 2,* 1948, 597~602.

Schneider, Rev. Marius, *Max Scheler's Phenomenological Philo-sophy of Values*, Diss., Catholic University, 1953.

Schrey, Heinz-Horst, *Einführung in die Ethik-Wissenschaftliche Buchgesellschaft, 5. Buch,* Darmstadt, 1977.

Scimonisse, E., *Die Phänomenologie und das Problem der Grundlegung der Ethik*, Den Haag, 1971.

Schutz, Alfred, "Max Scheler's Epistemology and Ethics", *Review of Metaphysics 11*, 1957~58(II), 304~14; 486~501.

Spiegelberg, H., *The phenomonological Movement*, third revised and enlarged Edition, Martinus Nijhoff, 1982.

Stegmüller, W., *Hauptströmungen der Gegenwartsphilosophie,* Bd. 1, 6. Auf., Stuttgart: Alfred Kröner Verlag, 1978.

Sweeney, Robert D., *Max Scheler's Philosophy of Value*, New York: Diss., Fordham University, 1962.

Thamm, Georg, "Zu Hans Reiners Wertethik", *Zeitschrift für philosophische Forschung Band 44.* Heft 2, hrsg. v. Otfried Höffe, Frankfurt, 1990.

Uchiyama, M., *Das Wertwidrige in der Ethik Max Schelers,* Bonn, 1966.

Van Tuinen, Jacob, *The Phenomenological Ethics of Max Scheler,* University of Michigan, 1936.

Walraff, Charles S., *Max Scheler's Theory of Moral Obligation*, Diss., University of California, 1939.

Wasser, Th. A., "Some Reflections on German Value Theory (Ethique de Max Scheler, E. Spranger & N. Hartmann)", *Francisc. Studies* 19, 1959, 1~2, 115~27.

Weymann-Weyhe, Walter, *Das Problem der Personeinheit in der ersten Periode der Philosophie Max Schelers,* Diss., Emsdetten, 1940.

Wilhelm, Sigrid, *Das Bild des Menschen in der Philosophie Max Schelers*, Diss., Dresden, 1937.

Wittmann, Michael, *Max Scheler als Ethiker*, Düsseldorf, 1923.

Wust, Peter, "Max Schelers Lehre vom Menschen", *Das neue Reich*, 1928/29.

『價値』, 日本 倫理學會編 4, 東京: 理想社, 昭和 47年.

『人格』, 日本 倫理學會編 5, 東京: 理想社, 昭和 49年.

●저자●

금교영

1992년 철학박사 학위 취득
현재 영남대학교 연구교수
새한철학회, 대한철학회, 한국철학적인간학회, 한국의료윤리학회 회원

주요저서
『오늘의 철학적 인간학』, 『인간과 논리 진리 윤리』, 『인성교육을 위한 철학
적 반성』, 『현대인의 지혜와 동양정신』, 『생명.의료 윤리』, 『생명의 위기』,
『인격주의 윤리학』
역서로는 『인식과 윤리』, 『막스 셸러 철학의 이해』, 『윤리학에 있어서 형식
주의와 실질적 가치윤리학』, 『막스 셸러의 분야별 사상』
논문으로는 막스 셸러 철학 관련 논문 25여 편 발표

막스 셸러의 가치철학

●초판발행	2003년 1월 30일
●2 쇄	2003년 11월 30일
●지 은 이	금교영
●펴 낸 이	채종준
●펴 낸 곳	한국학술정보㈜
	경기도 파주시 교하읍 문발리 파주출판문화정보산업단지 538-2
	전화 031) 908-3181(대표)·팩스 031) 908-3189
	홈페이지 http://www.kstudy.com
	e-mail(e-Book사업부) ebook@kstudy.com
●등 록	제일산-115호(2000. 6. 19)
●가 격	16,000원

ISBN　89-534-1270-6　93160 (Paper Book)
　　　　89-534-1269-2　98160 (e-Book)